LATIN AMERICAN VAN

FERNANDO BURGOS
EDITOR

PROSA
HISPÁNICA DE
VANGUARDIA

TRATADOS DE CRÍTICA LITERARIA

DISCURS✱RÍGENES

DIRIGIDA POR
JUAN MANUEL MARCOS

1.ª Edición: Orígenes, 1986

Dibujo portada: Carlos Rojas Maffioletti
© Fernando Burgos
Editorial Orígenes, S.A.
Plaza de Tuy, 4
28029 Madrid
Tlf. 201 58 00

ISBN: 84-85563-48-4
Dep. Legal: M-20509-1986

Impreso en:
Técnicas Gráficas, S.L.
Las Matas, 5 - Madrid
Printed in Spain. Impreso en España

INDICE

INTRODUCCION

FERNANDO BURGOS: El viaje de la vanguardia .. 11
ENRIQUE RUIZ FORNELLS: La literatura hispánica
y su proyección hacia el porvenir 21

ESTUDIOS I: La vanguardia hispanoamericana 27

IVAN A. SCHULMAN: Las genealogías secretas de la
narrativa: del modernismo a la vanguardia 29
GRACIELA MATURO: Apuntes sobre la transformación de la conciencia en la vanguardia hispanoamericana 43
KLAUS MULLER-BERGH: Indagación del vanguardismo en las Antillas: Cuba, Puerto Rico, Santo
Domingo, Haití 55
ALEXIS MARQUEZ RODRIGUEZ: El surrealismo y
su vinculación con el realismo mágico y lo real maravilloso 77
RAMONA LAGOS: La 'aventura y el orden' en la lite-
ratura hispanoamericana de la década del 20 87
MERLIN H. FOSTER: Elementos de innovación en la
narrativa de Vicente Huidobro: *Tres inmensas no-
velas* 97
NANCY M. KASON: *La próxima:* hacia una teoría de
la novela creacionista 105
OSCAR RIVERA-RODAS: El discurso narrativizado
en Owen 115
JUAN LOVELUCK: Neruda y la prosa de vanguardia 125
PAUL W. BORGESON: Los versos "prosados" de
César Vallejo.................................. 137
JUAN MANUEL MARCOS: Antonio Skármeta en
blanco y negro: Vicky Menor se traga el teleobjetivo 147
LIDA ARONNE AMESTOY: El lenguaje y su otro:
metaficción y vanguardia en Cortázar............ 155

JOSEPH TYLER: El vanguardismo en algunas obras de Julio Cortázar 163

MYRON I. LITCHBLAU: *Rayuela* y la innovación lingüística 173

ESTUDIOS II. La vanguardia española 179

GUSTAVO PEREZ FIRMAT. La biografía vanguardista 181

MALCOLM ALAN COMPITELLO: De la metanovela a la novela: Manuel Vázquez Montalbán y los límites de la vanguardia española contemporánea 191

ROBERTA JOHNSON: *Estación. Ida y vuelta:* un nuevo tiempo en la novela 201

VICTOR FUENTES: La prosa poética de Buñuel: del dadaísmo ultraísta al surrealismo 209

LAURENT BOETSCH: La humanización de la novela de vanguardia: *El blocao* de José Díaz Fernández . 219

STEPHEN MILLER: Ortega, Torrente y la estética de la novela vanguardista: el caso de *Mi reino por un caballo* 227

PEDRO CAMPA: Aspectos de la decadencia francesa en la obra de Gabriel Miró 233

MARIA ELENA BRAVO: Juan Benet desde la vanguardia 245

SIXTO PLAZA: Los elementos epifóricos y diafóricos de *Makbara* 255

COLABORADORES 261

I would like to thank Memphis State University for its support in the publication of this book.

The Editor

AUSPICIOS

Quisiera agradecer los auspicios de las siguientes organizaciones: Asociación de Licenciados y Doctores Españoles en los Estados Unidos (ALDEEU), Consulado General de España en Nueva Orleans, Programa de Cooperación Cultural entre el Ministerio de Cultura de España y Universidades Norteamericanas, a la Embajada de España en Washington y a la Universidad de Memphis State. Sin la generosa contribución y apoyo de estas organizaciones no hubiera sido posible llevar a cabo el simposio sobre la prosa hispánica de vanguardia, realizado entre el 4 y el 6 de abril de 1985 en la ciudad de Memphis, Tennessee ni tampoco el logro de esta publicación.

Quisiera también agradecer a los representantes de estas organizaciones que siempre mostraron la mejor disposición y contribuyeron con sus sugerencias a la realización de este proyecto: María Jesús Mayans Natal y Enrique Ruiz-Fornells de ALDEEU, los Sres. Juan Ramón Parellada y Gerardo D. Abascal, Cónsul General y Canciller respectivamente del Consulado General de España en Nueva Orleans, Antonio Ramos Gascón y Jeanne Ann Russel, Coordinador General y Coordinador Asistente respectivamente del Programa de Cooperación Cultural y al titular de la Oficina Cultural de la Embajada de España en Washington, D. Carlos Abella.

I wish to express my gratitude to Dr. John Wakeley, Dean of the College of Arts and Sciencies, for his continuous support in this project. I am also very grateful to Dr. H. Delano Black, Assistant Dean of the College of Arts and Sciences, for his invaluable assistance, advice and cooperation in the preparation of the symposium on Hispanic Vanguard Prose and the publication of the Selected Proceedings. Finally, I would like to extend my appreciation to Dr. Sharon E. Harwood, Chairman of the Departament of Foreign Languages, for her constant encouragement and support in the organization of the symposium and in the present publication.

Fernando Burgos
Memphis State University.

EL VIAJE DE LA
VANGUARDIA

Fernando Burgos
Memphis State University

I. La vanguardia y la prosa vanguardista

"Contra lo que pueda creerse mi renovación poética comenzó por la prosa", escribe el poeta vanguardista colombiano Luis Vidales[1]. Su reveladora afirmación confirma además que se trataba de una prosa no definida desde el punto de vista de los géneros conocidos:

> *Ni cuento ni poema en prosa,*
> *algo así como un nuevo género,*
> *pero sin semejantes pretensio-*
> *nes de serlo[2].*

La situación de Vidales en el curso de los procesos de la vanguardia hispánica, iniciados en las primeras décadas de nuestro siglo y en el flujo de una renovación originada en una prosa nueva, "mezclada" y asimétrica en comparación con los géneros literarios conocidos, no es la de un caso aislado. Sin embargo, los pocos estudios de conjunto existentes sobre la vanguardia se han dedicado preferentemente a la poesía, marginando la emergencia de una rica prosa vanguardista que habría de transformar complenamente el curso y el modo narrativos de la literatura hispánica del siglo veinte. Esta omisión revela el efecto distorsivo de una his-

---

1. Luis Vidales, *Suenan timbres*, 2.ª ed. (Bogotá: Instituto Colombiano de Cultura, 1976), p. 19. La primera edición se publicó en 1926.

2. Vidales, *Suenan timbres*, p. 19.

toriografía literaria que ha atendido con más detalle a la precisión de sistemas cronológicos en los cuales todo parece ajustarse con comodidad y la inflexibilidad de esquemas distributivos de períodos junto a una abrupta y orgánica separación de géneros literarios.

El estudio de la prosa hispánica de vanguardia constituye hoy un vasto campo de exploración. Una labor crítica consciente de este hecho debe escribir y describir el espacio de su trayectoria: la dinámica del viaje de la vanguardia. Viaje espacial, geográfico, "nómade" dirá Paz; Hispanoamérica y España y también el resto de las vanguardias europeas. Asimismo, viaje temporal porque la emergencia de la vanguardia de las décadas del veinte y del treinta no se entendería sin la atención a una escritura moderna iniciada tres décadas antes y también porque su vigencia llega hasta nuestra actualidad en la forma de una intensificación, con nuevas búsquedas y respondiendo a otras realidades históricas, pero siempre arraigada a esa transformación vital y profunda que generara la vanguardia.

La transformación social y económica comenzada en las dos últimas décadas del siglo pasado en Latinoamérica y con posterioridad en España[3] alcanzó en el llamado momento de la vanguardia histórica (1915-1940) un auge y aceleración de tal magnitud que afectó decisivamente las manifestaciones culturales y literarias que se producían. La mayoría de los artistas respondieron a la celeridad de estas transformaciones en el campo social y tecnológico con manifestaciones literarias renovadoras y experimentales, de suerte que estas expresiones artístico-literarias comienzan a generar peculiares y novedosas formas que en un principio tratan de responder precisamente a la dinámica de una sociedad que había adoptado nuevas direcciones en cuanto a su desarrollo social: un incremento y aceleración de las comunicaciones y de los medios tecnológicos, un proceso de urbanización que cambiaba completamente el rostro de las capitales y ciudades y nuevos modos de producción y formas de intercambio económico.

---

3. Juan Cano Ballesta indica que esta transformación y su presencia en la literatura española puede observarse mejor en las tres primeras décadas de este siglo: "Las letras españolas del primer tercio de siglo han sabido plasmar toda una compleja gama de reacciones ante el viejo paraíso rural invadido por la máquina." Alude también al retraso de esta transformación en España: "Dado el retraso industrializador de la península, he escogido las tres primeras décadas de nuestro siglo.." *Literatura y tecnología: las letras españolas ante la revolución industrial: 1900-1933* (Madrid: Editorial Orígenes, 1981), p. 14.

Este hecho contribuye en gran medida al surgimiento de un arte vanguardista hispánico cuyo desarrollo desde fines de la segunda década de este siglo se va enriqueciendo paulatinamente hacia fines del treinta y cuyas manifestaciones alcanzan hasta los años cuarenta con una repercusiva extensión posterior hacia nuestra contemporaneidad, lo cual puede verse como un proceso de expansión o de ejecución de estéticas que no alcanzaron a desarrollarse cabalmente entonces.

La conexión de este arte vanguardista a las radicales transformaciones sociales y tecnológicas del contexto que lo originaba no se convertirá, sin embargo, en la mera expresión de un arte que refleja directamente aquellos cambios sociales. Poco a poco, este arte empieza a buscar sus propias formas y por sobre todo, comienza en muchos casos a anticipar el hecho mismo de ciertas transformaciones sociales y culturales que se preveían o el impacto que éstas y el carácter de una sociedad cimentada en lo transformacional suponía en la cultura y el acontecer histórico hispánicos.[4]

El estudio de la vanguardia es crucial para poder entender la compleja red de vinculaciones artísticas y sociales en América Latina y en España junto con el sui géneris y dialéctico modo como se proyectaran estas relaciones. El momento y actividad de la vanguardia me parece esencial asimismo para una comprensión más enriquecedora de nuestras manifestaciones artísticas contemporáneas. Investigaciones de este orden —y en particular en el campo de la prosa vanguardista— beneficiarán la discusión posterior y también la renovación de una historiografía y de una crítica literarias que en muchos casos no ha prestado ninguna atención a esta importante fase de creación e innovación. En verdad, la mayoría de las veces, para citar un ejemplo en el caso hispanoamericano, el auge de la "nueva narrativa" (la llamada narrativa del *boom*) desde los años sesenta hasta hoy, se ha estudiado como la manifestación de una producción que no se conecta a ninguna tradición, como si hubiera florecido espontáneamente. Un estu-

---

4. Sobre el fenómeno en España puede consultarse el completo y útil estudio de Juan Cano Ballesta ya citado, *Literatura y tecnología*. Ballesta organiza los modos de esta transformación y su plasmación literaria en tres momentos diferenciadores que van desde comienzos de siglo hasta el año 33. En relación a Hispanoamérica, Octavio Paz, *Los hijos del limo: del romanticismo a la vanguardia* (Barcelona: Seix Barral, 1974) y Angel Rama, *Transculturación narrativa en América Latina* (México: Siglo Veintiuno Editores, 1982).

dio de la prosa vanguardista deberá describir esa tradición sin la cual no se puede entender el crecimiento de la narrativa hispánica contemporánea. Además de describir esa tradición (inicio, desarrollo, manifestaciones), debe también articular sus conexiones a la narrativa que le sigue, de tal suerte que nuestra historiografía literaria no se parcele, en el futuro, en divisiones o cronologías inflexibles e inapropiadas para la comprensión del acontecer literario y cultural hispánicos.

Por estas razones postulo que la vanguardia es un centro de convergencias; no sólo porque permite el estudio confluente de la producción literaria hispanoamericana y española, sino que además porque de ella nace y se sostiene la tradición hispánica del cambio. Un estudio de la vanguardia hispánica —si se entiende por tal su manifestación de realización histórica más concreta el lapso de las décadas del veinte y del treinta— nos obliga a considerar la tradición: en el caso de España, desde la producción del Noventa y Ocho; en el caso hispanoamericano, desde el Modernismo; pero, asimismo, nos remonta a la repercusión que toda ruptura y transformación radical envuelve. Transmisión de sus efectos e implicaciones hacia una comprensión más rica sobre las complejas y plurales manifestaciones literarias de nuestra actualidad.

II. El simposio y los ensayos

La presente colección de ensayos recoge una selección de veintitrés trabajos de los cuarenta y siete que se leyeron durante las jornadas del simposio sobre la prosa hispánica de vanguardia realizado en la ciudad de Memphis entre el 4 y el 6 de abril de 1985. El arduo trabajo de dirección que significó la organización de este simposio fue retribuido con la grata experiencia de haber asistido a un encuentro que enriqueció nuestro conocimiento sobre la vanguardia hispánica tanto por la calidad de las ponencias presentadas como por el constante diálogo y discusión generados en la mayoría de las sesiones. La tónica vivencial de "lo vanguardista" también estuvo presente. Iba a eludir cualquier alusión anecdótica en esta introducción, pero creo que la fuerza con la que una de estas instancias especiales se grabó en todos los que participábamos el segundo día que nos reuníamos merece aquí su transcripción: escuchábamos aquella mañana del viernes la primera ponencia de una sesión dedicada al estudio de la prosa de Vicente Huidobro.

Merlin Forster leía su trabajo sobre los procesos de innovación en la novela de Huidobro, los elementos desconcertantes, de juego, de ruptura de la lógica en *Tres inmensas novelas*. Repentinamente, un teléfono (del cual nadie se había percatado hasta entonces y situado en medio de esa sala de conferencias) empezó a sonar. La mirada suspendida de Merlin vacilaba entre la continuación de la lectura, ignorando el teléfono y la interrupción de su presentación. De otra parte, el desconcierto de los que estábamos allí. El sonido del teléfono persistía: insistencia de la vanguardia; *Suenan timbres*, el título de esa importante publicación de la poesía vanguardista hispanoamericana parecía imponerse en la sala. Uno de los participantes (Lon Pearson) decide finalmente contestar el insistente llamado y nos dice: "alguien necesita comunicarse con el director del simposio". Voy al teléfono y escucho la voz de Klaus Müller-Bergh. Desde ese momento la sesión sobre Huidobro se transformaba en una participación activa, informal y en cierto modo lúdica de los que estaban allí. Klaus nos explicaba después que su llamada era la prerrogativa de su participación en un congreso sobre *la vanguardia*: la elección del "futurismo tecnológico telefónico". En verdad su llamada no interrumpió la sesión, la había complementado.

Las dos secciones de ensayos de este libro cubren el viaje de la vanguardia. Me refiero al viaje de una vanguardia hispanoamericana y de una vanguardia española imbricadas en aquel término que articula la transposición de ambas: la vanguardia hispánica. Las relaciones y confluencias de ambas vanguardias fueron vivamente discutidas y señaladas en el simposio. El viaje también concreto, físico: Borges y Huidobro en España. El viaje, de otra parte, metafórico: ideas y conceptos estéticos que rebasan la fijación de una temporalidad. Las *Greguerías* de Ramón Gómez de la Serna y los *Artefactos* de Nicanor Parra se acercan en la perspectiva de la creación vanguardista: ambos como explosiones o estallidos del lenguaje "poético". Y no se trata de influencias ni de imitaciones; cada una de esas expresiones es original en el contexto de su propia actividad literaria y también en el de su participación con un lector determinado. Viaje: sinónimo de dinámica y de cruces. La portada del programa de nuestro simposio simbolizaba estos encuentros: las fotos de Vicente Huidobro y Ramón Gómez de la Serna y anticipatoriamente la ponencia de Alicia Rivero Potter señalaba esta relación en su realización textual: *El hombre perdido* de Gómez de la Serna y *Tres inmensas novelas* de

Huidobro[5]. También imprimíamos en esa portada un detalle de la pintura de Oscar Domínguez (Peregrinations of G.H., 1936), el movimiento del caballo en el triángulo de la bicicleta, la pertinencia vanguardista de un cruce distinto: tecnología y naturaleza en disposición de viaje y en direcciones opuestas, pero unidos en la contradicción de su movimiento. *Viaje*, porque la vanguardia no es sedentaria, por el contrario dice Octavio Paz: "La nación vanguardista es nómada... Los estilos son viajeros, atraviesan los países y las imaginaciones, transforman la geografía literaria tanto como la sensibilidad de autores y lectores[6]". Los trabajos de este simposio abarcaron el viaje de una sensibilidad que se extiende desde la vanguardia hacia la tradición moderna del cambio que la origina y hacia la intensificación de modos que se derivan de ella y le prosiguen. La vanguardia postulada como una fase de centro dentro de la discontinua trayectoria de la modernidad.

El primer trabajo en cada una de estas secciones del libro correspondió a las conferencias plenarias del simposio. Ambos esbozaron planteamientos teóricos de estudio y preocupación sobre el desarrollo y vigencia de los procesos de la vanguardia. El trabajo de Ivan Schulman articula teóricamente las genealogías secretas o escondidas que pueden trazarse en la evolución del género novelístico en Hispanoamérica desde la publicación de *Lucía Jérez* en 1885 adelante, es decir, desde el modernismo a la vanguardia; con ello, adviene la revisión crítica de una historiografía literaria hispanoamericana que por lo general ha bloqueado el encuentro de estas conexiones y evitado la comprensión del desarrollo literario moderno en Hispanoamérica dentro de un cauce conceptual más amplio y enriquecedor. Los tres trabajos siguientes en este primer grupo también exponen una aproximación teórica de conjunto sobre la vanguardia hispanoamericana, esencial para el estudio parcial de las obras en prosa de esta fase y de sus correlaciones. Graciela Maturo destaca la importante renovación de aquella prosa hispanoamericana escrita entre los años veinte y cuarenta, injustamente relegada por el uso de conceptos literarios ajenos a la experiencia latinoamericana. Presta particular atención asimismo a la narrativa del ecuatoriano Pablo Palacio para estudiar la dimensión de transformación narrativa y de la conciencia dentro de un enfoque fenomenológico. Klaus Müller-Bergh

---

5. El extenso ensayo de Alicia Rivero Potter no se pudo incluir en este libro por razones de espacio.

6. Octavio Paz, *In/Mediaciones* (Barcelona: Seix Barral, 1979), p. 32.

indaga en el significativo aporte vanguardista antillano a través de la producción literaria encontrada en las revistas y periódicos de la época. El estudio de la génesis de las contribuciones vanguardistas en Cuba, Puerto Rico, Santo Domingo y Haití es necesario para entender el desarrollo posterior de temas como los del negrismo, lo real maravilloso o lo barroco, tan persistentes y arraigados en la literatura hispanoamericana. Alexis Márquez Rodríguez establece la necesidad de un deslinde conceptual entre el surrealismo, el realismo mágico y lo real-maravilloso, en el cual los dos primeros constituyen categorías estéticas y el tercero una categoría ontológica. Las tres categorías se vinculan, sin embargo, a las corrientes vanguardistas en Hispanoamérica y esto permite estudiar con mayor claridad las relaciones de los escritores hispanoamericanos al vanguardismo europeo, en especial, al surrealismo y al mismo tiempo determinar los nuevos modos que encontraron para expresarse en las raíces de su propia cultura; un ejemplo singular al respecto lo constituye la obra de Alejo Carpentier.

En el trabajo siguiente, Ramona Lagos examina la producción borgeana de cinco textos publicados durante el "fervor" vanguardista (1926-1933) para revelar la conformación de planteamientos estéticos centrales en Borges que seguirían ampliándose en su obra posterior, a saber: el concepto de literatura como juego de una cifra y de un enigma; el engaño de la identificación entre la opinión autorial y el fluir de lo imaginario, conducente en muchos casos de la crítica literaria a una limitación interpretativa frente a la pluralidad textual; la creación basada en la convicción de un lenguaje que es necesario inventar y la proposición del texto literario como la *Aventura* que el lector y el autor recorren desde su asombro hasta su transgresión. Los dos trabajos siguientes versan sobre la narrativa de Huidobro. El de Merlin Forster se aventura en la compleja lectura de *Tres inmensas novelas* para explicar el funcionamiento de los elementos de renovación de la narrativa vanguardista huidobriana y el de Nancy Kason también destaca el importante rol que tuvo Huidobro en la innovación de la prosa vanguardista en Hispanoamérica. El examen de la novela *La próxima* publicada en 1930 se complementa con la búsqueda de correspondencias entre la teoría poética de Huidobro —el creacionismo— y su producción narrativa. Kason observa que la novela *La próxima* conjuga sus elementos narrativos como los de una metáfora usada por Huidobro para "novelizar" sus principios estéticos. Oscar Rivera-Rodas confirma la importancia del grupo de "Los contemporáneos" en el surgimiento de la novela de vanguardia hispanoamericana. Su análisis de la obra de Gilberto Owen, *Novela como nube* publicada en 1928 es un intento de explicar la complejidad de sus recursos narrativos, basándose en las categorías del *discurso* y el *relato* discutidas por Genette y Todorov. Los trabajos siguientes de Juan Loveluck y Paul W. Borgeson se dirigen a creadores cuyo estudio ha crecido principalmente por la importancia de su producción poética: Neruda y Vallejo. El análisis en este caso revela la prosa de ambos poetas, rescatándola así de su tradicional marginalidad crítica.

De las ponencias que se presentaron sobre escritores hispanoamericanos contemporáneos, estudiados en la perspectiva de una actitud neovanguardista como Sarduy, Vargas Llosa, García Márquez, Fuentes y Carpentier, el trabajo de Juan Manuel Marcos que se incluye aquí sobre la narrativa de Antonio Skármeta, representa la elección de un escritor que sin marginarse de los ricos recursos expresivos de lenguaje y de técnicas narrativas derivadas de la vanguardia e intensificadas en la narrativa actual, recurre a la novelización de acontecimientos históricos recientes (pero, ciertamente universalizados en el mundo ficticio) como el de Nicaragua, *La insurrección* o el de la crónica chilena, inmediatamente anterior al 73, *Soñé que la nieve ardía*, expresando con ello la idea de una profunda vinculación de lo literario a la experiencia histórica latinoamericana. Aludiendo al ejemplo de Roa Bastos, Martí, Vallejo, Neruda, dice Marcos: *"reescribir la historia* es describir el futuro."

Tres trabajos sobre Julio Cortázar cierran la primera parte de esta colección destinada a la vanguardia hispanoamericana. Indiscutible es la presencia del vanguardismo en la obra de Cortázar. Su producción, en verdad, puede verse como el paradigma en el que desembocaron las estrategias y búsquedas del vanguardismo del veinte y del treinta, es decir, la constitución de un neovanguardismo de plurales manifestaciones y fuente de constante recurso en la prosa actual. Lida Aronne Amestoy estudia —considerando *Los reyes* y tres cuentos— el potencial creativo de la estética cortazariana proveniente de la vanguardia. Joseph Tyler nos hace ver las posibilidades de las múltiples relaciones intertextuales entre los textos de Cortázar y de otros escritores hispanoamericanos ligados a la vanguardia como César Vallejo y Vicente Huidobro, especialmente en lo que concierne a la renovación del lenguaje y al surgimiento, por ende, de un lenguaje literario nuevo. Tyler da énfasis a la actualidad del vanguardismo o neovanguardismo cortazariano en su posibilidad de red o vaso comunicante en la narrativa hispanoamerica. Finalmente, el artículo de Myron Lichtblau explora los elementos de expresividad verbal de *Rayuela* como la serie de un proceso de técnicas lingüísticas creativas destinadas a revitalizar el lenguaje literario. Litchblau deja planteada la necesidad de describir las constantes de esa estética que ha originado el cauce de un lenguaje abierto a una permanente renovación vanguardista.

El segundo grupo de ensayos dedicado a la vanguardia española se abre con el trabajo de Gustavo Pérez Firmat sobre el cultivo del género biográfico (la hagiografía, en especial las de Benjamín Jarnés). Cultivo abundante, pero mal conocido y poco estudiado, señala Pérez Firmat. ¿Es posible conciliar el iconoclasta proyecto del vanguardismo en relación a la supuesta "rigidez" del plano biográfico? ¿Se autoconsume el género en el propio acto e intención de su proyecto? Estos planteamientos generan en el trabajo de Pérez Firmat la audacia de ir más allá del análisis del género biográfico y de aproximarse así al problema del vanguardismo en general: la versatilidad de sus exploraciones y los límites de las mismas. El trabajo siguiente de Malcolm Compitello discute las implicaciones socio-literarias de la "aparente" ruptura que Manuel Vázquez Montalbán hace de sus preferencias vanguardistas para dar paso al encuentro de un modo muy diferente: el de la novela policíaca. Compitello confronta así las posibilidades de una praxis vanguardista española, móvil, flexible y rápidamente adaptable a las nuevas exigencias del medio (lector, historia, sociedad) y de la producción literaria misma. Roberta Johnson analiza la primera novela de Rosa Chacel, *Estación. Ida y vuelta*, dando énfasis al sui géneris tratamiento del tiempo y de sus técnicas vanguardistas de narración. Una novela aparentemente similar a la de la corriente de la conciencia, pero muy diferente de lo usual por el registro contradictorio del fluir de la conciencia del protagonista en un constante acercamiento al futuro. El análisis de esta novela pone en perspectiva además la obra posterior de Chacel y la estética sobre la prosa iniciada en la generación de Ortega. El ensayo de Víctor Fuentes enfrenta la creación literaria de Buñuel, que ha sido prácticamente olvidada por la crítica, con la notable excepción de la publicación de Sánchez Vidal *Luis Buñuel. Obra literaria*. Fuentes precisa la situación de la prosa poética de Buñuel en el contexto de la vanguardia, es decir, de la plasmación de procedimientos dadaístas y surrealistas aunados a la singularidad de la óptica de Buñuel que conduce la visión artística al límite de lo abyecto. Laurent Boetsch explora un aspecto peculiar del desarrollo de la vanguardia española en el que el aborde de *lo social* es hecho sin abandono de la estética vanguardista. El análisis de *El blocao* de José Díaz Fernández sugiere el tratamiento de esta doble vertiente y también deja abierta la polémica y discutible existencia de un momento de transición entre el vanguardismo de la década del treinta y una literatura posterior de preocupación plenamente social. El trabajo de Stephen Miller revela los procedimientos vanguardistas de la novela de Torrente Ballester *Mi reino por un caballo* (1979), destacando finalmente el cruce de dos vanguardias en su composición: el de la vanguardia histórica con prevalencia de las ideas de Ortega y el de una vanguardia entendida como constante renovación y que, por cierto, trasciende las ideas estéticas de la escuela orteguiana y del movimiento de la década del treinta.

Con un análisis acucioso sobre los elementos decadentistas en la obra de Gabriel Miró, el artículo de Pedro Campa establece la necesidad de estudiar los orígenes del vanguardismo español y su continua pervivencia en la literatura española del veinte, desde el Noventa y Ocho adelante. Campa rechaza la idea de clasificar la obra de Miró a través de una filiación generacional específica para situarlo como uno de los iniciadores de la vanguardia, o mejor dicho, de la renovación vanguardista en España. Los dos últimos trabajos están dedicados al análisis de dos escritores españoles contemporáneos: Juan Goytisolo y Juan Benet, a través del enfoque vanguardista cultivado por ambos, original y distintivo en el contexto de nuestra actualidad. Sixto Plaza estudia la textualidad de *Makbara* como la realización de una metáfora en la acepción moderna que hace del término Terence Hawkes. María Elena Bravo traza, en una aproximación comparativa, las extraordinarias coincidencias entre Benet y Faulkner, su entronque en la cultura europea y su concepción de una estética ligada a la vanguardia, en la cual el lenguaje, y no la experiencia que representa el lenguaje, deviene el centro del quehacer de una escritura crítica de sí misma.

Veintitrés trabajos cuya ósmosis se hizo evidente en el diálogo de nuestro simposio: una aproximación viva, nueva y distinta sobre la realización de la prosa de vanguardia hispánica. Su estudio es clave en la comprensión y desarrollo de la literatura de este siglo en Hispanoamérica y en España. Esperamos que este recorrido parcial que logran los trabajos reunidos en este libro, estimulen la investigación y la publicación de otros ensayos sobre el viaje vanguardista.

LA LITERATURA HISPÁNICA Y SU PROYECCIÓN HACIA EL PORVENIR *

Enrique Ruíz-Fornells
The University of Alabama

Hoy día sí puede decirse que la cultura hispánica está presente en el mundo. Precisamente con mayor brío en las regiones donde la vida occidental florece con nuevos descubrimientos científicos e ideas, es decir, Europa y los Estados Unidos. En la primera, la proximidad de la entrada de España en la Comunidad Económica Europea y su inclusión en la Organización de Estados del Tratado Norte, ha originado ya una serie de nuevas consideraciones y necesidades sobre los problemas que va a presentar el idioma español al unirse a las otras lenguas europeas como requisito de trabajo en esas dos organizaciones internacionales. Sin embargo, no debemos olvidar tampoco que al ser el español una lengua con la misma importancia que el francés, inglés o alemán, su enseñanza en Europa, con más o menos intensidad en unos países que en otros, tiene tradición y profundidad a nivel de la enseñanza media y universitaria. La prueba es que en casi todas las naciones europeas las universidades e institutos de segunda enseñanza tienen sus cátedras de literatura española, pero, además, existen asociaciones nacionales de hispanistas como las de Inglaterra, Alemania, Francia o Suecia por citar algunas. Por encima de este panorama surgió, en septiembre de 1967 en la Universidad Me-

---

* Discurso inaugural de bienvenida a los participantes del simposio sobre la prosa hispánica de vanguardia, realizado en Memphis 4-6 abril de 1985.

néndez Pelayo de Santander, y sus Estatutos fueron definitivamente aprobados el 30 de julio de 1980, la Asociación Europea de Profesores de Español (AEPE) que, hasta ahora, con presidentes en distintos países europeos, ha tenido su secretaría permanente en Madrid.

Respecto a los Estados Unidos poco puede escribirse que no sea archiconocido de todos. Sus antecedentes hispánicos, el trasfondo de su substancia hispánica y su permanencia en él por encima de la influencia de otras culturas, han sido aspectos muy claramente expuestos por Carlos Fernández-Shaw en su acabado y minucioso trabajo *Presencia española en los Estados Unidos[1]*. A partir de los años cuarenta se nota un interés incisivo por parte de ciertos escritores españoles en ahincar, escarbar en ese pasado histórico e hispánico norteamericano. Prueba de ello es que los intelectuales más conocidos de la actualidad española contemporánea han dedicado, unos con mayor extensión que otros, su atención a este tema del hispanismo estadounidense, como he señalado en "La imagen de los Estados Unidos en la obra de Joaquín Calvo-Sotelo, Miguel Delibes y Carmen Laforet"[2]. Entre otros se pueden citar los nombres de Augusto Assia, José Sobrino, Antonio Manuel Campoy, Torcuato Luca de Tena, Manuel Blanco Tobio, Rodrigo Royo, Julián Marías, Enrique Fontana Codina, Manuel Fraga Iribarne, Alvaro Alonso-Castrillo, José Ramón Alonso, José María de Areilza, Camilo Barcia Trelles, Rafael Calvo Serer, José María Carrascal, Antonio Carro Martínez, Fernando Díaz-Plaja, Jesús Hermida, Luis Jordana de Pozas, Francisco Morales Padrón, José Luis Castillo Puche, José Camilo Cela y Jaime Ferrán. A este efecto y como detalle curioso e interesante Fernández-Shaw recuerda que al fin y al cabo España estuvo presente en estas tierras durante trescientos nueve años, mientras que la presencia de Inglaterra y Francia ni siquiera llegó a completar dos siglos respectivamente, en cada caso[3].

Por otra parte, al considerar en su exacta medida la situación

---

1. Carlos Fernández-Shaw, *Presencia española en los Estados Unidos*. Madrid: Ediciones Cultura Hispánica, 1972, 931 págs.

2. Enrique Ruiz-Fornells, "La imagen de los Estados Unidos en la obra de Joaquín Calvo-Sotelo, Miguel Delibes y Carmen Laforet", ARBOR, tomo CXIX, 465-466, Madrid, septiembre-octubre 1984, págs. 77-89.

3. Fernández-Shaw, págs. 27-28.

actual, habrá que llegar a la conclusión de que si la presencia física de España hace tiempo que terminó, no ha sido así respecto a la presencia de la cultura hispánica en sus más diferentes aspectos, en especial, lingüísticos y literarios. Prueba de ello son los actos que se celebran dentro de las reuniones generales de nuestras asociaciones profesionales y los que asimismo tienen lugar en universidades como Memphis State.

Menciono con particular agrado Memphis State University porque hace apenas tres años se celebró aquí también e igualmente con la colaboración de la Asociación de Licenciados y Doctores Españoles en los Estados Unidos, así como con la del Consulado General de España en Nueva Orleans, un simposio sobre el teatro español del siglo XX. Aquel simposio fue dirigido por el profesor de esa Universidad, Felipe Lapuente, y exponente de su importancia fue la inmediata publicación de las actas correspondientes con colaboraciones como las de Fernando Arrabal, invitado de honor en aquella ocasión, Jaime Ferrán, María Jesús Mayans Natal, Patricia O'Connor, Anthony Pasquariello, además de otros profesores como Norman Miller, Willy Muñoz, Eric Penington, Sulema Pulansky, Sixto Plaza, Janie Spencer y Donald W. Tucker. La preparación y edición de esos trabajos estuvo, asimismo, a cargo del profesor Lapuente y coincidió con la aparición del primer número de *Cuadernos de Aldeeu*, que con ello dedicó ciento treinta y cinco páginas a un tema monográfico tan extenso y atractivo como el del teatro español contemporáneo. En aquella ocasión, el cónsul general de España en Nueva Orleans, Enrique Iranzo, indicaría que el simposio y, en particular, la presencia de Fernando Arrabal eran "muestra clara de los nuevos aires"[4] que se respiraban en su país y que "eran precisamente los mismos por los que España se ha dado con plenitud a conocer en el exterior y lo seguirá haciendo felizmente en el futuro"[5]

Hoy nos reunimos de nuevo en Memphis State University. El director de este simposio sobre la prosa vanguardista hispánica es Fernando Burgos, profesor del Departamento de Idiomas de esta Universidad. Los patrocinadores son Memphis State University, ALDEEU, el Consulado General de España en Nueva Orleans y el Programa de Cooperación entre el Ministerio de Cultu-

---

4. Enrique Iranzo, "Presentación". *Cuadernos de ALDEEU* (dedicado al teatro español del siglo XX), tomo I, 1, enero 1983, págs. 9-10.

5. *Ibid.*

ra de España y las Universidades Norteamericanas, iniciado en el otoño de 1983 y que dirige el profesor de la Universidad de Minnesota Antonio Ramos Gascón. La idea de realizar este simposio surgió en una conversación informal mía con Fernando Burgos en la ciudad de Atlanta durante la reunión que anualmente celebra allí SAMLA. El proyecto fue desarrollado por Fernando durante un año de trabajo y dedicación hasta el logro de su organización última, con lo que nos encontramos hoy con un programa de extraordinaria calidad y que ha atraído la atención de especialistas de diversas universidades nacionales y también del extranjero, dándole el carácter internacional que este evento merece. Memphis State University se convierte así, con la colaboración de los auspiciadores que mencionara anteriormente, en un lugar de cita para los hispanistas de los Estados Unidos en que cada dos o tres años se examinarán temas monográficos referentes a las lenguas y literaturas hispánicas.

El tema que hoy nos ocupa es el de la prosa hispánica de vanguardia. Tópico de conexiones hacia nuestra propia actualidad. Significativa es al respecto la afirmación hecha por John Crispin y Ramón Buckley en la introducción a su libro *Los vanguardistas españoles, 1925-1935*:

> Tal vez no sea demasiado aventurado —o profético— ver en la prosa vanguardista paralelos con la literatura actual. Ambos son momentos de intenso barroquismo expresivo, con predominio de la metáfora hipérbole e incluso hipérbaton en los pasajes descriptivos. La experimentación estilística que se viene observando en Martín Santos y Juan Benet, en García Márquez y Cortázar, tiene ya un antecedente en nuestros vanguardistas de los años veinte. Después del neorrealismo ha vuelto a aparecer una novela de tipo intelectual que demuestra fascinación por el problema artístico y el autoanálisis de la obra dentro de la obra, tema muy de moda en los años veinte. Desde luego abundan las diferencias entre las dos épocas, pero es en cierto modo la creencia de que vivimos un momento histórico y literario que recuerda y repite algunas de las experiencias de los años veinte...[6]

En el mismo libro se incluye en sus páginas finales una encuesta titulada "¿Qué es la vanguardia?", en la que figuran una

---

6. Ramón Buckley y John Crispin, *Los vanguardistas españoles, 1925-1935*. Madrid: Alianza Editorial, 1973, págs. 14-15.

serie de preguntas dirigidas a Giménez Caballero, César M. Arconada, Esteban Salazar y Chapela, Ramiro Ledesma Ramos, Mauricio Bacarisse, Agustín Espinosa, Guillermo de la Torre, Ernestina Champourcin y Ramón Gómez de la Serna. Se trata de un trabajo iniciado en la *Gaceta Literaria* el 1 de julio de 1930 por Miguel Pérez Ferrero. Las respuestas fueron en su mayoría concretas y, a su vez, el resultado, en líneas generales, del sentir de la intelectualidad española de esa época. Es el momento en que "el vanguardismo pasa de la literatura a la política"[7] y cuyos últimos resultados puede que estén contenidos en el libro de Maidanik *Vanguardismo y revolución*[8].

El presente simposio generará nuevamente una rica polémica sobre los límites, extensión y actualidad de la vanguardia hispánica, sobre sus posibilidades de continuidad en prosistas contemporáneos o de cese e interrupción hacia la década del cuarenta. Si vanguardismo significa, según Miguel Pérez Ferrero, "combatir las viejas fórmulas y los modos decadentes"[9] habrá que coincidir con Ernestina de Champourcin en que la vanguardia:

> ...ha existido, existe y existirá. Llámese así o de otro modo, el fenómeno psicológico que representa tiene que repetirse matemáticamente de una generación a otra. La juventud quiere sentirse vivir libremente, guiada por sus propias intuiciones, y opone una reacción violenta al peso de la experiencia ajena, sobre todo cuando esa experiencia pretende imponerle los moldes, ya usados, de su pensamiento o de su conducta[10].

Dejemos, pues, hablar a los participantes del simposio. Escuchemos sus ponencias, que representan un amplio sector y un largo trecho de nuestra literatura, tanto de América como de España.

En estos tres días, además de las sesiones plenarias y de las principales intervenciones de los profesores Gustavo Pérez-Firmat e Ivan A. Schulman, veinticuatro escritores de nuestro siglo XX

---

7. Ramón Buckley y John Crispin, pág. 393.

8. M. Maidanik, *Vanguardismo y revolución*. Montevideo: Editorial Alfa, 1960, 185 págs.

9. Ramón Buckley y John Crispin, pág. 384.

10. Ramón Buckley y John Crispin, pág. 398.

van a ser examinados a la luz del vanguardismo. Un total de cuarenta y cinco ponencias van a tratar de la obra de autores como Cortázar, Carlos Fuentes, Vargas Llosa, Gómez de la Serna, Vicente Huidobro, Juan Benet, Neruda, Juan Goytisolo, Carlos Rojas, César Vallejo, Alejo Carpentier, Gabriel Miró, Ortega, Torrente, Villaurrutia y muchos otros. Ya con sólo estos nombres en el programa, el interés del simposio está asegurado y se acrecienta cuando distinguimos que treinta y cuatro universidades están representadas.

Quisiera, finalmente, agradecer todo el esfuerzo, trabajo y desinterés, por otra parte claro para todos, desplegados por el director del simposio, profesor Fernando Burgos. Desde el principio, cuando la idea recién surgía, él, con su empuje y entusiasmo, planeó, hizo posible y organizó nuestra reunión para tratar un tema tan enraizado e importante en nuestra literatura.

LA
VANGUARDIA
HISPANO-
AMERICANA

LAS GENEALOGÍAS SECRETAS DE LA NARRATIVA: DEL MODERNISMO A LA VANGUARDIA [*]

Ivan A. Schulman
University of Illinois at Urbana-Champaign

"El fárrago es lo que nos mata"[1], escribió en 1941 Alfonso Reyes con ocasión de la inauguración de una serie radial mexicana sobre literatura latinoamericana. En tono de queja aludía a un sobrecargado, agobiador corpus de la literatura latinoamericana, carente de cánones y desprovisto de un aparato crítico capaz de separar la paja del grano.

En los 45 años pasados desde este pronunciamiento, nuestro progreso hacia la modernización del estudio de la literatura hispanoamericana no ha sido notable. Con respecto a la narrativa, todavía en 1947 Angel Rama pudo observar —desafortunadamente— que la novela era el pez resbaladizo de la literatura, una metáfora cuya imagen el crítico uruguayo podría haber am-

---

* Este ensayo se redactó originalmente en inglés y se leyó en Memphis, Tennessee, en una sesión del congreso sobre la prosa de vanguardia (4 a 6 de abril de 1985). La versión española de este "discurso inaugural" la preparó Hernán Castellano-Girón de la Wayne State University.

1. Alfonso Reyes, "Valor de la literatura hispanoamericana", en *Páginas escogidas* (Habana: Casa de las Américas, 1978), p. 176.

pliado añadiendo que, si atraparla fue difícil, aún más fastidiosa era la identificación del origen de sus variantes, y su subsiguiente clasificación dentro de una escala de valores en evolución. Especialmente así, escribió Rama, porque la novela, desde sus orígenes en adelante, ha demostrado una capacidad de adaptación, transformación y supervivencia[2].

Como si hubiera habido un intento consciente de subrayar la fallida prognosis de Ortega, respecto al rebalse del género narrativo, su existencia en el siglo XX ha llegado a ser medida por la literatura crítica contemporánea en términos de su desviación del "rollo chino", que Cortázar identificara con la mimesis. En lugar de semejante tradicionalismo —la mimesis— ha tomado cuerpo la noción de que una novela adquiere validez por medio de la experimentación con la forma, la estructura y el lenguaje, y al margen de los convencionalismos de linearidad, racionalidad o causa y efecto.

La marcha hacia la complejidad no se limita a Hispanoamérica. John Barth, cuyas novelas se acercan más en concepción y ejecución a las hispanoamericanas del siglo XX que a sus contrapartidas americanas, ha concluido que "no se puede volver al realismo simplista de la novela del siglo XIX... Si alguien construye ahora la Catedral de Chartres, sería una propiedad embarazosa, ¿no es así? A menos que lo hiciera irónicamente"[3].

En la historiografía de la novela hispanoamericana, el artificio consciente y la innovación han sido identificados, más bien a menudo, con el período contemporáneo, con la "novela del boom". Sin embargo, esta visión astigmática es sólo uno de los numerosos problemas de la historia literaria que afligen al estudio de la literatura latinoamericana —a despecho de las exhortaciones de Alfonso Reyes, años atrás. En sus posturas tradicionales, nuestra historia literaria no toma en cuenta lo que Fernández Retamar ha llamado la "otredad" de su desarrollo, esto es, la génesis y evolución de formas de escrituras inconsistentes con las normas y tradiciones europeas, o sea, una expresión anti-

---

2. "La formación de la novela latinoamericana", *Sin Nombre*, IV, n.º 3, 1975, p. 5.

3. Citado por Michicko Kakutani, "John Barth, in search of simplicity", *The New York Times*, 28 de junio de 1982, p. 18.

homóloga[4]. La distorsión literaria resultante crea una serie de lagunas y confusiones que atañen a la cuestión de la literatura de vanguardia —a despecho de las afinidades europeas de esta última. Estas lagunas están relacionadas, a nuestro ver, con el proceso, insuficientemente deslindado, de la modernización de la novela en términos de sus modelos latinoamericanos y de su inserción en la Modernidad, una línea metafórica recta e irreversible según Octavio Paz, quien la ha concebido como la medida del flujo temporal de la Modernidad en América Latina[5].

No nos parece que este línea sea tan derecha e irreversible como Paz quisiera convencernos. La visión contemporánea de la naturaleza de las transformaciones culturales e históricas, en el punto inicial de la Modernidad, han adquirido una transcendencia que podemos documentar como resultado de la publicación de *El modernismo visto por los modernistas* de Ricardo Gullón[6]. Y si leemos éstos y otros comentarios críticos sobre los primeros escritores de la Modernidad, esto es, la visión desde dentro sobre esta cuestión central de la temporalidad latinoamericana, el sistema de Paz parece menos persuasivo. Para Amado Nervo, el pasado y el presente son meras palabras: "el porvenir —escribe— no existe si no por el pasado; que ambos forman una línea indivisible, un todo perfecto, perennemente inmóvil, alrededor del cual los hombres ambulamos como sombras."[7] Y Rubén Darío, reaccionando ante el categórico rechazo del pasado de Marinetti, declaró que el futuro era el ciclo constante de vida y muerte. "Es el pasado al revés."[8]

Si en su ordenación cronológica la historia cultural de América Latina sigue un patrón irregular de movimientos de modula-

---

4. Sobre este concepto ver el excelente estudio de Roberto Fernández Retamar, "Nuestra América y Occidente", *Casa de las Américas*, 98 (sept.-oct., 1967), pp. 36-57.

5. *El signo y el garabato* (México: Mortiz, 1975), p. 12.

6. Barcelona: Labor, 1980.

7. Este y otros pensamientos de Nervo se publicaron en el *Boletín de Instrucción Pública*, México, agosto de 1909, bajo el título "Nueva escuela literaria".

8. Los conceptos de Darío alusivos al futurismo aparecieron por primera vez en un artículo, "Marinetti y el futurismo", publicado en *La Nación* de Buenos Aires, el 5 de abril de 1909.

ción individual —hacia adelante y hacia atrás— como postularon Darío y Nervo, y si, de modo similar, aceptamos la noción más contemporánea de Alejo Carpentier en el sentido que, en América Latina, el hombre pertenece a la vez a la época cuaternaria y a la edad moderna[9], quizá sea necesario formular un esquema alternativo más fluido y hasta reversible, para caracterizar el desarrollo de la literatura hispanoamericana —desde el modernismo a las vanguardias— y en especial, respecto de la narrativa.

El mal entendido concepto de *la otredad* constituye el centro de las conceptualizaciones erróneas en relación con la evolución literaria. En total o parcial descuido de la arritmia cultural y también literaria, los críticos de la literatura hispanoamericana han insistido en los movimientos sincrónicos, escuelas y/o influencias características de la historiografía europea en un marco histórico dado. Sin embargo, la literatura latinoamericana muestra una mezcla, una superposición de estilos cronológicamente dispares, en construcciones de componentes extraños para el lector europeo; y en esas construcciones *sui generis* se patentiza la contradicción de la marcha recta y estrecha de la cronología literaria vislumbrada por Paz y otros. Los escritores de la segunda mitad del siglo XIX, por ejemplo, produjeron obras al mismo tiempo tradicionales e innovativas, al mismo tiempo románticas y realistas, románticas y naturalistas, o románticas, realistas y naturalistas a la vez, mientras demostraban la fuerza de las homologías experimentales del pensamiento y estilo al incorporar en su modo de escribir, técnicas y modelos de otras artes: impresionismo, expresionismo. La homología y la cronología pueden no excluirse mutuamente; en Hispanoamérica ellas suelen flotar en un continuo asimétrico, cuya medida es mejor calibrada en términos de un concepto de Modernidad —no el de Paz— al comienzo de un período de crisis y oportunidad que constituye el de la Modernidad en Hispanoamérica.

El concepto de fluidez, y la necesidad de buscar las semejanzas en lugar de los espejismos de las disimilitudes —establecidas para justificar las generaciones literarias (a menudo inexistentes), o la nítida sucesión de cadencias de estilo (a menudo inobservables)— están claramente demostradas en conexión con la litera-

---

9. Ver su ensayo "Problemática de la actual novela latinoamericana", y sobre todo la sección sobre los *contextos ctónicos* en *Tientos y diferencias* (México: Universidad Nacional Autónoma de México, 1964), pp. 5-46.

tura de la Modernidad y, tanto la fluidez como las semejanzas establecen la idoneidad de cuestionar la naturaleza de la literatura de vanguardia —sus cualidades compartidas y las diferentes— y examinar lo que llamamos "las genealogías secretas" de la narrativa.

En un reciente estudio sobre los inicios de la literatura de vanguardia, Nelson Osorio enfoca el rol del futurismo de Marinetti en el desarrollo de una nueva, *diferente* era literaria en América Latina[10]. Para su discusión de esta literatura *diferente*, Osorio se basa en su recepción contemporánea, muy especialmente la de Darío. Sin embargo, si el período modernista (que nosotros consideramos la primera etapa de la edad de la Modernidad) es tan distinto de la vanguardia como Osorio quisiera hacernos creer, ¿con qué voz de autoridad habla Darío respecto a la recepción del futurismo?. Osorio nos dice que mientras los escritores del primer período modernista/moderno fueron receptivos a las nueva ideas de la vanguardia europea, al mismo tiempo "los latinoamericanos no se podían identificar con los desbordes irracionalistas ni con la intemperancia anarquista y destructiva del poeta italiano."[11] A continuación establece una división categórica entre lo que él llama el modernismo canónico y la vanguardia, una división que, a nuestro parecer, está basada en la historiografía literaria concebida en modo tradicional, vale decir, la sucesión de escuelas y movimientos: modernismo, postmodernismo, vanguardismo, y la neta escisión histórica producida por la Primera Guerra Mundial, a partir de la cual Osorio data la irrupción de una Epoca Contemporánea.[12] Sin embargo, aún Osorio reconoce la necesidad de relacionar el discurso crítico del modernismo con su sentido de rechazo, revuelta, alineación y disfunción con lo que él llama las "nuevas formas" de la literatura, presumiblemente aquellas de las varias vanguardias.[13]

Dejando de lado la cuestión de la existencia de una o varias vanguardias, y sus límites cronológicos, nuestro punto fundamental, el que Osorio también expresa, aunque tangencialmente, es

---

10. *El futurismo y la vanguardia literaria en América Latina* (Caracas: Centro de Estudios Latinoamericanos Rómulo Gallegos, 1982).

11. *Ibid*, p. 23.

12. *Ibid*, p. 9.

13. *Ibid*, p. 11.

que desde la segunda mitad del siglo XIX en adelante, una crisis de valores y sistemas creó una serie de rápidas transformaciones culturales en Hispanoamérica, y como consecuencia de ellas el escritor y el hombre en general se encontraron en el centro de un universo inestable. El desmoronamiento de las instituciones tradicionales —religiosas, sociales y económicas— se apareja con la percepción por parte del escritor, de que la pérdida de éstas produce un vacío cultural e ideológico que a su vez alimenta una literatura de la ambigüedad, angustia, alienación y perpetua metamorfosis. Ya en 1882 Martí dio expresión a los primeros estremecimientos del colapso de un sistema de valores:

> No hay obra permanente, porque las obras de los tiempos de reenquiciamiento y remolde son por esencia mudables e inquietas; no hay caminos constantes, vislúmbranse apenas los altares nuevos, grandes y abiertos como bosques. [14]

Hacia 1923 los estremecimientos del siglo XIX y las esperanzas latentes por una regeneración de sistemas ideales (los "altares" metafóricos a los que Martí alude) se tornan desesperación exacerbada, rugido de combate, un fustigar a la sociedad por medio de lo que los estridentistas de la primera vanguardia llamaron la "abstracción sentimental", mientras en el fondo ellos anhelaban —así como los modernistas primigenios— llegar a ser una parte significativa de un sistema social complejo y exasperante. Doscientos firmantes del segundo manifiesto estridentista invitaban a todos aquellos no identificados con un público "unisistematizal" y "antropomorfo", a unírseles compartiendo abucheos irreverentes y execraciones no muy "sentimentales", mientras ellos manifestaban contra la "hora insurreccional de nuestra vida mecanística" y el odio canibalístico que amenazaba su deseo de buscar la renovación de la sociedad. [15]

Estos rechazos y condenaciones vanguardistas forman parte de la génesis del mundo moderno en la sociedad y cultura de América Latina; ellos forman la sustancia de esos lazos secretos y escondidas genealogías de un esquema de desarrollo que puede tra-

---

14. José Martí, *Páginas escogidas* (Habana: Editora Universitaria, 1965), I, 166. La cita es del ensayo clave de Martí sobre la modernidad, "El poema del Niágara".

15. Citamos del "Manifiesto estridentista" de 1923, reproducido en la sección de ilustraciones (s.p.) por Luis Mario Schneider en su cuidadosamente preparado libro *El estridentismo; una literatura de la estrategia* (México: Ediciones de Bellas Artes, 1970).

zarse desde la crisis del modernismo a las vanguardias, de 1875 al siglo XX. El decreto de 1902 de Julio Herrera y Reissig, dirigido a los "críticos", prefigura los manifiestos de la vanguardia. En el decreto rechaza la catalogación promiscua y declaraba: "*Ego sum Imperator*. Me incomoda que ciertos peluqueros (léase bárbaros) de la crítica me hagan la barba.." (firmado) "Yo, Julio."[16] De similar espíritu iconoclasta son los epítetos estridentistas: "Muera el cura Hidalgo"; "Abajo San Rafael, San Lázaro"[17], o las exhortaciones al público de 1923, desprovistas de sus muy pregonadas "abstracciones" teóricas: "CAGUEMONOS: Primero en la estatua del general Zaragoza... [y]... en nuestro compatriota Alfonso XIII.."[18].

La literatura producida por el espíritu de rebelión fue una literatura de inquietud, unida con intensa ansiedad. Su abierta insurrección reflejaba, y a menudo apenas enmascaraba, una pérdida de identidad, una sensación por parte del artista, de ser desalojados de su marco social y económico y excluido de un nuevo edificio socioeconómico en el cual carecía de rol significante. Los artistas percibían su descompostura en un universo demasiado difícil de comprender y en cuyo centro ellos sólo veían un vacío, el cual desencadenaba una expresión lingüística discordante, de extrañas sombras y tonos, un *babelbalbuceísmo* (como lo definió Arqueles Vela, hablando de la prosa de Joyce)[19], con una estructura narrativa ilógica y a menudo primitiva y disconexa.

Los patrones de desarrollo —las genealogías secretas— que sugerimos quedan por ser examinadas en cuanto a sus detalles creativos. Pero estamos convencidos que su análisis no sólo va a suministrar un diseño de consanguinidad —a despecho de las diferencias—, sino un matrimonio de poesía y arte narrativo. La novela por momentos asume la forma lírica tradicional de la poesía y ésta, a su vez, se vuelve su propio antogonista —la antipoesía. Las mezclas son legión; los patrones demasiado diversos para sistematizarlos. El arte se vuelve necesidad; se vuelve vida

---

16. Citado por Max Henríquez Ureña, *Breve historia del modernismo* (México: Fondo de Cultura Económica, 1954), p. 258.

17. Schneider, *El estridentismo...*, p. 36.

18. *Ibid*, Sección de ilustraciones, s. p.

19. "James Joyce: babelbalbuceísmo", *Excelsior* (México), oct. 30 de 1977, p. 5.

en sí. Su autosuficiencia en la Modernidad crea estructuras que yacen más allá del tiempo, la Historia o la realidad visible, negándose así las nociones clásicas (por ejemplo, equilibradas, racionales) de la expresión literaria: "Alrededor de 1850 —señala Barthes— la escritura clásica... se desintegró, y la totalidad de la literatura, desde Flaubert al presente, se volvió la problemática del lenguaje".[20] No fue tanto el caso del imperativo de Rimbaud "hay que ser absolutamente modernos", no tanto el *deseo* de crear un estilo moderno, sino la respuesta de la literatura a las transformaciones del universo que invalidaron las formas y estilos tradicionales, y produjeron nuevas y diferentes exigencias discursivas, nuevos códigos de expresión. Un apremiante deseo de encontrar equivalencias lingüísticas a las tensiones entre realidades externas y los caprichos de las percepciones interiores —tanto disconexas y/o desconectadas como críticas— produjeron los balbuceísmos del lenguaje o las innovaciones de estructura en la narrativa hispanoamericana que va del modernismo a la vanguardia.

La fuga desde las realidades limitantes de una sociedad cuyos intereses eran la industria, el comercio, las posesiones materiales, el ascenso social, adquiere valor fictivo con los intentos iniciales de "deconstruir" la realidad. Este tentativo demoledor, en efecto, constituye un pasaje hacia un concepto diferente de la realidad, como es evidente en *Lucía Jerez*, la primera novela de la Modernidad hispanoamericana (1885). Su naturaleza experimental ha sido opacada por su decepcionante barniz romántico. Pero su estructura, examinada de modo sistemático, se aproxima a la de las primeras novelas de la vanguardia, más de lo que podría parecer en primera instancia. Es una novela poética, compuesta en lo que podríamos llamar largas estrofas o secuencias, con movimiento espacial y coherencia dados por el repetido uso simbólico de la magnolia del jardín de Lucía. Sus diálogos a menudo llegan al lector con tonos discordantes, superpuestos, y que resuenan ilógica e inesperadamente en el fondo. El espacio geográfico y narrativo son inespecificados, interiorizados o caracterizados con imágenes impresionistas y expresionistas. Las acciones se vuelven simbólicas; los objetos se tornan animados. El impacto emocional de la música y el arte —la pintura, así como los objetos de coleccionista, los *bibelots* de la época— adquiere la substancia de

---

20. Citado por Malcolm Bradbury y James McFarlane, "The name and nature of modernism", en *Modernism* (Harmondsworth, Inglaterra: Penguin Books, 1976), p. 21. La cita original es de *Le degré zero de l'écriture*.

una realidad más significante que las realidades materiales del mundo y todo está envuelto en una visión lírica de la vida, o distorsionado por la irrealidad de la historia (de Lucía) de unos celos obsesivos, patológicos. Tan intensa como la cualidad irracional de las emociones de Lucía, es la naturaleza surrealista y espectral de las pinturas producidas por Ana, que ella misma describe:

> Sobre una colina voy a pintar un monstruo sentado. Pondré la luna en cenit, para que caiga de lleno sobre el lomo del monstruo, y me permita simular con líneas de luz en las partes salientes los edificios de París más famosos. Y mientras la luna le acaricia el lomo, y se ve por el contraste del perfil luminoso toda la negrura de su cuerpo, el monstruo, con cabeza de mujer, estará devorando rosas. Allá por un rincón se verán jóvenes flacas y desmelenadas que huyen, con las túnicas rotas, levantando las manos al cielo.[21]

Estamos claramente más allá de la mimesis. Dentro de una construcción narrativa atada a un mundo idealizado (el de Juan), el renuente novelista (Martí) ha saltado a otro mundo de realidades no comunes, ha saltado al mundo de lo anormal y racionalmente injustificable —los temores y celos de Lucía, que el noble Juan no puede sondear.

Un nexo con la novela del futuro, el que da una base adicional a la necesidad de establecer las relaciones entre el modernismo y las vanguardias, puede encontrarse aún en obras tempranas y tradicionales como *Emelina* de Rubén Darío, de 1887, escrita en Chile con la colaboración de Eduardo Poirier. Usando un desarrollo fundamentalmente lineal en su narrativa, Darío y Poirier introducen diálogos con el lector; sintaxis ocasionalmente fragmentaria, especialmente al inicio de los nuevos capítulos; ellos experimentan con la forma dramática para sondear las profundidades de la psicología por medio de monólogos sucesivos, interrelacionados pero fragmentarios. Un hilo crítico, el del craso, abrumador materialismo de la época, se entreteje con la narración en declaraciones discursivas y en el uso metafórico del oro, una Modernidad antiburguesa que se relaciona con el atractivo homológico de la riqueza europea, sus transculturaciones latinoamericanas, y una doble tensión —atracción-repulsión— la que se descubre en la raíz del complejo de angustia/ansiedad en tantas de esas primeras novelas modernas hispanoamericanas.

---

21. José Martí, *Lucía Jerez* (Madrid: Gredos, 1969), pp. 91-92.

Sus autores estaban conscientes de los cambios sociales en torno de ellos; sus obras reflejan esas transformaciones. En su "Advertencia" a los lectores de *El extraño* (1897) Carlos Reyles describió las "ansias y dolores innombrables que experimentan las almas atormentadas de nuestra época", postuló una novela moderna que "dilate nuestro concepto de la vida con una visión nueva y clara"[22]. El agonista de su obra sufre una angustia existencial: "No hay duda, soy completamente *extraño* a los míos, a los míos!"[23] Y su incapacidad de alcanzar y establecer lazos contrasta con la facilidad con que su madre satisface sus ambiciones con los objetos —riqueza material— que la rodean.

En la génesis y desarrollo de esas no estudiadas, secretas genealogías que unen la novela moderna primigenia en Hispanoamérica, con aquellas producidas después, en el período así llamado de la vanguardia, como también de aquellas novelas de vanguardia de un período posterior, menos conscientemente *vanguardista*, puede ser útil recordar la distinción de Barthes respecto de lenguaje y escritura: "un lenguaje y un estilo son objetos; un modo de escribir es una función: es la relación entre creación y sociedad, el lenguaje transformado por su finalidad social, forma considerada como una institución humana y, por tanto, atada a las grandes crisis de la historia."[24]

Fue precisamente una gran crisis histórica la que Federico de Onís asoció con el advenimiento del modernismo hispanoamericano y la que en períodos sucesivos dentro de la Modernidad causó la ruptura de las formas narrativas, lo que ocurrió en Europa desde 1850 en adelante (la noción de Barthes), y en Hispanoamérica, desde 1885. Pero la ruptura ocurre en etapas; las primeras obras —aquellas tradicionalmente llamadas *modernistas*— son las iniciadoras, no sólo cronológicamente, de aquellas producidas en el siglo XX, y todas, en mayor o menor grado, muestran las características que David Lodge asocia con la prosa modernista:

> Primero es experimental o innovatoria en la forma, exhibiendo notables desviaciones respecto de los modos de discurso existentes, literarios y no literarios. Luego, tiene mu-

---

22. *Antología de poetas modernistas menores*, ed. A. Visca (Montevideo: Biblioteca Artigas, 1971), p. 64.

23. *Ibid*, p. 65.

24. Barthes, *Le degré zero de l'écriture* (París: Seuil, 1953), p. 24.

cho que ver con la conciencia, y también con el trabajo subconsciente o inconsciente de la mente humana. Por lo tanto, la estructura de los acontecimientos externos, "objetivos", esenciales para el arte narrativo en la poética tradicional, está disminuída en alcance y dimensión o presentada selectiva y oblicuamente, para hacer lugar a la introspección, análisis, reflexión y ensueño. Frecuentemente, por lo tanto, una novela moderna no tiene "principio" real, desde el momento que nos zambulle en una corriente fluída de experiencias con las cuales nos familiarizamos gradualmente mediante un proceso de inferencia y asociación; su final es usualmente "abierto" o ambiguo, dejando al lector en duda respecto al destino final de los personajes. A modo de compensación por la debilitación de las estructuras narrativas y la unidad, otros modos de ordenación estética se ponen en evidencia —tales como la alusión o imitación de modelos literarios o arquetipos míticos; o repetición-con-variación de motivos, imágenes, símbolos, una técnica a menudo llamada "ritmo", "*leit motiv*" o "*forma espacial*". Por último, la prosa de ficción moderna evita el ordenamiento estrictamente cronológico de su material, y el uso de un narrador confiable, omnisciente e intrusivo. Emplea en cambio, o un solo limitado punto de vista, o múltiples puntos de vista, todos más o menos limitados y falibles; y tiende hacia un manejo complejo o fluído del tiempo, implicando muchas referencias cruzadas, hacia atrás y adelante, a través del arco temporal de la acción[25].

. Más allá de estas caracterizaciones específicas, la noción de Lodge es que lo que distingue a la narrativa pre-moderna de la moderna es que en un eje del estilo de escritura, las narrativas moderna y de vanguardia tienden hacia formas metafóricas más bien que metonímicas. Sin embargo, en su análisis él reconoce que la prosa experimental de ficción no es necesariamente del todo metafórica porque, en concordancia con Genette, él señala que "el mecanismo inicial de la memoria es metafórico, la expansión y exploración de toda memoria dada son esencialmente metonímicas"[26].

Si volvemos una vez más a nuestro esquema, y a los nexos sugeridos, tanto secretos como inexplorados, de la evolución de

---

25. "The language of modernist fiction: metaphor and metonymy", en *Modernism, ed. cit.*, p. 481.

26. *Ibid*, p. 493.

la narrativa, podemos establecer en forma alternativa nuestra tesis de los vínculos evolutivos en términos de la naturaleza metonímica de la narrativa tradicional, la cual, con el advenimiento de la crisis del modernismo, mueve su posición axial hacia un polo metafórico. Nuestro concepto, expresado sumariamente, es que la narrativa moderna asume las cualidades de la primera fase de la literatura de vanguardia, la de los años veinte y treinta, desde 1885 en adelante. Por esta misma razón es que no aceptamos juicios críticos como los de Osorio, según los cuales la literatura y la narrativa del modernismo pasan por un proceso de retorización. La reificación, aunque igualmente inexacta, podría haber sido un término más apropiado. Pero los estilos modernos tienen formas no cristalizadas; al cristalizarse dejan de ser modernos. Y por lo tanto, el modernismo y su narrativa aportan formas al mismo tiempo poliéidicas y poliédricas, a la producción de una expresión en evolución consonante al ritmo de las crisis de identidad y existencia que coinciden con la inauguración de la modernización socioeconómica de la sociedad y la cultura latinoamericanas, como Angel Rama ha señalado. Así la diferencia entre narrativas como *Lucía Jerez, La señorita etcétera, El intransferible, XYZ, La envenenada* o *Tres inmensas novelas,* o cualquiera de muchas otras novelas de la vanguardia, es una diferencia de grado, una diferencia que se mide en la inclinación del eje realista/modernista en una escala de lectura que va desde lo metonímico a lo metafórico. Y, si se extiende el análisis de las genealogías secretas a los igualmente inexplorados lazos entre la literatura de la primera vanguardia y las novelas criollistas coevas, los descubrimientos pueden ser tan fascinantes como inesperados. Especialmente si estas últimas están concebidas no solamente como expresiones mundonovistas, sino como novelas modernas (la atípica *La vorágine* o la ejemplar *Don Segundo Sombra*), novelas en las cuales ideología e innovación, y experimentalismo lingüístico y estructural, van unidos con una búsqueda de identidad cultural en un discurso moderno.

La cuestión de la cultura y sus dimensiones temporales en una sociedad que, todavía en el siglo XX, está buscando sus raíces, es fundamental para los escritores de vanguardia latinoamericanos. Es una cuestión que explica las reacciones de Darío y Nervo, respecto de Marinetti y su interés unitemporal. Confundió a los primeros modernistas tanto como a novelistas tan diversos como Huidobro, Azuela y Güiraldes. Todavía obsesiona a contemporáneos como Carlos Fuentes:

...nuestra Modernidad no ha tenido forma más expresiva que la novela, para mostrar tanto su proximidad a la historia, su confirmación de la experiencia personal y su rebelión contra todo lo que la limita, encadena o entorpece.[27]

Descontentos con la confusión, las contradicciones, las negaciones del presente, los novelistas con frecuencia miran hacia el futuro desde posiciones que son rebeldes y aún revolucionarias. Pero siempre conscientes del pasado —especialmente un pasado colonial sepulto, "original" y no resuelto— esos escritores muestran una permanente preocupación histórica, evidente en el retorno al pasado, a menudo en una búsqueda del árbol que ellos mismos han tumbado. Son capaces de asomarse al terrible vacío de la existencia moderna y a menudo tratan de llenarlo con un discurso irónico, crítico. El suyo es un proceso de escritura que en América Latina, como Yurkievich ha sugerido, es polimórfico y polifónico, un "vasto sedimento histórico del río de las Américas"[28]; para Fuentes: "antiguas culturas, culturas transpuestas, culturas copulativas, culturas latentes, culturas canibalizadas y carnavalizadas, culturas mestizas arrebatando palabras al silencio, ideas a la oscuridad".[29] Los nexos entre esta literatura, del modernismo a la vanguardia, son causales, observa Yurkievich, hablando de teoría y verso. Pero, de modo similar, se podría afirmar que existen analogías en la narrativa. Nuestra tarea es la de encontrar esos lazos perdidos que completarán el árbol genealógico y facilitarán el trazado de relaciones evolutivas entre escritores como Martí, Darío, Lugones, Huidobro, Vargas Vila, Arqueles Vela, Neruda, Cortázar, Carpentier, Borges, García Márquez y Sarduy.

---

27. "The novel always says: the world is unfinished", *The New York Times Book Review, 31 March 1985, p. 25.*

28. Saúl Yurkievich, *Celebración del modernismo* (Barcelona: Tusquets, 1976), p. 7.

29. "The novel always says...", p. 25.

APUNTES SOBRE LA TRANSFORMACIÓN DE LA CONCIENCIA EN LA VANGUARDIA HISPANOAMERICANA

Graciela Maturo
Universidad de Buenos Aires

La denominación de "apuntes", que encubre la provisoriedad formal de estas páginas, no las exime de portar algunos conceptos largamente madurados y ya expuestos parcialmente por nosotros en otros trabajos.

El traslado del concepto de "vanguardia" a la literatura hispanoamericana tiende a privilegiar visiblemente una literatura eminentemente constructiva, afirmada en la omnipotencia del lenguaje y en el deseo de admirar al lector ante el despliegue de metáforas audaces, greguerías ingeniosas y juegos sonoros que ingresan con facilidad en la categoría "literaria". Injusta a la vez con el amplio contenido de la vanguardia europea, esta óptica relegó inevitablemente como tentativas fallidas a una serie de obras en prosa cuyo profundo sentido renovador se ha venido a revelar a lo largo del tiempo, en la medida en que otras obras alcanzaron a incorporar algunas de esas propuestas filosóficas y expresivas dentro de pautas genéricas más convencionales que permitieron una mayor comunicabilidad estética.

Entre el testimonio, la exploración y la invención, esas obras presentadas como "novelas" cuestionaron profundamente el logocentrismo tradicional de Occidente, avanzaron nuevas concepciones de espacio y tiempo, y plantearon con toda evidencia la destrucción de la "literatura" como categoría autosuficiente, procurando por distintas vías la apelación a un lector activo y capaz de relegar una recepción estética rutinaria.

Una crítica de fundamentación aristotélica atenta a la consideración de la obra como estructura expresiva cuyas partes se armonizan con el todo, o cuyos efectos son buscados por la novedad formal, será tan inadecuada para captar la singularidad de tales obras como una crítica historicista, pronta a descubrir en esas exploraciones una apatía moral o una condenable evasión del compromiso político. Estas anotaciones llevan el propósito de suscitar una perspectiva fenomenológica e interpretativa acorde con las categorías y actitud expresiva de los creadores vanguardistas.

Tomado, como se sabe, del lenguaje militar, el concepto de "vanguardia" es noción típica del progresismo europeo. El término "avant-garde" designa a "los que van adelante", y efectivamente fue aplicado a un momento de la conciencia moderna (ya en el borde de la post-modernidad) que correspondió a una nueva imagen del mundo y del hombre alcanzada por círculos minoritarios de científicos, pensadores y artistas europeos. Europa produce la explosión científica y filosófica: un nuevo modelo del universo desplaza en la física einsteniana los conceptos tradicionales de espacio y tiempo; la revolución fenomenológica modifica la noción de "realidad", y hace concebible un modo ampliado de conocimiento; la exploración de culturas no occidentales empieza a socavar la suficiencia del logos europeo racionalista; la experimentación psicológica revalida científicamente la riqueza del sueño, de la vida inconsciente, de los estados alterados de conciencia, como vías de conocimiento.

La expresión artística y especialmente literaria, tanto en Europa como en otras latitudes del mundo —como lo hace comprensible el creciente avance de las comunicaciones y la unidad estructural de los fenómenos históricos— se hace cargo parcialmente de tales cambios científico-filosóficos, los acompaña después de haberlos anticipado e intuido, los implementa como materia estética, extrae de ellos nuevas posibilidades expresivas, y a veces los congela artísticamente, invalidando su cuota innovadora. Ello hace explicable que al auge de las "vanguardias" europeas se le añada el "dadaísmo" con su sentido destructivo de la forma, y posteriormente el "surrealismo" con hondo impulso exploratorio en el campo psicológico, gnoseológico y científico en general, capaz de superar la fractura romanticismo/vanguardia, abarcándolas en una tentativa epistemológica que ciertamente alcanzaría efectos de más amplia recepción estética sin eludir su fatal absorción por el ámbito artístico —lo que llama Juan Larrea los claustros de la "santa madre Literatura"— que tiende a despojar a esta aventura de su verdadero alcance filosófico y humano. Tal vez sea esta lucha entre el impulso y la forma el nódulo íntimo de toda creación, y el motivo de las transformaciones expresivas que el formalismo atribuyera a búsquedas de nuevos efectos; lo cierto es que en sucesivos momentos del arte moderno y contemporáneo dicha pugna se resuelve abiertamente en función del impulso, tendiendo a la disolución formal. Tal ocurre en autores "románticos", "simbolistas", "vanguardistas" y "surrealistas", que precisamente por ser considerados tales son a su vez juzgados en función de una estética, de un cierto modelo artístico o literario que se incorpora a la historia de la literatura, sin advertirse acaso que se sitúan al borde de ella y que representan de algún modo el paso a un distinto estado de conciencia y a una nueva manera de decir la experiencia espiritual.

En sus aspectos menos artísticos y constructivos, la "vanguardia" es relegada por la crítica formal o estructuralista que innegablemente halla su campo de aplicación favorito en la obra "terminada", armónica y construida; pero asimismo las circunstancias dramáticas del siglo XX serán las encargadas de confinar como desvíos individuales las exploraciones de escritores atípicos y aparentemente inconsistentes. La legítima insurrección de los desposeídos, el fin del colonialismo imperialista —al menos en sus aspectos más visibles— y la conflagración bélica originada en la lucha mundial por el poder, conforman el escenario histórico de una época que en los comienzos de este siglo fue entrevista como el acceso de la humanidad a una nueva etapa cualitativamente distinta, con nuevas escalas de conocimiento y modos superiores de convivencia. Acaso sea este desajuste histórico el causante de que ciertas obras permanezcan como experimentales y marginales, sin que se haya observado debidamente su peso en la conformación paulatina de una nueva mentalidad, que sin embargo aflora a través de la creación literaria hispanoamericana más actual, acaso por haber logrado ésta una mayor comunicación con vastos públicos a través de medios más equilibrados.

Fijemos nuestra atención en una serie de autores hispanoamericanos, a veces más conocidos por sus obras poéticas, a veces casi desconocidos o mencionados siempre como extraños, disidentes, no convencionales, que han escrito prosas narrativas entre los años veinte y cuarenta; sus obras han circulado en ocasiones entre círculos muy reducidos de lectores, han sido poco o mal editadas, y sólo en determinados casos son objeto de una adecuada revaloración crítica. Son ellos —sin pretender aquí una nómina completa— los escritores Juan Emar, Macedonio Fernández, José Antonio Ramos Sucre, Pablo Palacio, Vicente Huidobro, César Vallejo, Pablo Neruda. Vinculan a sus "novelas" de corte testimonial-filosófico-poético-humorístico un aire común en lo expresivo, cierta vocación encubiertamente profética y una innegable ruptura con las convenciones literarias.

De los autores nombrados es sin duda el argentino Macedonio Fernández el que ha merecido una mayor atención de la crítica en los últimos años. Sus novelas *No todo es vigilia la de los ojos abiertos* (1928) y *Papeles de Recienvenido* (1929) mostraron la audacia filosófica de un pensador que instauraba necesariamente un modo expresivo propio, en tanto que su *Museo de la novela de la Eterna*, publicado en 1967, puso al descubierto su lúcida conciencia de escritor y su cuestionamiento a fondo de la literatura. Por su parte el venezolano José Antonio Ramos Sucre (1890-1930) no abordó la novela como tal prefiriendo el apunte fragmentario, la reflexión, el ensayo o el aforismo que sustentan la singularidad de sus obras *Trizas de papel* (1921), *La torre de timón* (1925), *El cielo de esmalte* (1929), y *Las formas del fuego* (1929). Análoga actitud renovadora se percibe en la escritura disidente del chileno Alvaro Yáñez Bianchi —Juan Emar— (1893-1964) de cuyas obras *Ayer, Un año, Diez* y *Miltín,* fundidas luego en *el globo de cristal* dice su compatriota Braulio Arenas: "yo consideraba estas producciones como reveladoras de una *manera americana* de conocer y explicar la realidad"... Intuyó el poeta chileno que se trataba de un modo nuevo y distinto de conocer y de expresar, nacido sobre "el incendio del mundo viejo".[1]

Por otra parte encontramos a figuras bien conocidas por su labor poética que dieron también su aporte a la literatura "de van-

---

1. Cfr. Juan Emar, *Umbral* Tomo I, *Primer pilar. El Globo de Cristal.* Prólogo de Braulio Arenas, Ediciones Carlos Lohlé, Buenos Aires, 1977.

guardia". Así Pablo Neruda con *El habitante y su esperanza* (1926), Vicente Huidobro con *Papá o el Diario de Alicia Mir* (1934), *Cagliostro* (1934), *La Próxima* (1934), *Tres inmensas novelas* (1935) y *Sátiro o el poder de las palabras* (1939); y César Vallejo con *Escalas Melografiadas* y *Fabla Salvaje*, o con su novela *El tungsteno* (1935). No es extraño que sus autores descollaran en la creación poética: si admitimos que el poema corresponde como manifestación lingüística y estructural a actitudes de espíritu no racionales y estados de conciencia omniabarcadora, no debe sorprendernos que los poetas busquen una mayor credibilidad a su experiencia abordando la forma narrativa y haciendo de su propia personalidad el eje de su más acabado personaje literario, al que estudian, despliegan y enmarcan sin ahorrar rasgos de genialidad ni tampoco aspectos tragicómicos que surgen de su especial inserción en el medio social. Años más tarde la "novela del poeta" alcanzará ámbitos más amplios de repercusión al ser elaborada por autores como Leopoldo Marechal, Julio Cortázar y José Lezama Lima.

Nos detendremos brevemente, a modo de ejemplo, en una de las obras del ecuatoriano Pablo Palacio (1903-1946). Tres obras cortas de singular factura componen su haber: *Un hombre muerto a puntapiés* (1927), *Débora* (1927) y *Vida del Ahorcado* (1929). *Débora* nos parece especialmente representativa del sesgo vanguardista; es la novela que se hace a la vista del lector, destruyendo el ilusionismo de la ficción. La reflexión del autor sobre el propio texto acentúa su carácter paródico y por momentos farsesco, sin debilitar su hilo interno, tácitamente establecido: una conciencia en expansión, que halla limitado el horizonte literario convencional. Por ello le cabe la calificación de "novela subjetiva" que el autor utiliza para otra de sus obras: *Vida del Ahorcado*. En *Débora*, Palacio asumiéndose como narrador presenta en tercera y en segunda persona la historia del Teniente: un ser virtual, a medio hacer, que tiene las mismas vivencias que otros han tenido y las repite rutinariamente. El narrador juega con él, le inventa anécdotas triviales o le adjudica, acaso, las propias: así las fugaces relaciones amorosas o la obtención de dinero que hace posible la aparente satisfacción del deseo. Se insertan otras pequeñas historias, como la del barrio de la Ronda que permite al narrador una serie de reflexiones implacables; acusa a los hombres de ser maestros remendones de su pasado en lugar de abordar la novedad del presente. El horizonte del manicomio se ofrece como posibilidad extrema para quien se sabe marginado de la experiencia común.

La visita a los Barrios Bajos permite la inserción de una nueva "aventura": el encuentro amoroso en varias sesiones, narrado con desgano, que señala una doble falacia. La del amor vulgar y sin fuerza transformadora; la de la literatura, portadora de realidades falsas. El autor, convencido de que lo realmente verídico carece de verosimilitud estética, nos entrega una seudonovela cuyo texto profundo se lee entre líneas. El final diluye la anécdota por la superposición cinematográfica de otra imagen: Débora, bailarina "yanquilandesa". La alusión a Hollywood crea un nuevo estrato ficcional y paródico:

> "En este momento inicial y final, suprimo las minucias y difumino los contornos
>
> d e   u n   s u a v e   c o l o r   b l a n c o"[2]

Al configurar esta "historia", Palacio practica un constante entrar y salir de la ficción llevando la atención de su lector al monólogo histriónico autoral que usurpa el primer plano, relativizando y destruyendo la fábula:

> "La novela se derrite en la pereza y quisiera fustigarla para que salte, grite y dé corcoveos, llene de actividad los cuerpos fláccidos; mas con esto me pondría a literaturizar"...[3]
>
> "Aquí las novelas traen meditaciones largas..."[4]
>
> "Las noticias nos ponen más alegres cuando son verbales (otra generalización, que acentúa nuestro modesto sistema novelesco)..."[5]

No en vano se nos ha insinuado al comienzo, con ironía, que se presentaría la pugna entre "el vacío de la vulgaridad" y "la tragedia de la genialidad". Todo ello nos permite aventurar que "el Teniente" no es sino la personalidad vulgar, en determinado momento rechazada y vista "desde afuera", en que se encubre el propio narrador. Al expulsar de sí a ese personaje como el actor de una película estúpida, denunciando sus falencias, señala tácitamente a un nuevo grado en la escala de la conciencia.

---

2. Pablo Palacio, *Obras Escogidas*, Introducción y prólogo de Hernán Rodríguez Castelo, Publicaciones Ariel, Guayaquil, s/f, pág. 120.

3. Ibidem, pág. 97.

4. Ibidem, pág. 99.

5. Ibidem, pág. 101.

La genialidad, la superconciencia, el estado poético, se insinúan como reverso de la condición indigente y falible del hombre. Del contraste y contaminación inevitable entre ambos niveles surge insoslayablemente la categoría del grotesco, que Palacio frecuenta. La nueva conciencia, que asume la categoría de lo "muerto e inactivo", enfoca con frialdad analítica o mediana participación afectiva las evoluciones del "hombre común", ocupado en "hacer tiempo".

La doble denuncia del escritor abarca los aspectos triviales del vivir condicionado y la literatura que ingenuamente los refleja. Recordemos el feroz ataque de Breton a la "novela burguesa". Julio Cortázar, años después, iniciaría una de sus novelas con aquella frase vilipendiada: "La marquesa salió a las cinco"...

En otra novela de Palacio, *Vida del Ahorcado*, se percibe igualmente el planteo de la compleja relación ficción-realidad, y hallamos nuevamente el acento en el discurso autoral que corresponde a una visión omniabarcadora definida en el texto como la perspectiva de un "liberado", de un "muerto". La doble expansión paródico-narrativa y lírico-farsesca crea la inseguridad del punto de vista; ello puede ser visto desde luego como deficiencia, mientras no se perciba la voluntad de ruptura puesta en juego.

Tales incursiones psíquicas y expresivas, de sesgo metafísico, podrían haber quedado como ocurrencias pasajeras o desviaciones enfermizas del escritor, si la historia de la expresión literaria no diera cuenta de su permanencia y afirmación en ciertas líneas de la literatura contemporánea. Si en las tres primeras décadas del siglo observamos tales características dando un aire común a los artistas del Viejo y el Nuevo Mundo, acaso podríamos afirmar que a partir de 1930 es en América Latina donde se despliega, ya con nuevos matices, la aventura vanguardista-surrealista.

En cuanto a la renovación de la novela contemporánea, y sin limitarnos a los grupos de la "vanguardia", cabe plantear asimismo si los "recursos" expresivos, las técnicas narrativas o de composición, y en fin todo el repertorio formal de que dispone la nueva narrativa, no surgen como resultantes de un nuevo estado de conciencia del escritor, obtenido a través de su experimentación psíquica, sus especulaciones científico filosóficas, y la paulatina imposición de un nuevo modelo del universo.

Los cambios inherentes al tratamiento del tiempo y del espacio, de los personajes, la perspectiva narrativa, la relación autorlector, etc., sólo se explican en su trabazón solidaria como respuesta a una nueva actitud interna y a un nuevo modo de realismo. Tal actitud y concepción del mundo exige las técnicas simultaneístas, la permanente actualización del devenir, el perspectivismo, el dialogismo, la organización "polifónica", las técnicas del fluir de la conciencia, el discurso del delirio genial, la ruptura genérica, la quiebra de la inmanencia ficticia, la irrupción de cada vez más abundantes recursos autorreferenciales, la "novela dentro de la novela".[6]

Proponemos pues un tratamiento crítico global e interpretativo de los llamados "recursos" y "técnicas" del escritor, a fin de devolverles su unidad intencional y significación profunda. En tal dirección, cobrarán cierta importancia las obras narrativas que hemos mencionado en estas páginas, y otras que son contemporáneas a ellas y que han sido desestimadas por su rareza de estilo, indeterminación genérica y ruptura de las convenciones literarias.

Frente a ellas, y a otras posteriores que recogen su cuota de novedad sin marginarse tan visiblemente de lo literario, cabe que nos preguntemos: ¿Se trata de un mero experimento formal o de los signos de un cambio de conciencia? Nuestra lectura apoya lo segundo, sin ignorar la problemática formal que le es inherente.

La revolución "copernicana" operada en la ficción moderna, tal es nuestra convicción, es fruto de cambios de conciencia que el crítico literario tiene la obligación de conocer y respetar, superando los marcos positivistas o neopositivistas en que suele moverse la investigación literaria. Esos cambios del ser y del conocer no quedan clausurados en las teorías y experiencias de comienzos de siglo, ni ceñidos a una modalidad estilística que a su vez es encasillada como una nueva retórica: la "vanguardia". Se trata siempre, en mayor o menor medida, del acceso al "cielo" de la rayuela, ese estado superior de vigilia que Bucke definiera en 1903 como "conciencia cósmica" y que hallamos designado de va-

---

6. Macedonio Fernández enumera con cierta ironía, en su *Museo de la novela de la eterna*, los modos de variar la conformación del personaje novelístico. Sin proponerse un ahondamiento interpretativo de tales cambios, el crítico Noé Jitrik ha catalogado esos procedimientos de grupalización, permutación, duración desmesurada, mezcla de signos, etc. (Cfr. Noé Jitrik, *El no existente caballero. La idea de personaje y su evolución en la narrativa latinoamericana*. Editorial La Aurora, Buenos Aires, 1975). Se trata, en nuestro entender, de una liberación de las leyes que rigen la mímesis narrativa, y su sustitución por el discurso alógico, no obstante vigilado y contemplado, del poeta.

riados modos en diversos contextos culturales: *satori, Moksha* o *Tao* para las tradiciones del Oriente, "inconsciente trascendental (Merton), "consciencia objetiva" (Gurdjieff), meta suprema de la "individuación" (Jung).[7]

No fue otro el supremo objetivo de la aventura romántica, que algunos dieron por terminada en 1850. Novalis afirmó: "La suprema tarea de la cultura consiste en apoderarse del Yo trascendental". La "vanguardia", imbuida de convicciones científicas sobre la existencia real de un "hiperespacio", rompe con la grandilocuencia y el sentimentalismo romántico, y aún con el primor literario de los simbolistas, dando a la experiencia interna un giro no espectacular, desprovisto de tutelas mítico simbólicas, y sometiéndola al análisis objetivo. No obstante, esa experimentación conducirá a una revalorización tradicional (romántico-surrealista) que acogerán intuitiva y reflexivamente escritores como Asturias, Carpentier, Marechal, Lezama Lima. Hijos de la vanguardia, ellos engendrarán una estética del mito que permitirá a sus creaciones una reincorporación a la literatura denunciada por los vanguardistas. La violenta apelación destructiva del vanguardismo será retomada por Julio Cortázar, y no dejará de hacerse presente en las obras de los antes nombrados, aunque en menor escala.

Paradójicamente, la vanguardia se presenta como el paso difícil que hace posible a la conciencia moderna su propia superación transrracional, y por lo tanto el acceso a la post-modernidad. Al abrirse las compuertas de la mente profunda se posibilita el rescate del mito y la comprensión de las culturas antiguas. El impulso romántico, excéntrico a Europa, se continúa y profundiza en nuestro siglo, más allá de las diferencias estilísticas que individualizan a momentos como "romanticismo", "realismo", "simbolismo", "vanguardia", "surrealismo".

Una fenomenología de la prosa vanguardista —así como la llamada "nueva novela"— nos pone en contacto con la audacia de una aventura interior que aparece como culminación del proceso creativo. Los estados de conciencia que expresa la nueva literatura serán vistos, sin duda, como "psicóticos" o "geniales", de acuerdo con el enfoque y evaluación de quien los contemple. Pero no se podrá ignorar su existencia, y el carácter de necesidad que

---

7. Un excelente panorama de los problemas científicos y filosóficos que el tema plantea lo ofrece el volumen compilado por John Wite, *The Highest State of Consciousness*, 1972, edición española, Kairós, Barcelona, 1980, con el título, *La experiencia mística y los estados de conciencia.*

imponen a la expresión, a la composición y a toda la actitud ante el instrumento literario. Sobrepasando los márgenes del poema desnudo, el escritor de la vanguardia aborda con intrepidez la mezcla genérica que hace posible no sólo la presentación de imágenes (poesía) sino la inflexión crítica sobre su propia experiencia (ensayo), el enmarcamiento existencial de su personal aventura canalizada en hipóstasis diversas (novela), y aún la presentación directa de escenas teatrales, y los esbozos de teoría literaria y elementos críticos sobre la propia obra. Su actitud gnoseológica, filosófica y expresiva lo distancia del realismo tridimensional de la geometría euclidiana de la lógica aristotélica y de las convenciones literarias.

Para el crítico que se mueve entre prejuicios academicistas y adhiere a las coordenadas del neoaristotelismo puesto en boga por ciertas escuelas modernas, estas obras pueden aparecer como muestra de una literatura pobre (en relación a modelos genéricos) o como tentativa frustrada en cuanto a su eficacia estética; para la crítica latinoamericana que venimos postulando —es decir una crítica sin pre-juicios, abierta a la consideración fenomenológica de la obra de creación, y a la aceptación de las categorías de pensamiento que de ella emanan, así como a su inserción en los contextos ecoculturales de los cuales es emergente —será al contrario un signo incitante, una "invitación al viaje" tendiente a quebrar el ilusionismo literario y a movilizar profundamente las virtualidades del hombre-real, ese protagonista indiscutido de toda literatura.

ORÍGENES

AÑO VII · LA HABANA. 1950 · NÚM. 25

REVISTA DE ARTE Y LITERATURA

Noche de Caballero

QUIJOTE, XX

I

Todo está preparado.

Silencio bajo ruido,
Incógnita arboleda,
Brisa en oscuridad
Hacia un agua invisible,
El prado con el agua.

No hay nombre de lugar que, su tiniebla
Dominando, sitúe
La realidad allí sobrevenida.
Frondas adivinadas
Como espesuras leves
Amplían con murmullos
La convicción de su apariencia en noche.

Son álamos tal vez,
Con mordeduras sin cesar sensibles
A un aire que ya fuese

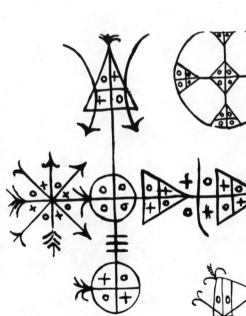

INDAGACIÓN DEL VANGUARDISMO EN LAS ANTILLAS: Cuba, Puerto Rico, Santo Domingo, Haití

Klaus Müller-Bergh
University of Illinois at Chicago
Para Eloísa Lezama Lima

VANGUARDISMO

Y bien, esas aguas rotas,
cahorzos,* en medio del desierto,
buscan... ¿qué buscan?
No buscan, esperan
la gran avenida que las unza
y nazca del poniente el río;
río que arrastre en légamo los árboles
con su hojarasca seca,
ruinas de chozas y hasta de palacios,
cunas y tumbas,
tronos y tajos,
estrados, escaños y ruedos
cetros, báculos, metros y cayadas,
ruecas y espadas y bastos
y oros y copas,

---

*Cahorzos se llama en Castilla a los charquitos en que se deshace un riachuelo en el estiaje y son como cuentas sueltas de un rosario roto.

pitos y flautas,
camas y mesas,
tinas y artesas,
hasta que al fin se encauce en las riberas
por donde ayer no más se iba a la mar el río eterno.

Mejor excéntrico que concéntrico.
Centro es punto,** esto es: picada,
y de él se debe salir;
puro punto es pura nada
y concentrarse es morir.

A lunáticos la Luna
suele herir en plenilunio,
un soldado de fortuna,
un soldado de infortunio!

Hendaya
18-IX-28

*Con un cordial saludo de
Miguel de Unamuno.*

El vanguardismo en las Antillas, más reducido en número que los movimientos hermanos de México y Argentina, y más tardío en plasmar su desasosiego vital en periódicos y revistas propias, aportó matices singulares a la vida cultural de América. En muchos casos el correr de los años transformó la modalidad afroantillana que floreció como una orquestación onomatopéyica, una fiesta de jitanjáforas fónico-verbales, un delirio negro de ritmos exóticos, palmeras y colorido local, en valores universales. Por ello hallamos fecundos poetas, críticos, novelistas, músicos y artistas plásticos tales como Luis Palés Matos, Pedro Henríquez Ureña, Mariano Brull, Nicolás Guillén, Alejo Carpentier, José Lezama Lima, Amadeo Roldán, Alejandro Caturla, Jacques Roumain, Amelia Peláez, Wilfredo Lam y René Portocarrero entre las figuras más destacadas de las letras americanas. Posiblemente las tres contribuciones vanguardistas antillanas de mayor trascendencia literaria, sean la recuperación definitiva del legado taíno y negro para las letras americanas, y dos aportaciones de índole teórica. En primer término, me refiero al rescate del pasado indígena, precolombino (Ricardo Alegría, José Juan Arrom, René Marqués) y, sobre todo, a la explotación del negrismo (Fernando Ortiz, L. Palés Matos, Emilio Ballagas, Nicolás Guillén, Lydia Cabrera, Jacques Roumain, Aimé Césaire) que llevan temas de origen africano y descubiertos por una pupila europea (Leo Frobenius), a sus últimas consecuencias artísticas americanas. En cuanto a los

---

**Kentron equivale, en efecto, a punctum de pungere.

aportes teóricos antillanos, se destacan sin duda alguna, la aclimatación y el refinamiento posterior en el Nuevo Mundo, de los conceptos de lo real maravilloso (Carpentier) y del barroco o neobarroco, de acuerdo con la realidad literaria e histórico-cultural americana (Lezama Lima, A. Carpentier).

Los primeros destellos vanguardistas en Cuba coinciden esencialmente con los de los movimientos equivalentes en Santo Domingo y Puerto Rico, es decir, el *postumismo*, el *diepalismo* y el *euforismo*. En el *Panorama histórico de la literatura dominicana* (Rio de Janeiro: 1946) Max Henríquez Ureña define el *postumismo* de la siguiente manera: "...en el concepto de que lo escrito ahora pueda ser *póstumo*, hay una aspiración ulterior, una proyección de futuro: según eso, el *postumismo*, es literatura de mañana o de pasado mañana".[1] Si la hipótesis de Ureña es cierta, la modalidad dominicana compartiría los temas comunes de 'más allá' y 'porvenir' con -ismos anteriores importados de Europa, el ultraísmo hispano-americano y el futurismo italiano que por cierto asoman en el primer manifiesto del movimiento. Sea de esto lo que fuere, es seguro que Andrés Avelino, el ideólogo del grupo postumista dominicano de Colina Sacra, publicó el "Manifiesto postumista" en *Fantaseos* (1921) y ha de repercutir más adelante en Puerto Rico cuando Domingo Moreno Jiménes visita la isla en 1945. El poema estandarte del diepalismo, la "Orquestación diepálica" de J.I. de *Die*go *Pa*dró y *Luis [Pal]és M*atos, sigla compuesta de letras que forman los nombres y apellidos de los poetas, vio la luz en *El Imparcial* de San Juan, el 7 de noviembre de 1921, seguido de un breve manifiesto donde se habla de "...imagenismo, impresionismo, unanimismo, ultraísmo, cubismo, futurismo y dadaísmo, todas con altísimas mentalidades a la vanguardia".[2] Es decir J. I. de Diego Padró y L. P. Matos, autor de "La danzarina africana" (1918) y "Danza Negra" (1926), los primeros poemas a abordar la temática 'negrista' en las Antillas, también comparten claras inquietudes vanguardistas.

Aproximadamente un mes más tarde, el mismo periódico publica el "Canto al tornillo" de Vicente Palés Matos, el 28 de diciembre de 1921, un poema maquinista que prefigura determina-

---

1. Max Henríquez Ureña. *Panorama histórico de la literatura dominicana*, Río de Janeiro: Companhia de Artes Gráficas, 1946, p. 192.

2. Luis Hernández Aquino, *Nuestra aventura literaria*, San Juan: Editorial Universitaria de Puerto Rico, 1966, p. 164-170.

das ideas del "Manifiesto Euforista" del 1º de noviembre de 1922.[3] Los conceptos de la materia, mecánica y energía son de notable interés histórico para la poesía del Caribe de aquel entonces, y de extraordinario acierto poético, la imagen visionaria de la espiral y de la hélice que se repite cuatro veces a lo largo del canto de cuarenta y cinco versos y que encierra prominentemente el poema: "...Tu eres la realidad potente y vigorosa,/ Y tu espiral la honda fuerza del Universo..".[4] A través de la investigación biológica y genética posterior al poema, sabemos que la doble hélice, la espiral de la larga molécula del ADN (el ácido desoxirribonucleico) de las células, también es una especie de tornillo biológico que transfiere el código genético de la humanidad de generación en generación.

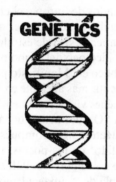 

El "Manifiesto Euforista" deriva su título del estado de euforia o exaltación de novedad que alardeaban los autores, Tomás L. Batista y Vicente Palés Matos, puesto que ya se trataba de un ideario agresivo e iconoclasta, de clara raigambre futurista y pretensiones continentales, dirigido "¡A la juventud americana!". Además el documento celebra la momentaneidad del presente, propone romper las amarras del pasado, mediante el culto a la fuerza, y paradójicamente reconoce el advenimiento de la ciencia y tecnología, mientras exalta la irracionalidad: "Madre Locura corónanos de centellas". Otro poema que recoge algunos elementos

---

3. *Ibid*, pp. 177-178.

4. *Ibid*, p. 178.

principales relacionados con la modernidad, el irracionalismo, la sensibilidad cuantitativo-numérica, la fragmentación del tiempo y el espacio poético, tanto como el dinamismo de la metrópoli y del puerto es "¡SOY!" de Vicente Palés Matos, que salió en *El Imparcial* 10 de septiembre de 1923. Es evidente que este poema comparte un fondo estético común, probablemente derivado del futurismo italiano, con poemas 'estridentistas' mexicanos de la misma época. "Ciudad número 1" de Germán List Arzubide (1926) *El movimiento estridentista* (Xalapa, México, 1926) y "Urbe super poema bolchevique en 5 cantos" 1924 de Manuel Maples Arce.[5]

Si la génesis de la vanguardia en Puerto Rico surge de las reuniones diepalistas en el Ateneo, frente a la Plaza de Armas en San Juan, las primeras manifestaciones vanguardistas en Cuba probablemente se remontan a la tertulia de poetas, críticos e intelectuales jóvenes que se reunían en el café "Martí" de la Habana en 1920, que tuvo aproximadamente un año de vida. Después de una breve pausa, casi el mismo grupo se congrega en el café "Fígaro" y algunos de ellos participaban en determinados acontecimientos de índole política contra el gobierno del presidente Alfredo Zayas, tales como la "Protesta de los 13" (18 de mayo de 1923). Alejo Carpentier, el miembro del movimiento que ha de alcanzar mayor renombre literario internacional, resume el nacimiento del grupo en una mirada retrospectiva en *La música en Cuba* (1946):

> Inútil es decir que en esa época se hicieron los 'descubrimientos' de Picasso, de Joyce, de Stravinsky, de *Los seis* del Esprit Nouveau y de todos los *ismos*. Los libros impresos sin capitulares andaban de mano en mano. Fue el tiempo de la 'vanguardia', de las metáforas traídas por los cabellos, de las revistas tituladas, obligatoriamente, *Espiral*, *Proa*, *Vértice*, *Hélice*, etc. Además, toda la juventud del continente padecía, en aquellos años, de la misma fiebre.[6]

Por lo demás, los textos de escritores, artistas e intelectuales que han de formar el núcleo del "Grupo Minorista" y los fundadores de la *Revista de Avance*, apoyan las afirmaciones del novelista cubano.

De este estado de ánimo nace una publicación bajo el signo de la contemporaneidad, y momentaneidad, moderna en el espa-

---

5. *Ibid*, pp. 175-176.

6. Alejo Carpentier, *La música en Cuba*, México: Fondo de Cultura Económica, 1946, p. 235.

cio y en el tiempo, puesto que al título "Avance", de significación espacial, se le añadía el agregado temporal del año en curso, 1927, número destinado a cambiar con las fechas del calendario. Además "avance", adelante y por ello también progreso y mejora de condición, en su sentido evolutivo de transcurso y mover en un lugar, compartía el sema común de delante, punta o punto propulsor con *Proa*, *Vértice*, *Hélice*, las otras revistas mencionadas por Carpentier. Todo ello parece indicar que las metáforas de los títulos suponen un sólo concepto de vanguardia, sugiriendo en conjunto el sentido de lo que va a la frente, lo más agudo, expuesto y dinámico. A ello se añade el matiz matemático-técnico común de las palabras *Elipse*, *Vértice* y *Hélice*. Sea de esto lo que fuere, los vanguardistas habaneros mantienen la pupila abierta para lo más lejano, y se distinguen de sus coetáneos de la República Dominicana por tener desde el principio una conciencia muy clara del pleno alcance del movimiento, tanto como una fina sensibilidad para captar todo lo nuevo publicado en Europa y América. De esta manera N. Guillén cantará la "Elegía a Jacques Roumain en el cielo de Haití", en los años cuarenta, Emilio Ballagas incluirá los poetas haitianos Pierre Moraviah Morpeau, J. Roumain y Louis Borno en su *Mapa de la poesía negra americana* (Buenos Aires: 1946) y A. Carpentier se inspirará en *Le sacrifice du Tambour Assoto (I)* (1943) de J. Roumain para *El reino de este mundo* (1949) y escribirá sobre Phillippe Thoby-Marcelin en las páginas de *El Nacional* de Caracas. Los posvanguardistas dominicanos de *La poesía sorprendida* a la vez incluirán poesía haitiana, "Marina" de Roussan Camille, "Lamento" de Clement Magloire Fils, "Variaciones tropicales" de Gerard C.L. Roy para celebrar el Primer Centenario de la República Dominicana, en febrero de 1944.

Así mismo, los colaboradores de la *Revista de Avance* son más universales 'ab initio', en el sentido de traducir por primera vez al español a Jorge Santayana, Bertrand Russel y Leon Paul Fargue, aclamar las revistas *La Cittá Futurista* de F.T. Marinetti, *Amauta* de Lima, *Martín Fierro* de Buenos Aires y *Repertorio Americano* de San José, Costa Rica, comentar los libros lanzados por la editorial *Proa*, las actividades de Jorge Luis Borges y llorar el fallecimiento de Ricardo Güiraldes. Por otra parte sienten una afinidad espiritual con la España joven, vanguardista de Ramón Gómez de la Serna, Fernando de los Ríos, José Ortega y Gasset y una devoción por "el apostólico desterrado de Hendaya", Miguel de Unamuno, ya que para los minoristas cubanos lo esencial en estos hombres viene a ser el patrimonio común, una juventud de ideas vitales, progresistas, "la modernidad de sus obras y de sus actitudes y no el lugar de sus nacimientos". Por todas estas razones la nueva publicación periódica no deja de atraer la atención inmediata de escritores hispanoamericanos que comparten las mismas inquietudes estéticas renovadoras, tanto como los ideales martianos de la unidad esencial de las naciones americanas, su soberanía económica y espiritual. Quizás a esto se deba el diálogo con intelectuales de ideología tan distinta como lo son el marxista peruano José Carlos Mariátegui, el costarricense Joaquín García Monje y el guatemalteco Miguel Angel Asturias quien colabora en la *Revista de Avance* porque le parece el "eco espiritual en América, de nuestra generación". Al clamor de los fundadores, y a la voz mítica de Miguel Angel Asturias que cuarenta años más tarde habría de recibir el Premio Nobel, se juntan de 1927 a 1930, entre muchísimas otras, las voces de Américo Castro, Mariano Azuela, Juana de Ibarbourou, los 'contemporáneos' de México —Xavier Villaurrutia, Carlos Pellicer, Bernardo Ortiz de Montellano, Salvador Novo, Enrique González Rojo, Jorge Cuesta— César Vallejo, Alfonso Reyes, Emilio Ballagas, Carmen Conde, Eugenio d'Ors, García Lorca y Miguel de Unamuno.

CUBA

Las ideas de renovación militante, nacionalista, afrocubana, de una vanguardia caracterizada por matices ideológicos distintos, pero unidos por la oposición cerrada de la figura de Gerardo Machado y el 'status quo' que representa, hallan un cauce predominantemente literario y cultural en la *Revista de Avance*, que ha de convertirse en el portavoz principal de las inquietudes de la nueva estética en La Habana, del 16 de marzo de 1927 al 15 de diciembre de 1930. La *Revista de Avance* estaba destinada a ser el punto de arranque de la nueva hornada de escritores y artistas que daba a conocer sus obras a los lectores cubanos. Si bien el impulso inicial fue de "Los Cinco" (Jorge Mañach, Juan Marinello, Francisco Ichaso, Martín Casanovas, y Alejo Carpentier) José Z. Tallet y Félix Lizaso se consagraron más tarde a la labor editorial y ocuparon el lugar de los últimos dos fundadores. El segundo grupo de escritores cubanos de vanguardia, cuya producción más filosófica, estética, dentro de la línea general del hermetismo, la corriente de poesía pura y "el arte por el arte" de Juan Ramón

Jiménez, empieza a aparecer a fin de la década de los treinta. Por la renovación y la nueva independencia de las letras, la actualización del pensamiento, la negación del arte anecdótico de temas prescritos por el salón, y el horror al academismo en las artes plásticas, la asimilación estética de la temática americanista y la valoración del legado cultural afrocubano, son herederos de las inquietudes anteriores al núcleo que se agrupa alrededor de José Rodríguez Feo y Cynthio Vitier, quienes encuentran una guía en José Lezama Lima. Todos colaboran de una manera u otra en las revistas *VERBVM, Espuela de Plata, Nadie Parecía* y *Orígenes.*

VERBVM (tres números, La Habana, junio, julio-agosto y noviembre de 1937) el Organo Oficial de la Asociación de Estudiantes de Derecho, Universidad de La Habana, tiene como director a René Villarnovo, secretario a J. Lezama Lima y un consejo de redacción compuesto por Manuel Lozano Pino, Manuel Menéndez Massana, Felipe de Pazo, Antonio Martínez Bello y Guy Pérez Cisneros. *Espuela de Plata* (Agosto-Sept. 1939-1941?) tiene un título metafórico gongorino, de matiz antisurrealista por la alusión a la 'marea del subconsciente' que asoma en 'Razón que sea' y acabada siendo dirigida por J. Lezama Lima, Guy Pérez Cisneros y el artista plástico Mariano Rodríguez, en cuyo consejo de redacción actúan Justo Rodríguez Santos, Cynthio Vitier, Gastón Baquero, el músico José Ardevol y los artistas plásticos Jorge Arche, Alfredo Lozano y René Portocarrero. *Nadie Parecía, Cuaderno de lo Bello con Dios* (1942-1944) dirigido por el presbítero Angel Gaztelu y José Lezama Lima, ya apunta hacia su íntima vinculación con *Orígenes.* Dentro de los postulados tomistas, la belleza es, junto al infinito, la eternidad y la omnipotencia, uno de los máximos atributos divinos. A través de la analogía de la atribución podemos deducir que el universo fue creado por Dios. Conocemos pues a Dios, mediante los atributos de sus criaturas, aunque Dios mismo sea infinitamente más bello que la belleza de una flor o de un ser humano. El vínculo de continuidad de sentido entre *VERBVM* y *Orígenes* queda evidente, si tenemos en cuenta que el vocablo forma parte del evangelio de San Juan 1, 1-14, uno de los más herméticos y hermosos de la liturgia católica, que empieza de la siguiente manera: "In principio erat Verbum et Verbum erat apud Deum et Deus erat Verbum. Hoc erat in principio apud Deum.."[7]. Es decir, esta ora-

---

7. Anselm Schott O. S. B., *Das Messbuch der heiligen Kirche,* Freiburg: Verlag Herder, 1957, p. 409.

ción que incluye el ritual de la misa, une la obsesión por el origen del lenguaje, característica del pensamiento lezamesco, y una concepción espiritual, vital, de raíz católica, también evidente en la palabra 'Orígenes'. Aunque el sentido principal del vocablo del latín origo, -ginis, desde luego equivale a principio, nacimiento, raíz y causa de una cosa, tiene a la vez un campo semántico amplio que también abarca otros significados introspectivos y analíticos, de matiz local, nacional, familiar, moral o teológico-religioso. *VERBVM, Espuela de Plata, Nadie Parecía, Cuaderno de lo Bello con Dios* y *Orígenes*, títulos que no implican por sí ninguna oposición de elementos, sino una continuidad de sentido, un encadenamiento semántico donde cada elemento viene a especificar y confirmar el elemento previo. Las primeras tres son, pues, revistas que abren nuevos caminos, refinan el vanguardismo 'minorista' de primera época y añaden una nota propia mediante la espléndida formación humanística, escolástica, católica y universal en la línea de Paul E. More, E.R. Curtius y J. Maritain, que culmina en la enorme labor de *Orígenes* (La Habana, primavera, Año I, núm. 1 1944-1956). La revista ha de ser la más cerebral, erudita, de destaque internacional en el ámbito del Caribe, y una de las más significativas para la cultura americana de su tiempo.

PUERTO RICO

La contribución de Puerto Rico a la literatura de vanguardia es más reducida que la de Cuba, pero las escuelas vanguardistas puertorriqueñas se caracterizan por ser más fragmentarias, rabiosas, innovadoras y experimentales que las cubanas y españolas con las que tienen determinados puntos de contacto. Es muy probable que los experimentos lúdico-verbales de los diepalistas y euforistas coincidan con los primeros borradores de *Altazor* de V. Huidobro y, en algunos casos, anticipen la misteriosa incantación mágica, sonora del "Romance sonámbulo" del *Romancero gitano* (1924-1927) de García Lorca y el juego fonémico semántico del "Verdehalago", uno de los poemas de *Poemas en menguante* (1928) de Mariano Brull. Según como se defina el cambio de guardia estético que tiene lugar de la segunda a la quinta década de nuestro siglo, hay siete, ocho o nueve-ismos que han sido estudiados por Luis Hernández Aquino en *Nuestra aventura literaria* (San Juan: 1966): pancalismo (1913), panedismo, diepalismo (1921), euforismo (1922), noísmo (1925), atalayismo (1929), meñiquismo

(1931), integralismo (1941), transcendentalismo (1948). No obstante, a primera vista la atomización es más aparente que real, porque la mayor parte de estas escuelas transitorias no pasan de manifestaciones personales, o se quedan en puro programa, el manifiesto y la consabida declaración de propósitos. La obra lírica duradera, que ha resistido el transcurso implacable del tiempo, es relativamente escasa. El 'pancalismo', palabra derivada del griego 'pan', todo y 'kalos', belleza, es decir, todo es belleza, tanto como el 'panedismo' de Luis Llorens Torres, son creaciones de corte unipersonal que tienen un equivalente antillano en el 'vendrinismo' de Otilio Vigil Díaz (1880-1961). En la *Antología panorámica de la poesía dominicana contemporánea (1912-1962)* (Santiago de los Caballeros: 1972) Manuel Rueda y Lupo Hernández Rueda explican cómo la curiosa escuela "...tomó su nombre del aviador francés Jules Vendrines (1881-1919), piloto de la Segunda Guerra Mundial (sic), creador de las peligrosas piruetas áreas del 'looping the loop', quien adquirió fama en 1911 en su famoso vuelo París-Madrid.."[8]

Aunque es evidente que Llorens Torres y Díaz abren paso a la nueva estética en las Antillas, y el avión y el 'looping the loop' a menudo vienen a ser metáforas vanguardistas, un vendrín no hace vanguardia, y los motivos, los títulos, el tono retórico, la rima y la experimentación métrica del poeta puertorriqueño todavía demuestran el apego a los patrones posmodernistas. La centella vanguardista, evidente en la voluntad de cambio, mayor intransigencia con el pasado, la ironía y el humor desestabilizador, prende definitivamente con la 'Orquestación diepálica' de J. L. de Diego Padró, Luis Palés Matos, el "Canto al tornillo" del euforista Vicente Palés Matos y "Motivos de la rana" de Evaristo Ribera Chevremont. Antonio Coll Vidal, Luis Palés Matos, José de Diego Padró, José Enrique Gelpi, Juan José Llovet y Bolívar Pagán, forman *Los seis* que se agrupan alrededor de Ribera Chevremont, poeta catalizador de vanguardia en Puerto Rico, febrero de 1924, figura que había militado en las filas del ultraísmo peninsular, y el único a colaborar en la *Pequeña antología postumista* (1924) del dominicano Andrés Avelino con el poema "Pozo". En noísmo, atalayismo —de 'Atalaya de los Dioses' presidida por Clemente Soto Vélez, Alfredo Margenot y Graciany Miranda Archilla— me-

---

8. Manuel Rueda y Lupo Hernández Rueda, *Antología panorámica de la poesía dominicana contemporánea* (1921-1962), Santiago de los Caballeros: Universidad Católica Madre y Maestra, 1972, pp. 23-24.

ñiquismo, integralismo y transcendentalismo, que han de aflorar hasta la década de los años cuarenta, se destacan determinadas facetas nihilistas, anarquistas, nacionales, sociales, comunes a focos europeos e hispanoamericanos (futurismo, dadaísmo, ultraísmo, creacionismo) y otras de afirmación autóctona, esencia especulativa y espiritual que ya apuntan hacia la transición de los años cincuenta. En Puerto Rico pues, la vanguardia empieza experimentando con sonidos exóticos, valores rítmicos de efectos onomatopéyicos ('Orquestación diepálica', 'Fugas diepálicas') a la que luego se añade paulatinamente la temática negra ('Candombe', 'Danza negra'). A las negaciones nihilistas (Salutación al noísmo) siguen las imágenes brillantes y sonámbulas de los atalayistas ('Telón de música', 'Aislamientos ambiguos') hasta llegar al acento más introspectivo que exalta elementos autóctonos ('Reconquista', 'Isla Cordera') y espirituales propios ('A una rosa')[9].

SANTO DOMINGO

El impulso inicial que une distintos intentos anteriores de renovación vanguardista en la República Dominicana proviene de Andrés Avelino, Domingo Moreno Jiménes, Rafael Augusto Zorrilla, el núcleo del movimiento 'postumista', de Colina Sacra proclamado en las páginas de *La Cuna de América*, dirigida por Félix, M. Pérez. A pesar de sus limitaciones, en el "Manifiesto postumista" de Andrés Avelino, probablemente fechado a 18 de marzo de 1921, que vio la luz el 4 de abril de 1921, los 'postumistas', se constituyen como grupo mediante una cita de Rubén Darío: "Juventud, divino tesoro, tenéis la palabra; ahí está el porvenir...". Es decir, hacen una alusión irónica a la "Canción de otoño" de la figura máxima del movimiento modernista. En el párrafo "J" del manifiesto se desentienden del presunto maestro nicaragüense y otros modelos estéticos anteriores:

— Reaccionaremos a la vez contra el romanticismo de Hugo y contra el realismo de Balzac. Pero nada del malabarismos estéticos ni musicales, Rubén Darío ha muerto. Cada acto deber ser una palabra escrita y la belleza emocional de ese acto: ritmo, y ese ritmo: música.[10]

---

9. Luis Hernández Aquino, *Nuestra aventura literaria*, op. cit., pp. 153-219.

10. Manuel Rueda y Lupo Hernández Rueda, *Antología panorámica de la poesía dominicana contemporánea*, op. cit., p. 427-428.

A pesar del intento de ultrapasar las fronteras provincianas que representa el informe "Del movimiento postumista hispanoamericano" publicado por Andrés Avelino dos años más tarde en el *Repertorio Americano* de San José, Costa Rica, junto a cuatro breves poemas suyos y otros de D. Moreno Jiménes y del 'vendrinista' precursor Vigil Díaz, los poetas dominicanos de la primera hornada no parecen entender el pleno alcance del movimiento del que hacen parte.[11] Avelino, el teórico del 'postumismo', se muestra reacio a incorporar los resultados de las últimas investigaciones estético-artísticas europeas y americanas (Futurismo, creacionismo, ultraísmo) y científicas (teorías de la evolución, la nueva concepción del tiempo y del espacio). Remedando el tono iconoclasta y agresivo de los futuristas italianos, A. Avelino ya había declarado en el "Manifiesto Postumista" de 1921 que el propósito de los miembros del grupo era reaccionar "... contra los ultraístas, futuristas y creacionistas que pretenden en 'acrobacia azul' y sobre grupa de aeroplanos ir a conquistar un más allá escondido tras de las nubes".[12] Cuando el grupo ya ha crecido y ha reunido adeptos, los poemas llenan las páginas de la *Pequeña antología postumista* (1924).

El volumen no deja de ser aleccionador por dar una especie de compendio de la poesía nueva en la República Dominicana de aquel entonces, tanto como un resumen de los logros de cuatro años de experimentación literaria de vanguardia en la isla. Contiene catorce poemas de las voces postumistas principales: "Silencio" D. Moreno Jiménes, "Momento" Andrés Avelino, "Invocación" Rafael Augusto Zorilla, "Pozo" Evaristo Ribera Chevremont (Puerto Rico) y muchos otros. A cada poema sigue un breve párrafo de seis a doce líneas, las "notas al margen" de Andrés Avelino, donde el editor casi siempre elogia indiscriminadamente a los autores mediante dudosa retórica altisonante. En cuanto a los elementos formales, ya encontramos versolibrismo, un progresivo despojarse de la rima, unido a una tímida experimentación con mayúsculas y minúsculas en el texto. Junto a ecos de rencillas y vendettas literarias entre postumistas, Tomás Hernández Franco, y otros movimientos de vanguardia, también hallamos obra con acento nuevo, el tono menor. En "Vil" del costa-

---

11. *Repertorio Americano,* San José, Costa Rica, vol. 6, 1923, pp. 38-39.

12. Manuel Rueda y Lupo Hernández Rueda, *Antología panorámica de la poesía dominicana contemporánea* (1912-1962), op. cit., p. 428.

rricense Rafael Estrada, lucen los primores de lo ordinario, el día a día que contrasta con el exotismo decorativo, escapista tan frecuente en ambientes modernistas rebuscados, poemas que empiezan a registrar clínicamente la realidad desnuda circundante.[13]. La *Pequeña antología postumista* concluye con una especie de resumen sintético de la actividad literaria del grupo hasta 1924. A pesar de que el volumen cierra con una apelación escrita a máquina que llama la atención a su propia importancia, "El Postumismo agradece el envío de todo órgano que se ocupe de sus universales tendencias: ANDRES AVELINO (Colina Sacra), Sto. Dgo. R. D.", los postumistas se sienten básicamente nacionales "nuestras ideas autóctonas de Santo Domingo" y todavía acentúan la nota personalista, local.

La segunda promoción vanguardista dominicana, los nuevos poetas que se agrupan alrededor de *La poesía sorprendida* de octubre de 1943 a mayo de 1947 es más ambiciosa, puesto que procura mantener el acento propio, hispano, mientras aspira a plena universalidad, levantando la voz más allá de toda frontera, dentro del concierto de la mejor poesía del siglo XX. A la larga su contribución es más significativa y duradera y su lema es "la poesía con el hombre universal". El poeta chileno Alberto Baeza Flores forma parte de la junta directiva compuesta por Franklin Mieses Burgos, Freddy Gaton Arce, Mariano Lebrón Saviñón. El escritor español Eugenio Fernández Granell, que se había refugiado en Santo Domingo con otros exiliados de la Guerra Civil española, define el pleno alcance del título de la publicación en "Testimonio sobre *La poesía sorprendida*":

> Es posible que en 1964, 1965, no diga mucho esa consigna estética y humana. Pero en 1943 y en la República Dominicana, bajo el régimen de Trujillo, era casi un manifiesto en cinco palabras, puesto que significaba respuesta a la "trujillización" de la cultura, lanzada a través de la fundación de *Cuadernos Dominicanos*. La "trujillización" había sido llamada "dominicanización de la cultura", casi ultrajando el verdadero sentido de la leal dominicanidad. El acento nacional y la búsqueda de la temática y simbología nacional en la poesía, la emprendimos siempre con las puertas y ventanas abiertas al aire y en la experiencia universal.[14]

13. *Pequeña antología postumista*, notas al margen de Andrés Avelino, Colina Sacra: Imp. La Cuna de América, Santo Domingo, R. D., 1924, pp. 12-13.

14. Manuel Rueda y Lupo Hernández Rueda, *Antología panorámica de la poesía dominicana contemporánea* (1921-1962), Santiago de los Caballeros, R. D., UCMM 1972, pp. 474-475.

HAITÍ

Dentro del contexto del Caribe el caso de Haití es singular porque el país tiene problemas semejantes a otros países antillanos, puntos de contacto con Latinoamérica, y comparte determinados motivos, preocupaciones, inquietudes introspectivas, autoanalíticas de la vanguardia latinoamericana, en su vertiente hispanoparlante y luso-brasileña, a pesar de un desarrollo literario más bien paralelo debido a una tradición cultural distinta. Pero en último análisis los vanguardistas haitianos tienen un agudo instinto de conciencia racial negra, una autonomía cultural como resultado de un proceso socio-político e histórico propio, unido a una tradición literaria occidental a menudo más vinculada a Francia, al mundo francófono, o al futurismo italiano —Cendrars, Apollinaire, Paul Morand, Marinetti— que al continente latinoamericano. No cabe duda que dos de las figuras centrales de la vanguardia en Haití son el novelista Jacques Roumain (1907-1945), fundador del Parti Communiste Haitien (1934), y el poeta Clemente Magloire-Saint-Aude (1912-1972), el eje alrededor del cual giran los intentos de renovación literaria e ideológica de las letras haitianas del siglo veinte, y la reacción frente a la ocupación norteamericana de la isla. De todos modos, los esfuerzos de la nueva generación que se había dado a conocer primero en *La Nouvelle Ronde* (1925), se cristaliza definitivamente alrededor de cuatro revistas seminales: *La Trouée: Revue d'Intérêt Genéral,* dirigida por Richard Salnave y J. Roumain, *La Revue Indigène: Les arts et la vie* y *La Relève politique literaire* (1932-1938). A éstas ha de seguir la revista *Les Griots* en el Port-au-Prince de 1938, cuando el poeta martiniqueño Aimé Césaire ya había formulado uno de los textos claves de la 'negritude' "Cahier d'un retour au pays natal" (1939).

El examen de textos programáticos, manifiestos literarios y doctrinales, revistas y publicaciones de la época en Cuba, Puerto Rico, Santo Domingo y Haití que hemos llevado a cabo, revela que se trata de la manifestación local caribeña, de un solo concepto de vanguardia hispanoamericana durante los años veinte, treinta y cuarenta. Aunque el vanguardismo es diverso y vario, aquí se aplica al denominador común del conjunto de escuelas que promueven el cambio estético, artístico, ideológico en las letras, tendencias generales que a veces también afectan el cambio político y social. Es decir, en Cuba encontramos el minorismo y los colaboradores de la *Revista de Avance*, seguidos por una segunda promoción formada por los núcleos alrededor de Lezama Lima,

VERBVM, Espuela de Plata, Nadie Parecía, y *Orígenes*; en Puerto Rico el movimiento es heterogéneo y fragmentado en diepalismo, euforismo, noísmo, atalayismo, meñiquismo, integralismo y transcendentalismo; en Santo Domingo el postumismo iniciado por Andrés Avelino y D. Moreno Jiménes, seguido por una segunda promoción pos-vanguardista agrupada alrededor de *La poesía sorprendida: Poesía con el hombre universal* (1943-1947). A esto podemos añadir algunas manifestaciones de la vanguardia haitiana, de marcada autonomía e identidad francófona, negra, que tienen determinados puntos de contacto con los coetáneos hispanoamericanos y la obra del martiniqueño Aimé Césaire. Tal como ha observado la lúcida crítica brasileña, Irlemar Chiampi, al hablar del realismo mágico, 'en sus orígenes, así como en sus prolongaciones críticas' la vanguardia refleja "...la atmósfera cultural del período de entreguerras: nuevas corrientes del arte y del pensamiento incorporaban los resultados de las investigaciones antropológicas y etnológicas (valorización de las culturas primitivas, pérdida de la centralidad europea), psicoanalítica (importancia de las capas profundas de la estructura psíquica) y físicas (relatividad del espacio y del tiempo, división del átomo), etc."[15] Los límites cronológicos de 1924-1954 que proponemos coinciden con los postulados de J. J. Arrom en el *Esquema generacional de las letras americanas* (Bogotá: 1977) que no discrepan fundamentalmente de planteamientos propuestos por José Olivio Jiménez en *Poesía hispanoamericana desde el modernismo* (N. Y.: Appleton Century Crofts, 1968). Los fenómenos estéticos, lingüísticos, culturales observados, y la aparición de los textos principales, no anulan la ambiciosa teoría, siempre que ésta se aplique con cierta flexibilidad. La zona del Caribe es tornasolada y variada, sorprendente y contradictoria como su compleja realidad. Algunas de las contribuciones más originales parecen ser: el afán reflexivo, autoanalítico de indagar lo autóctono y determinar la idiosincrasia nacional y como encaja en la realidad latinoamericana y universal, preocupación que se expresa en la paradoja unamuniana de "hallar lo universal en las entrañas de lo local". La valoración de las culturas primitivas y de los elementos populares del folklore que caracteriza toda la vanguardia del continente americano, en el Caribe, predominantemente toma la forma de la modalidad afro-antillana, el negrismo, afrocubanismo o 'negritude',

---

15. Irlemar Chiampi, *El realismo maravilloso*, Caracas: Monte Avila Editores S.A., 1983, pp. 24-25.

conceptos que a veces tienen valor ideológico contradictorio. Además se busca el 'aggiornamento', ponerse al día, a través de la inmersión en la contemporaneidad, el presente, que lleva inevitablemente a lo que Guillermo de Torre califica como 'internacionalismo y antitradicionalismo', 'abominación de lo heredado y ritual' y cuestionamiento del 'status quo'. Esta última característica probablemente es un aspecto del legado futurista que hace tabula rasa del pasado, mediante la ironía, irreverencia, humor mordaz desestabilizador y el terrorismo verbal. Todo ello en función de una conciencia de identidad cultural independiente frente a España y Europa. En suma, reflexión y autoanálisis, unida al anhelo de renovación artística, lingüística y formal, nacionalismo e internacionalismo, afirmación de independencia cultural, compartida por los coetáneos antillanos en Cuba, Puerto Rico, Santo Domingo y Haití.

NADIE PARECIA

Cuaderno de lo Bello con Dios

DIRIGEN:
PBRO. ANGEL GAZTELU
JOSE LEZAMA LIMA

· No. VII MARZO-ABRIL, 1943
L A   H A B A N A

la brisa juega con ellas...
¡Oh qué aipas! Un dulce bálsamo
se derrama sobre el alma
taladrada de cuidados;
y, un instante, se la lleva
plácidamente a un remanso
donde sueña eternidades
el diamante soleado.

JUAN RAMON JIMENEZ

Procesión

EL desfile del número se hacía en el hastío de su caída invencible, malestar tolerado en prueba de su edunoda sucesión. Dentro de los números, existían sucesiones y significaciones, si aquéllas motivaban sus agrupamientos amistosos, éstos la retadora soltura de sus ritmos. Los desfiles del binario de guerra, la escapada teoría de los peces, olvidaban de sus orígenes y de su fines, de su impulsión y de su extenuado frenesí, para darnos en los músculos del leopardo las mejores progresiones geométricas, en los imanes navegantes una ridícula limitación inolvidable. Esas fascinaciones de los agrupamientos arquetípicos, de la imantación que convoca para huir del remolino que tiene que reducirse a la ley de su estructura, iban trayendo el final del cínico, del atomista y del alejandrino preagustiniano. *El vendedor de palabras.* El hombre propaga y lastima su sustancia. Dios sobreabunda, el encuentro se verifica en sus generosidades. Pero el principio, por momentos falsos y visibles, parecía separarse del Otro. Desde entonces los hombres harán dos grupos: los que creen que la generosidad del Uno engendra el par, y los que creen que lo lleva a lo Oscuro, lo Otro. Así la procesión que surgiendo de la Forma se prolonga hasta pasar e inundarse por la Esencia última, vuelve a salvarse de nuevo por llenarse de la figura simbólica y concupiscible que encierra a la sustancia ya iluminada. Y así donde el estoico creía que saltaba de su piel al vacío, el católico sitúa la procesión para despertar en el cuerpo como límite, la aventura de una sustancia igual, real y ricamente posible para despertar en El. Cuando muere, la Procesión se ha hecho tan desmesurada, que la coral plástica es reemplazada por un eco que parece volver de nuevo hacia nosotros, ya extendiendo las manos, caminando otra cruz. En la nieve, en el desfiladero, en la mansión escogida, la procesión de hombres continúa dividiendo por semejanza, ocupando, traicionando o comunicando el mismo cuerpo, la sangre y los aceites.

Salud y bellexa. ¿Qué felicidad si Vd.
nos mandase algún poema para el próximo
número. Gracias. J. Lezama.

Espuela de Plata

Dirigen:
José Lezama Lima,
Guy Perez Cisneros,
Mariano Rodríguez

Aconsejan:
Jorge Arche, José Ardevol, Gastón Baquero, Alfredo Lozano,
René Portocarrero, J. Rodríguez
Santos y Cynthio Vitier.

NUM. 1   20 CENTAVOS   Imprime: Úcar, García y Cía   AGOSTO - SEPBRE. 1939

Trabajos de:
Mariano Brull, José Lezama Lima, Angel Gaztelu, Lactencio Firminiano, José Ardevol,
Guy Pérez Cisneros, Manuel Altolaguirre, Concha Méndez, J. Rodríguez
Santos, Gastón Baquero, Cynthio Vitier. Viñeta de R. Portocarrero.
Fuera de texto: óleo de Mariano

RAZÓN QUE SEA

● Contra el desgano inconcluso y las ninfas que se retuercen semidespiertas en la marea del subconsciente: Dios aparece en el retablo del primitivo Pere Serra con un compás en la mano.

● Con lo del Sol del Trópico nos quedamos a la Luna de Valencia.

● Convertir el majá en sierpe, o por lo menos, en serpiente.

● La ínsula distinta en el Cosmos, o lo que es lo mismo, la ínsula indistinta en el Cosmos.

● Los críticos porque el mismo Cezanne había exclamado: *el contorno me huye*, creyeron que éste fracasaba. Ese contorno perforado, agujereado por mil puntos, mal que pese es el único campo donde se siguen planteando las batallas que nos interesan.

● Capar un caballo e injertar allí la rosa. Muchos artistas lo intentan, pero no hay castración ni injerto posible que puedan producir monstruos o signos de luz.

● Cosas que nos interesan: Teseo, la Resurrección, Proserpina, el hambre, la Doctrina de la Gracia, el hilo, los ángeles, las furias, los espermatozoides, la lengua del pájaro, la garganta del ciego, llamar o gritar, la diestra del Padre, los tres días pasados en el Infierno.

● Cosas que no nos interesan: besar, el sueño, el escándalo, el tablero de ajedrez, ¿las cenizas?

● En el trópico hay lo vegetal mágico, pero no olvidemos que el rayo de luz es constante. Lo mágico, pero sin olvido de humildad y llamada oportuna. Hay la abundancia de la descomposición, pero también decimos como buena señal: abundancia de sangre. Abundancia de sangre es' pagar en dinero de muerte. Ni el ciudadano ni el exquisito tienen buen gusto. La abundancia de sangre, la llama fija, eso sí es buen gusto. Pero cuando se tiene sangre y fuego vivaces que nos interesa ya el buen gusto.

● Mientras el hormiguero se agita—realidad, arte social, arte puro, pueblo, marfil y torre—pregunta, responde, el Perugino se nos acerca silenciosamente, y nos da la mejor solución: *Prepara la sopa, mientras tanto voy a pintar un ángel más.*

BIBLIOGRAFIA

A. James Arnold, *Modernism and Negritude The Poetry and Poetics of Aimé Césaire* Cambridge: Harvard University Press, 1981.

J. J. Arrom, *Esquema generacional de las letras hispanoamericanas,* Bogotá: Caro y Cuervo, 1977.

Alejo Carpentier, *La música en Cuba*, México: Fondo de Cultura Económica, 1946.

Aimé Césaire, *Cahier d'un retour au pays natal,* París: Editions Présence Africaine, 1983.

Irlemar Chiampi, *El realismo maravilloso*, Caracas: Monte Avila. Editores, S.A., 1983.

Cincuenta años de poesía cubana (1902-1952), ordenación antología y notas por Cynthio Vitier. La Habana: Dirección de Cultura del Ministerio de Educación, 1952.

Eugenio Fernández Granell (1912) "André Bretón y los surrealistas en Santo Domingo: Eugenio Fernández Granell contesta las preguntas de Stefan Baciu."

Eugenio Florit y José Olivio Jiménez, *La poesía hispanoamericana desde el modernismo*, New York: Appleton Century Crofts, 1968.

Carolyn Fowler, *A Knot in the Tread*, Washington: Howard University Press, 1980.

Federico García Lorca, *Obras completas*, Madrid: Aguilar, 1968.

Max Henríquez Ureña, *Panorama histórico de la literatura dominicana,* Río de Janeiro: Companhia de Artes Gráficas, 1946.

Luis Hernández Aquino, *Nuestra aventura literaria, (Los ismos en la poesía puertorriqueña 1913-1948)*, San Juan: Editorial Universitaria de Puerto Rico, 1966, Segunda edición.

C.L. R. James, *The Black Jacobins Toussaint L'Ouverture and the Santo Domingo Revolution*, New York: Vintage Books, A. Knopf & Random House, 1963.

Maximilian Laroche, *La litterature haitienne identite langue realite* les classiques de la francophonie, Otawa: Les Editions Lemeac, 1981.

Jean Claude Michel *Les Écrivains Noirs et le Surrealisme*, Quebec: Editions Naaman C.P. 697, Sherbroke Quebec, Canada, 1982.

Klaus Müller-Bergh, "Unamuno y Cuba (dos contribuciones unamunianas poco conocidas a la *Revista de Avance"), Cuadernos Americanos,* México, Año XXVIII, vol. CLXV, n.º 5, septiembre-octubre de 1969, p. 201-211.

Otto Olivera, *Breve historia de la literatura antillana*, México: Ediciones de Andrea, 1957.

Pequeña antología postumista, notas al margen por Andrés Avelino, Colina Sacra, Imp. La Cuna de América, Santo Domingo, R. D. 1924.

Manuel Rueda, Lupo. Hernández Rueda, *Antología panorámica de la poesía dominicana contemporánea* (1912-1962), Santiago de los Caballeros: UCMM, 1972.

Guillermo de Torre, *Historia de las literaturas de vanguardia*, Madrid Ed. Guadarrama, 1965 y 1971, 2ª edición ampliada, *Literaturas europeas de vanguardia*, Madrid, Caro Raggio, 1925.

REVISTAS:

Revista de Avance (1927-1930), *Espuela de Plata* (1939-1941), *Verbum* (1937), *Nadie Parecía, Cuaderno de lo Bello con Dios* (1942-1944), *Orígenes* (1944-1956), *La Trouée Revue d'Intérêt Genéral,* Port au Prince, julio 1927, *La Revue Indigène: Les Arts et la Vie*, Port au Prince 1927, *La Relève politique literaire*, Port au Prince (1932-1938), *La poesía sorprendida, Poesía con el hombre universal*, Ciudad Trujillo (octubre 1943 - mayo 1947), *Repertorio Americano*, San José, Costa Rica.

EL SURREALISMO Y SU VINCULACIÓN CON EL REALISMO MÁGICO Y LO REAL MARAVILLOSO

Alexis Márquez Rodríguez
Universidad Central de Venezuela

Al parecer, no hay duda de que fue el crítico de arte alemán Franz Roh el que acuñó la frase *realismo mágico* para referirse a un determinado fenómeno estético. Fue en 1925, en su libro *Nach Expressionismus*. A continuación del título, en la edición alemana aparecía, a manera de subtítulo, la famosa frase: *Magischen Realismus*. Con ella Roh no se refería a ningún fenómeno literario, sino a cierta pintura postexpresionista que de algún modo se emparentaba con la pintura surrealista. Poco después, en 1927, el libro de Roh fue publicado en versión castellana de Fernando Vela por la Editorial Revista de Occidente. Curiosamente, en esta edición española se invirtieron las frases del título original, y el libro apareció con el de *Realismo Mágico. Postexpresionismo*. La expresión *realismo mágico*, según testimonios de autores de la época, estuvo muy en boga en los finales de la década del 20 y a comienzos de la del 30.[1]

Tampoco parece haber duda acerca de que fue el venezolano Arturo Uslar Pietri el primero en utilizar la frase *realismo mágico* para identificar cierto tipo de literatura narrativa, y específicamente una determinada orientación dentro del cuento latinoame-

---

1. Angel Flores: *Narrativa hispanoamericana 1816-1981*, Historia y antología. Tomo 4. Siglo XXI Editores. México, 1982; p. 10. Arturo Uslar Pietri: "Realismo mágico". En *El Nacional*, Caracas, 20-2-85; pp. B-1 y B-2.

ricano. Así lo hizo, en efecto, en su ensayo "El cuento venezolano", incluido en su libro *Letras y Hombres de Venezuela*, publicado en 1948 por el Fondo de Cultura Económica, de México. Antes que él, sin embargo, en 1942, otro venezolano, el poeta Vicente Gerbasi, había utilizado la expresión *realismo mágico*, pero para referirse a algún tipo de poesía, y concretamente a la del chileno Humberto Díaz Casanueva.[2]

En los mismos días en que Uslar Pietri aplicaba la idea del *realismo mágico* a la cuentística, Alejo Carpentier, entonces residente en Venezuela, proponía el concepto de *lo real maravilloso* para identificar *cierto tipo de fenómeno típicamente americano*, independiente del arte y de la literatura, pero de algún modo vinculado con la creación artística. El primer texto de Carpentier donde figura el concepto de *lo real maravilloso* es el prólogo de su novela *El reino de este mundo*, publicada en México en 1949. Pero un año antes, en febrero de 1948, este prólogo había aparecido en el diario *El Nacional*, de Caracas, del cual Carpentier era columnista.

Las dos expresiones corrieron con fortuna. Sin embargo, desde temprano muchos críticos y estudiosos de nuestra literatura empezaron a considerarlas sinónimas y a utilizarlas indiscriminadamente para referirse a un mismo tipo de literatura, sin percatarse de que se trata de dos conceptos muy distintos, que se refieren a fenómenos también diversos. Diferencia que, no obstante, aparece ya muy explícita sobre todo en el texto de Carpentier, si se lo coteja con el de Uslar. Es evidente, en efecto, que éste habla de *cierto tipo de narrativa*, sobre la cual dice:

> Lo que vino a predominar en el cuento y a marcar su huella de una manera perdurable fue la consideración del hombre como misterio en medio de los datos realistas. Una adivinación poética o una negación poética de la realidad. Lo que a falta de otra palabra podría llamarse un realismo mágico.[3]

---

2. Vicente Gerbasi: *Creación y símbolo*. Ediciones Viernes. Caracas, 1942; pp. 53-54.

3. Arturo Uslar Pietri: "Letras y hombres de Venezuela". En: *Obras selectas*. Ediciones EDIME. Madrid-Caracas, 1967; p. 960.

Parece obvio que, al hablar de *adivinación poética* y de *negación poética de la realidad*, el autor se refiere inequívocamente a un *acto de creación*, y por tanto a un *fenómeno estético*.

Alejo Carpentier, en cambio, en su prólogo a *El reino de este mundo* no se refiere para nada, al hablar de *lo real maravilloso*, a un determinado tipo de obra creada por el artista, ni a fenómeno alguno vinculado con la creación artística o literaria. De lo que habla es de la existencia de una *realidad* que es *per se maravillosa*, y que él opone a lo maravilloso artificial, a *"lo maravilloso obtenido con trucos de prestidigitación..."*. Entonces confiesa:

> Esto se me hizo particularmente evidente durante mi permanencia en Haití, al hallarme en contacto cotidiano con algo que podríamos llamar lo *real maravilloso*.[4]

Es ésta la primera vez que Carpentier emplea la famosa expresión, y como se ve no se refiere a un *fenómeno estético*, sino más bien a un *fenómeno ontológico*, es decir, a un *modo de ser* una realidad, en este caso la *realidad americana*. Líneas más abajo lo precisa aún mejor:

> A cada paso hallaba lo *real maravilloso*. Pero pensaba, además, que esa presencia y vigencia de lo real maravilloso no era privilegio único de Haití, sino patrimonio de la América entera, donde todavía no se ha terminado de establecer, por ejemplo, un recuento de cosmogonías.[5]

La existencia de esa *realidad maravillosa*, que lo mismo puede estar en la naturaleza, en la historia o en la psicología de las personas, es autónoma, e independiente de la creación artística, y de hecho tal realidad es en sí maravillosa sea que sirva de materia prima para la obra de arte o no. En cambio, el *realismo mágico* supone la *creación* de una *realidad mágica* mediante la *elaboración estética* de una determinada *materia real*. Esta *elaboración estética*, que Uslar Pietri atinadamente sintetiza en la idea de *adivinación* o *negación poética de la realidad*, en la práctica se vale de recursos adecuados para transformar en *mágica* —o simplemente en *maravillosa*— aquella realidad. Lo cual de hecho supone una *deformación* de la misma, de manera intencional y con propósitos fundamentalmente estéticos. Uno de esos recursos

---

4. Alejo Carpentier: *El reino de este Mundo*, prólogo. 1.ª edición. EDIAPSA, México, 1949; p. 12.

5. Ibidem, p. 13.

—entre muchos otros— es la *exageración*, en cierto modo caricaturesca, de los datos o valores reales. Tal como lo hace García Márquez, por ejemplo, cuando describe a José Arcadio Buendía diciendo que era

> ...un hombre descomunal. Sus espaldas cuadradas apenas
> si cabían por las puertas (...) Tenía un cinturón dos veces
> más grueso que la cincha de un caballo (...) Hizo apuestas
> de pulso con cinco hombres al mismo tiempo (...) que no
> lograban moverle el brazo. (...) Catarino, que no creía en
> artificios de fuerza, apostó doce pesos a que no movía el
> mostrador. José Arcadio lo arrancó de su sitio, lo levantó
> en vilo sobre la cabeza y lo puso en la calle. Se necesitaron
> once hombres para meterlo. En el calor de la fiesta exhibió
> sobre el mostrador su masculinidad inverosímil, enteramente
> tatuada con una maraña azul y roja de letreros en varios
> idiomas...[6]

Igual uso de la *exageración*, como recurso para insuflarle un
toque mágico a la realidad, hace también García Márquez cuando narra la muerte del mismo José Arcadio de un disparo, y dice
que el hilillo de sangre que manaba de la herida

> ...salió por debajo de la puerta, atravesó la sala, salió a la
> calle, siguió en un curso directo por los andenes disparejos,
> descendió escalinatas y subió pretiles, pasó de largo por la
> Calle de los Turcos, dobló una esquina a la derecha y otra
> a la izquierda, volteó en ángulo recto frente a la casa de los
> Buendía, pasó por debajo de la puerta cerrada, atravesó la
> sala de visitas pegado a las paredes para no manchar los
> tapices, siguió por la otra sala, eludió en una curva amplia
> la mesa del comedor, avanzó por el corredor de las bego-
> nias y pasó sin ser visto por debajo de la silla de Amaranta
> que daba una lección de Aritmética a Aureliano José, y se
> metió por el granero y apareció en la cocina donde Ursula
> se disponía a partir treinta y seis huevos para el pan...[7]

La realidad que sirve de base al narrador en cada uno de estos dos pasajes de *Cien años de soledad* es totalmente verosímil.
La existencia de un hombre en extremo forzudo, capaz de hazañas asombrosas, es un hecho trivial en cualquier parte del mundo. En nuestros pueblos latinoamericanos es muy común, y las
acciones de esos hombres se comentan popularmente y a menudo

---

6. Gabriel García Márquez: *Cien años de soledad*. 1.ª edición. Editorial
Sudamericana. Buenos Aires, 1967; pp. 83-84.

7. Ibidem, p. 118.

dan lugar a anécdotas picantes y chistosas. Y en esta popularidad es, precisamente, donde con frecuencia comienza lo mágico. Porque tales hazañas van creciendo a medida que se divulgan, hasta convertirse en prodigiosas merced a la exageración fantasiosa de las gentes. Es éste el mismo mecanismo que ha operado en la descripción de García Márquez, sólo que en su caso la *exageración* ha respondido a un propósito estético.

De idéntica manera ocurre en el otro episodio que hemos leído. La muerte de una persona a causa de un disparo y la sangre que brota de su herida son hechos perfectamente reales y, hasta cierto punto, triviales. Mas el novelista los convierte en fantásticos, o mejor, en este caso, en *mágicos*, mediante el recurso de la *exageración*.

En otras ocasiones no es propiamente la *exageración*, sino la *deformación grotesca*, desde luego intencional y también en alguna medida caricaturesca y esperpéntica, de una realidad lo que la convierte en *mágica* o *maravillosa*. Tal como ocurre en *Terra nostra*, de Carlos Fuentes. Allí vemos a una Doña Juana la Loca perfectamente reconocible como tal, que pasea por toda España el cadáver de su marido, Felipe el Hermoso, y prohibe que sea visto por mujer alguna, pues si en vida ella tuvo que soportar sus devaneos amorosos con otras mujeres, muerto es sólo suyo. Este episodio de la reina en su fúnebre peregrinaje es de por sí maravilloso. Pero el personaje de Fuentes, inequívocamente reconocible como el personaje histórico[8], figura en la novela como una especie de monstruo, mutilada de brazos y piernas, llevada a todas partes en una carretilla empujada por una enana igualmente monstruosa y, además, asexuada. Es más, aquella grotesca lisiada sobrevive a través de los siglos, emparedada dentro del nicho que habría de corresponderle en el Panteón de los Reyes del Escorial. En este punto la *exageración* y la *deformación grotesca* se entre-

---

8.   Decimos que es inequívocamente reconocible el *personaje real* de Doña Juana la Loca en el *personaje novelesco* de Carlos Fuentes, porque hay en *Terra nostra* numerosos indicios que así lo determinan. En la novela, por ejemplo, el personaje se conoce como *la Dama Loca*. Su marido se identifica con el príncipe Felipe, que "fue llamado y era el hermoso..." La tormentosa vida que llevó con él, que era un príncipe disoluto y mujeriego, aparece narrada en episodios veraces. Sin embargo, intencionalmente el novelista altera importantes datos de la historia. La Dama Loca, por ejemplo, figura en la novela como la madre de Felipe II, cuando en realidad era su abuela. La misma presencia de Doña Juana en el Escorial es una incongruencia cronológica, pues ella murió mucho antes de que se construyese el famoso monasterio y palacio real.

cruzan y apoyan mutuamente para producir el efecto que se persigue. Y lo que es de por sí un hecho maravilloso, por lo insólito, dentro del contexto histórico —la vida real de aquella mujer—, se convierte, gracias a la lente deformadora del novelista, en un fenómeno sobrenatural y mágico.

Muy distinto es el caso del novelista que, como Carpentier, se sitúa estrictamente en el terreno de *lo real maravilloso*. La vida de Henry Christophe que narra Carpentier en "El reino de este mundo", por ejemplo, se basa en una realidad histórica minuciosamente verificada, y no debe nada a la exageración, ni a la deformación grotesca, ni a la invención del novelista. Este se limita, en cuanto a los hechos, a registrar el dato histórico: la existencia de un negro que comenzó siendo concinero de fonda, después fue militar y llegó a ser emperador de Haití, donde erigió una corte imperial en todo calcada del esplendor del imperio napoleónico, salvo que la suya era íntegramente de negros:

> ...lo que más asombraba a Ti Noel era el descubrimiento de que ese mundo prodigioso, como no lo habían conocido los gobernadores franceses del Cabo, era un mundo de negros. Porque negras eran aquellas hermosas señoras, de firme nalgatorio, que ahora bailaban la rueda en torno a una fuente de tritones; negros aquellos dos ministros de medias blancas, que descendían, con la cartera de becerro debajo del brazo, la escalinata de honor; negro aquel cocinero, con cola de armiño en el bonete, que recibía un venado de hombros de varios aldeanos conducidos por el Montero Mayor; negros aquellos húsares que trotaban en el picadero; negro aquel Gran Copero, de cadena de plata al cuello, que contemplaba, en compañía del Gran Maestre de Cetrería, los ensayos de actores negros en un teatro de verdura; negros aquellos lacayos de peluca blanca, cuyos botones eran contados por un mayordomo de verde chaqueta; negra, en fin, y bien negra, era la Inmaculada Concepción que se erguía sobre el altar mayor de la capilla, sonriendo dulcemente a los músicos negros que ensayaban una salve. Ti Noel comprendió que se hallaba en Sans-Souci, la residencia predilecta del rey Henri Christophe, aquél que fuera antaño concinero en la calle de los Españoles, dueño del albergue de *La Corona*, y que hoy fundía monedas con sus iniciales, sobre la orgulla divisa de *Dios, mi causa y mi espada.*[9]

---

9. Alejo Carpentier: *El Reino de este Mundo.* Ob. cit., p. 127. En relación con este punto conviene advertir que la fidelidad de Carpentier al fundamento histórico de sus novelas no le impide, en algunos casos, alterar el orden cronológi-

Por si no fuera ya de por sí suficientemente maravillosa esa vida —la aventura de un hombre que desde la humilde condición de cocinero de fonda accede al trono y se convierte en centro de una deslumbrante corte imperial de negros—, aquel personaje, que no puede prescindir, aunque lo intente, de sus ancestros culturales y cree en supersticiones y brujerías, manda a construir en la cima de un monte una ciudadela fortificada, capaz de albergar toda su corte, su ejército y bastimentos suficientes para resistir durante años en caso de que los franceses, antiguos dueños de la isla, intentaran reconquistarla. Y pretendiendo hacer inexpugnable aquella fortaleza, ordena que la argamasa para sus muros sea mezclada con sangre de toros en vez de agua. Por lo que diariamente se degollaban centenares de toros para hacer la mezcla. Mas de nada sirvió aquel hechizo cuando fue su propio pueblo, también de negros, el que se alzó contra la tiranía de su emperador. Ante la evidencia de su derrota, Christophe se suicida, y sus pajes, para evitar que el cadáver fuese profanado, lo sepultan en la argamasa aún fresca de uno de aquellos muros sin concluir, hecha con la sangre de innumerables toros. Y así, lo que aquel singular personaje soñó como una insólita fortaleza imperial, devino para él en grandioso mausoleo. Historia sin duda maravillosa, en la cual Carpentier, al transferirla a su novela, no inventa nada, ni exagera, ni deforma. Se limita, como ya dijimos, a registrar los hechos tal como ocurrieron. Como tampoco inventa nada fantasioso Agusto Roa Bastos cuando narra la vida, igualmente maravillosa, de Gaspar Rodríguez de Francia, dictador paraguayo, en su novela *Yo el Supremo*. ¿Cuál es, entonces, la función estética del novelista en estos casos? En primer lugar, percibir lo maravilloso de esas realidades, mediante una sensibilidad especialísima, *"una exalta-*

---

co de ciertos episodios, e introducir, por ejemplo, en escenas de una época, personajes o acontecimientos correspondientes a otras. Son famosos y muy comentados sus anacronismos y demás juegos con el tiempo. Sin embargo, aun en tales ocasiones conserva su respeto a la veracidad de los hechos, sin recurrir en ningún momento a la fantasía. Sobre este punto puede consultarse: *Noel Salomón: El Siglo de las Luces:* Historia e imaginación. Conferencia leída en el Congreso de la *Asociación Internacional de Hispanistas* (Salamanca, septiembre de 1971). En: *Recopilación de textos sobre Alejo Carpentier.* Serie Valoración Múltiple. Compilación y prólogo de Salvador Arias. Casa de las Américas. La Habana, 1977; pp. 395 y ss. También: *Verity Smith:* "Ausencia de Toussaint: interpretación y falseamiento de la historia en *El Reino de este Mundo*". Conferencia sustentada en el coloquio en homenaje a Carpentier celebrado en 1979 en la Universidad de Yale (EE.UU.). En: *Alejo Carpentier, Rodríguez Monegal y otros: Historia y ficción en la narrativa hispanoamericana.* Monte Avila Editores. Caracas, 1985; pp. 275 y ss.

ción del espíritu —dice el propio Carpentier— *que lo conduce a un modo de 'estado límite'".* [10] En segundo lugar, la conformación de un estilo peculiar —integración de lenguaje, estructuras narrativas, recursos de variado tipo— capaz de servir de adecuado medio de expresión de aquellas realidades *per se* maravillosas, pero que sin el concurso de esos elementos formales no podrían ser transmitidas con toda su riqueza ni provocar en el lector la sensación de lo maravilloso, quedándose así el registro de tales hechos en el ámbito historiográfico, pero sin transcender al ámbito de lo literario. Tal función expresiva Carpentier la atribuye al Barroco en relación con *lo real maravilloso* americano. Con lo que el Barroco nuestro, el genuino y específico de nuestra América, pasa a ser también parte sustancial de esa realidad maravillosa que es propia de este Continente.

Tanto el concepto de *realismo mágico* como el de *lo real maravilloso* —cuya diferencia creemos haber dejado bien establecida— tienen entre sí, como se ha visto, una estrecha relación. A menudo se dan de manera conjunta en un mismo autor y hasta en una misma obra. Ambos conceptos, además, se vinculan también, tanto en su génesis como conceptualmente, con las corrientes vanguardistas del arte y la literatura, y en especial con el *surrealismo*. Ya vimos que al principio el concepto de *realismo mágico* estuvo vinculado con la plástica postexpresionista que, a su vez, tiene un parentesco muy cercano con la pintura surrealista. Pero, además *surrealismo* y *realismo mágico* tienen en común ser ambos *categorías estéticas*, y operar como *procedimientos de creación artística*. La diferencia esencial entre ellos reside más que todo en que, mientras el *surrealismo* se propone *crear realidades maravillosas* (*realidades* en tanto que *creaciones humanas*) partiendo sólo de la *imaginación libre*, del *automatismo psíquico*, "*con exclusión de todo control ejercido por la razón y al margen de toda preocupación estética o moral*", como dijera el propio André Breton en el *Primer Manifiesto* del *surrealismo*, el *realismo mágico*, como hemos visto, parte en cambio de la *realidad circundante* —que el *surrealismo* de hecho desprecia— para crear, a partir de ella y mediante un adecuado *tratamiento estético*, una *nueva realidad*, de *carácter maravilloso*, e incluso *mágico* en tanto que aparentemente misterioso o sobrenatural. En la práctica, el creador surrealista suele apelar a la imaginación onírica, a la provocada o reforzada por agentes estimulantes, e incluso a la sensi-

---

10. Alejo Carpentier: *El Reino de este Mundo*, prólogo. Ob. cit., p. 11.

bilidad de ciertos tipos de desequilibrados mentales. Breton fue un atento estudioso de las obras de Freud y un gran conocedor y admirador del psicoanálisis, conocimiento que le ayudó en la formulación de sus teorías sobre la creación surrealista.

En cuanto a *lo real maravilloso*, también existe una importante relación con el *surrealismo*, aunque de otro signo. Cuando, en 1928, Carpentier —un joven de apenas veintitrés años— viaja como exiliado a Francia, ya conocía al detalle y admiraba el arte surrealista. En París entra en contacto con el movimiento, y hasta es invitado por el propio Breton a escribir en *Revolution Surrealiste*, la revista del grupo que él dirigía. No lo hizo, sin embargo, aunque pensó hacerlo. Pero sí publicó algunos textos en *Documents*, que dirigía George Bataille, y en *Biffure*, dirigida por Ribemont Dessaignes, ambas revistas también órganos del *surrealismo*. Pero pronto Carpentier se dio cuenta de que nada podía hacer en el movimiento surrealista que no fuese imitación de los modelos que ya habían cuajado dentro del mismo. Comprende entonces que la temática de su obra futura está en América, a la que sin embargo no conocía suficientemente, aparte de su isla caribeña. Se dedica, por ello, al estudio sistemático y minucioso de la realidad americana a través de su historia, de su geografía y de su literatura. Al poco tiempo su renuncia al *surrealismo* por considerar que no tenía nada que buscar allí, en un movimiento que ya había dado lo mejor de sí, se convierte en rechazo de sus procedimientos, sin que ello implicara desconocer su importancia ni renegar de la admiración que siempre tuvo por el arte surrealista. Años más tarde, durante los cuales sin duda todas estas ideas estuvieron madurando en su intelecto, Carpentier aprehende el fenómeno y formula el concepto de *lo real maravilloso*, y al hacerlo, confiesa él mismo, inevitablemente surgen en su conciencia la contraposición entre tal concepto y el *surrealismo*. Dice al respecto lo siguiente:

> Después de sentir el nada mentido sortilegio de las tierras de Haití, de haber hallado advertencias mágicas en los caminos rojos de la Meseta Central, de haber oído los tambores del Petro y del Rada, me vi llevado a acercar la maravillosa realidad recién vivida a la agotante pretensión de suscitar lo maravilloso que caracterizó ciertas literaturas europeas de estos últimos treinta años. (...) Lo maravilloso obtenido con trucos de prestidigitación, reuniéndose objetos que para nada suelen encontrarse: la vieja y embustera historia del encuentro fortuito del paraguas y la máquina

de coser sobre una mesa de disección, generador de las cu-
charas de armiño, los caracoles en el taxi pluvioso, la cabeza de león en la pelvis de una viuda, de las exposiciones surrealistas. (...) ...a fuerza de querer suscitar lo maravilloso
a todo trance, los taumaturgos se hacen burócratas." [11]

De modo que, en conclusión, tanto el *realismo mágico* como
lo real maravilloso, hoy por hoy conceptos fundamentales en el
estudio de la actual prosa narrativa latinoamericana, mucho deben en su génesis y en su formulación teórica al *surrealismo*, el
más importante de los movimientos europeos de vanguardia que
tan profundamente marcaron el arte y la literatura de la década
de los veinte en adelante.

---

11. Ibidem, pp. 7-8. Es conveniente advertir que la formulación por Carpentier de su teoría de *lo real maravilloso* hecha en el prólogo de *El Reino de
este Mundo*, en el cual pone énfasis en su contraposición al *surrealismo*, fue ampliada y precisada en muchos otros textos suyos, de manera especial en las tres
conferencias que dictó en Caracas en mayo de 1975, que fueron recogidas en el
libro *Razón de ser*. Ediciones del Rectorado de la Universidad Central de Venezuela. Caracas, 1976. De este libro hay también edición cubana. Las tres conferencias
hacen parte, así mismo, del libro póstumo de Carpentier titulado *La novela latinoamericana en vísperas de un nuevo siglo y otros ensayos*. Siglo XXI Editores.
México, 1981.

LA 'AVENTURA Y EL ORDEN' EN LA LITERATURA HISPANOAMERICANA DE LA DÉCADA DEL VEINTE

Ramona Lagos
Knox College

Cuando Jorge Luis Borges publica *El idioma de los argentinos* tiene veintinueve años. Uno de los artículos más conocidos de este libro, "La conducta novelística de Cervantes", plantea con inusitada lucidez para la edad del escritor y para la época, un problema crucial de la literatura: el peligro de identificar la opinión explícita de un autor con la realidad imaginaria de sus textos, el riesgo de toda identificación acrítica en literatura. Así, Borges comenta la conducta novelística de Cervantes para poner irónicamente de manifiesto cómo el escritor español habría propalado, "con perfidia", una idea de su novela que la reduce en su significación. Borges denuncia las consecuencias de la aceptación literal de estas opiniones que conducen a lecturas "achicadoras de lo leído". Este artículo del joven Borges tiene el valor de advertir sobre los límites existentes entre el nivel declarativo del escritor y la dimensión de su obra. Borges elige a Cervantes por constituir uno de los casos más ilustres de esta conducta literaria "paradójica y arriesgada": paradójica porque la obra supera la opinión extratextual; y arriesgada, porque desvía la atención del lector hacia zonas que limitan la pluralidad significativa del texto, e incluso invita a lecturas deformadas. Hacia 1926, ya Borges había llamado la atención sobre el mecanismo ideológico que subyace en la literatura y al cual se le ha dado importancia sólo recientemente. Al mismo tiempo, ésta es también una seria advertencia para enfrentar la producción borgeana en la cual tal "conducta literaria" ha provocado exactamente lo que Borges señala respecto de Cervantes: lecturas más atentas a sus declaraciones prologales que a la lógica de sus textos.

Cinco obras borgeanas insisten en este aspecto de la literatura. Ellas establecen, también, un hito en la historia de su poética juvenil. Ellas son: *El tamaño de mi esperanza* (1926)[1], *El idioma de los argentinos* (1928)[2], *Evaristo Carriego* (1930)[3], *Discusión* (1932)[4], *Las kenningar* (1933)[5].

> Yo creí, durante años, haberme criado en un suburbio de Buenos Aires, un suburbio de calles aventuradas y de ocasos visibles. Lo cierto es que me crié en un jardín, detrás de una verja con lanzas, y en una biblioteca de ilimitados libros ingleses. Palermo del cuchillo y de la guitarra andaba (me aseguran) por las esquinas, pero quienes poblaron mis mañanas y dieron agradable horror a mis noches fueron el bucanero ciego de Stevenson, agonizando bajo las patas de los caballos, y el traidor que abandonó a su amigo en la luna, y el viajero del tiempo que trajo del porvenir una flor marchita, y el genio encarcelado durante siglos en el cántaro salomónico, y el profeta velado del Jorasán, que detrás de las piedras y de la seda ocultaba la lepra.[6]

Este prólogo de *Evaristo Carriego* (1930) ha sido, sin duda, uno de los textos más utilizados por la crítica para justificar la idea de un Borges marginado de lo vital e interesado sólo en la dimensión metafísica del existir. Felizmente, hay notables excepciones que escapan a este *clisé*, como es el caso de la mejor crítica

---

1. Jorge Luis Borges. *El tamaño de mi esperanza* (Buenos Aires: Editorial Proa, 1926). Este libro no ha sido incluido en las *Obras Completas* de 1974, Citamos de acuerdo a su primera edición.

2. _____. *El idioma de los argentinos* (Buenos Aires: Manuel Gleizer, ed., 1928). Libro no incluido en las *Obras Completas*. Citamos por su primera edición.

3. _____. *Evaristo Carriego* Buenos Aires: Manuel Gleizer, ed., 1930. Citamos por *Obras Completas*.

4. _____. *Discusión* (Buenos Aires: Manuel Gleizer, ed., 1932). Citamos por *Obras Completas*.

5. _____. *Las kenningar* (Buenos Aires: Francisco A. Colombo, ed., 1933). Citamos por *Obras Completas*.

6. _____. "Prólogo" a *Evaristo Carriego*. P. 101.

borgeana. Guillermo Sucre ha sido, sin duda, quien ha tocado este punto cuando destaca la médula del prólogo: el acceso al conocimiento del mundo a través de la palabra.

Creo, sin embargo, que es necesario una evaluación de la *naturaleza de esta palabra escrita*, tal como se plantea en este famoso prólogo borgeano. Al respecto, su lectura nos permite las siguientes reflexiones: un hombre establece contacto con el mundo a través de los libros y luego se pregunta por el mundo social que existe fuera de la biblioteca. Las lecturas tienen una característica común: ellas representan lo inusual, la violencia, la maldad, la muerte. Es verdad que también hay una violencia exterior, la del suburbio que *le ha sido contada al narrador*. Sin embargo, la referencia a Palermo es un oxímoron: "Palermo del cuchillo y de la guitarra"; violencia y música, el miedo y el placer. Comparando los dos espacios, no hay duda de que la biblioteca, tras su fachada inocente de volúmenes alineados representa para Borges un mundo más tenebroso e inquietante que el mundo de Evaristo Carriego, poeta de la pasión de un suburbio rebelde. El contacto con la literatura no es inocuo si miramos a los textos citados en el prólogo. La literatura provoca en el niño que lee ese "agradable horror" en sus noches. Todo aquí se confunde en unidades compuestas por contraste: amistad-traición, seda-lepra, el porvenir-lo marchito.

Este prólogo, igual que "la conducta novelística de Cervantes", nos pone, indirecta aunque reiteradamente, sobre alerta respecto de un concepto de la literatura que insiste en definirse oblicuamente y en clave. Como si esto no fuera suficiente advertencia, Borges publica en estos años, enigmáticamente, *un mismo texto en tres obras diferentes y bajo distinto género literario*. Nos referimos a "El truco", incluido en *Fervor de Buenos Aires* (1923), en *El idioma de los argentinos* y en *Evaristo Carriego*.

La crítica se ha referido a este texto en términos de su adscripción al supuesto criollismo borgeano de los años veinte, mirando sólo a la superficie del tema. Yo quiero, por el contrario, examinar "El truco" en su historia y en su significación en la poética borgeana para demostrar que el joven Borges, sin aludir al ultraísmo y sin mencionar ninguna vanguardia formal, está trabajando ya con un concepto de la literatura que sólo hacia la década de los cincuenta empieza a ser mencionado sistemáticamente: esta es la noción de la literatura como un juego cifrado y alusivo, nunca explícito.

El sentido del juego en "El truco" es visto por Borges como una forma de escape y evasión. "El truco" es el único texto de *Fervor de Buenos Aires* que manifiesta un movimiento opuesto a la intención general de los poemas del libro, el cual se caracteriza por un esfuerzo dramático por asirse a lo real. El sujeto lírico busca allí lo que para él es la realidad verdadera, la portadora de identidad. "El truco", por oposición, exhibe la limitación de la imaginación, su reiteración convencional. Su significación en *Fervor* es, pues, clara. Refleja la percepción de dos niveles de la conciencia cotidiana: el convencional que se manifiesta a veces con la faz ingeniosa de un juego sólo repetitivo; y el imaginario en persecución del asombro que se expresa en un juego de insospechadas mutaciones.

"El truco" es un texto clave en la obra juvenil de Borges. Su aparición en el primer libro, su persistencia en tres obras diferentes, la lectura que el escritor propone de las técnicas de consumación del juego, el título mismo, "El truco", lo muestran a todas luces. Si a esto agregamos el artículo sobre Cervantes en 1926 y el prólogo a *Evaristo Carriego* en 1930, vemos la importancia de una categoría preciosa para Borges: la afirmación de la fisonomía engañosa de la literatura, su técnica hecha de un plano discursivo explícito; y de otro, secreto, posiblemente el nivel del compromiso real del escritor con la realidad. Como si esto fuera poco, el epígrafe que Borges selecciona para introducir los textos de *Evaristo Carriego* apunta exactamente a esta misma idea: "...a mode of truth, not of truth coherent and central, but angular and splintered."[7] Todo ello plantea, sin duda, una teoría del arte y de la imaginación humana en los orígenes mismos de la producción del escritor argentino. Su valor reside en su planteamiento en clave, aspecto que sólo hacia la etapa de madurez de Borges es reconocido como tal.

Evaristo Carriego incluye otros trabajos que insisten en esta idea de lo imaginario oculto bajo formas humildes de juegos, fantasías y sueños cotidianos de la vida ordinaria que, sin embargo, poseen su propia estética y una escritura específica que funciona como testimonio y texto. Quizás el más interesante es, al respecto, "Las inscripciones de los carros", artículo en el cual Borges llama

---

7. Sobre este aspecto de la poética de Borges, véase el artículo de Guillermo Sucre, "La alusión o mención", en *Homenaje a Angel Rosenblat en sus setenta años. Estudios Filológicos y Lingüísticos* (Caracas: Instituto Pedagógico, 1974), Pp. 479-86.

la atención sobre el énfasis del código lingüístico. El escritor remonta el origen de estas inscripciones a las formas de la heráldica y a su naturaleza simbólica. Al mismo tiempo, destaca la naturaleza de "afirmación incesante" de la emocionalidad humana a través de la "alusividad" y del carácter sinuoso del mensaje:

> No hay ateísmo literario fundamental. Yo creía descreer de la literatura, y me he dejado aconsejar por la tentación de reunir estas partículas de ella. Me absuelven dos razones. Una es la democrática superstición que postula méritos reservados en cualquier obra anónima, como si supiéramos entre todos lo que no sabe nadie, como si fuera nerviosa la inteligencia y cumpliera mejor en las ocasiones en que no la vigilan.[8]

Como vemos, Borges no establece límites jerárquicos en términos de géneros literarios. Su interés se centra en el aspecto imaginativo y libre de la expresión, sea éste en la lírica, en el sistema de un juego popular, en las inscripciones de los carros, o en los proverbios. El rasgo que une estas formas no es precisamente el Orden, sino la Aventura; no es el predominio de la retórica, sino la fuerza de la expresión; no es el discurso o el gesto explícito, sino el ancilar del juego que se muestra y oculta tras las "pérfidas" declaraciones de su autores, sean éstos Cervantes o los modestos habitantes del suburbio bonaerense.

En 1933, Borges escribe un libro dedicado a la primitiva poesía de Islandia. El libro es *Las kenningar*. La atención de Borges hacia esta poesía nos corrobora su interés por el enigma en literatura durante este período de afianzamiento de ciertas intuiciones que perdurarán —transformadas— en la elaboración de su poética a través de los años. Para el escritor argentino, las kenningar "fueron el primer deliberado goce verbal de una literatura instintiva".[9] El mérito de esta poesía, que habría florecido hacia el año 1000, es para Borges su "profesión de asombro" y maravilla:

> Imposible saber con qué inflexión de voz eran dichas, desde qué caras, individuales como una música, con qué admirable precisión o modestia. Lo cierto es que ejercieron algún día su profesión de asombro y que su gigantesca ineptitud maravilló a los rojos varones de los desiertos volcánicos y los fjords.[10]

---

8. Borges, *O.C.*: p. 151.
9. Borges, *O.C.*: p. 368. *Las kenningar* han sido estudiadas por Guillermo Sucre en *Borges, el poeta* (México: Universidad Nacional Autónoma, 1967). *Las kenningar* ha sido incluído en *Historia de la eternidad*, para la edición oficial de las *Obras Completas* (1974) que utilizamos aquí.
10. Borges, *O.C.*: p. 378.

Borges no realiza en este ensayo una defensa de las kenningar, como tampoco lo hace del arte popular del truco. Lo que él rescata en ambos casos es el nivel de la sorpresa, del asombro elemental que subyace en los dos.

La fascinación de Borges por la capacidad humana de producir verbalmente la sorpresa, o de provocarla, se manifiesta constantemente en este período en el cual podemos ver su interés, su estudio y su experimentación con esta dimensión de la conciencia. Esto es visible en el juego cifrado que construyen las varias ediciones de un mismo texto en diferentes libros, su planteamiento del deber ser de la palabra poética, tan visible en "La rosa", por ejemplo; sus artículos dedicados a juegos populares y a inscripciones callejeras; su interés por una poesía primitiva en la cual admira el arte de construcción del enigma que él identifica con la metafísica: "Las kenningar nos dictan ese asombro, nos extrañan del mundo. Pueden motivar esa lúcida perplejidad que es el único honor de la metafísica, su remuneración y su fuente."[11]

La constante tensión entre normatividad y virtualidad expresiva, tanto en lo que atañe a la literatura como a la crítica, es uno de los problemas que atraen precozmente la atención del escritor argentino. En "palabrería para versos" leemos:

> El mundo aparencial es un tropel de percepciones barajadas. Una visión de cielo agreste, ese olor como de resignación que alientan los campos, la acrimonia gustosa del tabaco enardeciendo la garganta, el viento largo flagelando nuestro camino, y la sumisa rectitud de un bastón ofreciéndose a nuestros dedos, caben aunados en cualquier conciencia, casi de golpe. El lenguaje es un ordenamiento eficaz de esa enigmática abundancia del mundo. Dicho con otras palabras: los sustantivos se los inventamos a la realidad.[12]

Borges plantea un problema fundamental de la expresión en este ensayo: el de la reducción que caracteriza el lenguaje ordinario. Frente a la reducción lingüística del diario vivir, el escritor propone la defensa de su dimensión opuesta en el ejercicio de la literatura: su multiplicidad de sentidos, su capacidad de encerrar la "enigmática abundancia del mundo". El punto de partida de este artículo es un sarcástico comentario del juicio de la Real Academia Española respecto a la riqueza del idioma, basada en su "envidiado tesoro de voces pintorescas, felices y expresivas"[13] Para

---

11. Borges, *O.C.*: p. 379.
12. Borges, (1926), p. 45.
13. Borges, (1926), p. 43.

Borges, por el contrario, tal afirmación goza de "abundancia de pobrezas". Desde su punto de vista de escritor, él propone la rebeldía frente a este tipo de lenguaje anquilosado: "Admirar lo expresivo de las palabras (salvo de algunas voces derivativas y otras onomatopéyicas) es como admirarse de que la calle Arenales sea justamente la que se llama Arenales."[14] La reflexión de Borges apunta a la defensa de la invención del lenguaje y de la arbitrariedad del signo. Más aún, lo que él denuncia en última instancia es la carencia de un lenguaje propio en poesía:

> Insisto sobre el carácter inventivo que hay en cualquier lenguaje, y lo hago con intención. La lengua es edificadora de realidades. Las diversas disciplinas de la inteligencia han agenciado mundos propios y poseen un vocabulario privativo para detallarlos...
>
> Sólo la poesía —arte manifiestamente verbal, arte de poner en juego la imaginación por medio de palabras, según Arturo Schopenhauer la definió—, es limosnera del idioma de todos.[15]

Anticipándose a un contra argumento, Borges se refiere enseguida a las normas de la preceptiva, cuya apariencia de ser un *corpus* estrictamente pertinente a la poesía, parecería contradecir la carencia de un sistema lingüístico exclusivo de lo literario:

> Los preceptistas hablan de lenguaje poético, pero si queremos tenerlo, nos entregan un par de vanidades como corcel y céfiro y purpúreo y do en vez de donde.
>
> ¿Qué persuasión de poesía hay en soniditos como ésos? —El hecho de ser insufribles en prosa— respondería Samuel Taylor Coleridge.[16]

En "el idioma de los argentinos" Borges insiste en este problema de la reducción lingüística y en la defensa del valor inventivo del lenguaje literario: "La numerosidad de representaciones es lo que importa, no la de signos. Esta es superstición aritmética, pedantería, afán de coleccionista y filatero."[17]

Si por un lado Borges cuestiona la normatividad en literatura, también denuncia la exageración en el uso del lenguaje, ya sea populista o rígidamente formal. Esto es especialmente interesante si consideramos que en estos años el regionalismo ha alcanzado su plenitud en la narrativa hispanoamericana. Tan fuerte es

---

14. Borges, (1926), p. 44.
15. Borges, (1926), p. 47.
16. Borges, (1926), p. 48.
17. Borges, (1928), p. 170-71.

la vigencia del regionalismo que Borges perderá un concurso en 1942 frente a un relato que todavía rinde homenaje a las viejas normas de este movimiento. "El jardín de senderos que se bifurcan" pierde frente a una narración nativista de segunda clase. En 1932, Borges ya había denunciado la artificiosidad de la representación literaria pintoresquista en su artículo "El escritor argentino y la tradición":

> Los poetas populares del campo y del suburbio versifican temas generales: las penas del amor y de la ausencia, el dolor del amor, y lo hacen con un léxico muy general también; en cambio, los poetas gauchescos cultivan un lenguaje deliberadamente popular, que los poetas populares no ensayan.[18]

Respecto del lector, Borges es igualmente implacable. En "La superstición ética del lector", hablando de la "superstición del estilo", afirma:

> Los que adolecen de esa superstición entienden por estilo no la eficacia o la ineficacia de una página, sino las habilidades aparentes del escritor: sus comparaciones, su acústica, los episodios de su puntuación y sintaxis. Son indiferentes a la propia convicción o propia emoción: buscan tecniquerías (la palabra de Miguel de Unamuno) que les informarán si lo escrito tiene el derecho o no de agradarles.[19]

El escritor argentino plantea, desde los inicios de su producción literaria, una poética basada en términos de verdad y certeza interior los cuales deben superar el carácter privado para tener una significación colectiva. Por eso, la pasión con que rechaza la reducción expresiva y la pura perfección formal que muere en sí misma. Su apología de la aventura en el arte tiene que ver con otro sistema de leyes que responden a la voz real de su productor, y no a la "superstición" de la página perfecta.

Reiterando la noción de la expresividad en literatura, Borges postula en 1932 un concepto central de su poética: el de "la magia", para referirse a la capacidad de aventura, de seducción y convencimiento del texto sobre el lector. Magia, porque significa la búsqueda de la expresión propia capaz de transmitir un nuevo verosímil literario, un nuevo punto de vista sobre el mundo. Magia

---

18. Borges, O.C.: p. 268.
19. Borges, O.C.: p. 202.

también vigente para el lector porque demanda de él lo que Borges, citando a Coleridge, llama "fe poética"[20].

La magia, así entendida en literatura, tendría el propósito de provocar la suspensión de la duda a partir del factor sorpresa en el lector. Su objeto es, sin duda, provocar el placer de "ir adivinando"[21] a través de la palabra que se manifiesta enigmáticamente.

Dicho sea de otra forma, creemos que Borges propone la aventura —del escritor y del lector— como el estilo más genuino en literatura: aventura en la búsqueda y aventura en la lectura de un lenguaje que muestra y oculta; aventura en la persecución y en la vivencia de una verdad interior que rompe los límites de lo convencional para ejercer su función transgresora. El ámbito literario dista, así, del facilismo, constituyéndose en un rigor objetivo. Un rigor formal y un rigor psicológico alimentado por la "fe poética" del lector y producido por "la magia" del escritor.

Para Borges, el sentido de la producción artística es, desde sus orígenes, la capacidad de re-ver lo real. Esto significa una visión cabal de la tradición, pero al mismo tiempo, una profesión de rebeldía. Es en este nivel donde la aventura en el arte adquiere su significación. La aventura, así concebida, consiste en romper las reglas de la preceptiva, el cuestionamiento de la norma aceptada como "verdad". Sin embargo, una vez cumplido el propósito rebelde, logrado el nuevo descubrimiento, la nueva mirada sobre las cosas, la aventura no hace sino reintegrarse a la tradición, enriqueciéndola. Pero éste es también el instante en el cual la aventura adquiere un *status* legal dadas por el tiempo que "legaliza innovaciones y les otorga virtud justificativa"[22] ¿Cómo valora el joven Borges la aventura en la historia social del arte?; o mejor dicho, ¿cómo define él la significación de ese nuevo asombro sobre y ante el mundo y la vida que se incorpora al saber colectivo?

Al contrario de lo que se piensa de la concepción literaria del escritor argentino, según la cual el arte sería una línea trazada exclusivamente en la eternidad, Borges es claro en establecer el mérito de la aventura en el arte, y sus logros, en una dimensión perfectamente temporal e histórica. Dice él: "Es dolorosa y obli-

20. Borges, *O.C.*: p. 226. El artículo en el cual Borges desarrolla esta idea se llama precisamente "El arte narrativo y la magia" (*Discusión*, 1932).
21. Borges. *O.C.*: p. 229.
22. Borges, (1926), p. 71.

gatoria verdad la de saber que el individuo puede alcanzar escasas aventuras en el ejercicio del arte. Cada época tiene su gesto peculiar y la hazaña hacedora está en enfatizar ese gesto".[23] Esta es, desde ya, una advertencia expresada, a los veintisiete años, sobre el peligro de leer acríticamente la literatura, privilegiando los niveles más obvios del texto —declarativo o explícito— y limitando su pluralidad significativa en la cual su dimensión social está inevitablemente inscrita a través de ese *gesto peculiar de época* que señala Borges en 1926.

Como vemos, la médula de la poética borgeana es planteada nítidamente ya en los primeros años de su carrera literaria (1923-1933). El período que le sigue es un proceso de depuración, de enriquecimiento, de transformación de esta poética juvenil. El enigma de la obra de madurez reside en la sutil desaparición de los signos explícitos del discurso. En otras palabras, el desafío que entraña la obra posterior de Borges es la organización cada vez más cifrada de sus textos, los cuales exhiben, en su teoría y en su praxis textual, una poética del enigma en razón de la misma complejidad que adquiere su pensamiento literario, por un lado; y de la transformación del escritor frente a su propia circunstancia, por otro.

---

23. Borges, (1926), p. 72.

ELEMENTOS DE INNOVACIÓN EN LA NARRATIVA DE VICENTE HUIDOBRO: TRES INMENSAS NOVELAS

Merlin H. Forster
Universidad de Texas, Austin

La figura de Vicente Huidobro (Chile, 1893-1948), una presencia central pero al mismo tiempo de controversia constante en el desarrollo de la literatura de vanguardia en la América Latina, ha experimentado en las últimas dos décadas una revaloración substancial. Ese proceso ha motivado una creciente labor crítica sobre Huidobro como poeta, teórico y polemicista, enfocada mayormente en sus contribuciones al vanguardismo en general o al creacionismo en particular.[1] Menos atención han despertado los experimentos huidobrianos en la narrativa, aunque varios estudios recientes[2] y la presencia de una sesión dedicada a ella en nues-

---

1. No es posible dar en poco espacio siquiera un resumen de la creciente bibliografía crítica sobre Huidobro y su obra; remito simplemente a René de Costa, *Vicente Huidobro y el creacionismo* (Madrid: Taurus, 1975) y Nicholas Hey, "Bibliografía de y sobre Vicente Huidobro", *Revista Iberoamericana*, Núm. 91 (abril-junio 1975), 293-353; "Adenda a la bibliografía de y sobre Vicente Huidobro", Núm. 106-107 (enero-junio 1979), 387-398.

2. Hay tres estudios en el número especial de *Revista Iberoamericana* (Núm. 106-107, enero-junio 1979) dedicado a Huidobro: Fernando Alegría, *"Tres inmensas novelas"*: La parodia como antiestructura", 301-307; Raymond L. Williams, "Lectura de *Mío Cid Campeador*", 309-314; John F. Garganigo, "Sobre *Sátiro, o el poder de las palabras*", 315-323. Véase también René de Costa, *"Cagliostro:* Una novela fílmica", *En pos de Huidobro* (Santiago de Chile: Editorial Universitaria, 1980), pp. 71-93.

tro simposio ponen en evidencia un cambio de actitud. El propósito de este comentario no es, obviamente, el de volver sobre los estudios ya hechos, sino de ver más de cerca a una obra, todavía no considerada en forma suficiente, que revela de manera especialmente clara la ruptura de Huidobro con la narrativa convencional.

Huidobro se acercó a la novela como forma de creación en medio camino, esencialmente en la década de los treinta. Para aquel entonces había concluido en gran parte sus polémicas teóricas y metodológicas, y algunas obras como *Altazor* y *Temblor de cielo*, las cuales tenían años de estar en preparación, se aproximaban a su publicación final (las dos salieron en 1931). Huidobro llevó a la imprenta cinco obras narrativas bajo su propio nombre: *Mío Cid Campeador* (1929); *Cagliostro* (1931); *La próxima* (1934); *Papá, o el diario de Alicia Mir* (1934); *Sátiro, o el poder de las palabras* (1939). Más allá de esas cinco novelas, Huidobro colaboró con el poeta y artista alsaciano Hans Arp en una colección de novelitas, la cual fue publicada en 1935 en Santiago de Chile por la casa editorial Zig-Zag y con el título de *Tres inmensas novelas*. Es a un aspecto de esta obra en colaboración que quiero dedicar mis comentarios.

El título, *Tres inmensas novelas,* es en sí irónico, puesto que en la forma, el número y la extensión de las obritas incluidas hay una exageración consciente. El tomo incluye cinco piezas breves (de seis a ocho páginas en extensión) —obviamente el "tres" es insuficiente, las cinco novelitas no son "inmensas", y no son en realidad "novelas". Las primeras tres son colaboraciones entre Huidobro y Arp, y llevan el subtítulo cervantino de "Tres novelas ejemplares"; las dos restantes son de Huidobro, y aparecen con una carta de Huidobro a Arp bajo el subtítulo juguetón "Dos ejemplares de novela". En realidad, todas las cinco son paródicas, con la obvia intención de mofarse de formas convencionales como la novela policial, la novela histórica, la novela de aventuras, y la novela fantástica. El humor exagerado y la colaboración son dimensiones importantes de esta obra, como observa Huidobro en su carta a Arp: "Siempre creí imposible escribir un libro en colaboración con alguien y poder acordar mis instrumentos con los de otro. Contigo la cosa marchó tan bien, que no me lo puedo explicar sino por cierta confraternidad espiritual que es seguramente la razón por la cual nuestra amistad ha sido siempre sólida y sin manchas... Muchos dirán al leer estas páginas que nosotros sólo sabemos reír. Ignoran lo que la risa significa, ignoran la potencia de evasión que hay en ella. Además creen que un poeta no puede presentar varios aspectos; tienen el alma monocorde y juzgan a los demás como son ellos...".[3]

En un excelente artículo publicado en 1983, Evelyn Picón Garfield estudia en detalle las formas tradicionales e innovativas en las "novelas ejemplares" escritas en conjunto[4]. Ella observa que "Salvad vuestros ojos" es una fantasía profética en la cual los humanos se han transformado en glóbulos de cuatro tipos (los Josés, los Antonios, las Carolinas, las Rose Maries), y solamente a través del descubrimiento del cuerpo de un "viejo lobo del aire" (una obvia referencia paródica a un texto de Darío) pueden volverse las formas humanas. "El jardinero del castillo de medianoche" es una burla de la novela policial, que para Picón Garfield se mofa de varias convenciones de la vida moderna en un "puro proceso metafórico" (p. 286). "La cigüeña encadenada" se representa como una parodia de la narrativa histórica. Como observa Picón Garfield, "la parodia lingüística y socio-política culmina en la veneración de un héroe muerto," y adopta las formas de experimentación que preparan el terreno para "prosistas venideros como Julio Cortázar" (p. 291). Como ya hemos observado, sin embargo, Picón Garfield no estudia los dos textos adicionales hechos por Huidobro, y es apropiado verlos de cerca para poder indicar después similitudes y diferencias.

En su carta de 1932 a Arp, la cual fue incluida en la edición de *Tres inmensas novelas* publicada en 1935, Huidobro justifica la adición de dos novelitas más con estas palabras: "Aprovechando mi estancia en Barcelona, camino de Mallorca, en donde voy a pasar mis vacaciones, llevé a un editor nuestras *Tres novelas ejemplares*. El editor las encontró cortas para hacer un libro y me he visto obligado a escribir yo sólo otras dos más. Estas dos, que he titulado *Dos ejemplares de novela*, te las dedicaré a ti..." (p. 1321). Huidobro fraguó para sus "ejemplares de novela" títulos que revelan el mismo espíritu burlón que había impulsado los textos colaborativos: "El gato con botas, y Simbad el marino o Badsim el marrano" y "La misión del *gangster*, o la lámpara maravillo-

3. Vicente Huidobro, *Obras completas* (Santiago de Chile: Zig-Zag, 1964), II, 1321-22. Las demás citas textuales de Huidobro vendrán de esta edición, y se indicarán en el texto mismo.

4. "Tradición y ruptura: Modernidad en *Tres novelas ejemplares* de Vicente Huidobro y Hans Arp", *Hispanic Review*, 51 (1983), 283-301. Las referencias siguientes a este artículo se indicarán en el texto.

sa". Vamos a referirnos ahora a los detalles de los dos textos huidobrianos.

"El gato con botas", con el subtítulo de "novela póstuma", es una representación humorística en primera persona de Oratonia, un país en el cual "los habitantes...todos son oradores" (p. 1323). Una presencia imponente es el "orador eléctrico", cuyos incesantes movimientos mandibulares producen electricidad suficiente para todo el país. El narrador retrata a los políticos, quienes demuestran como podríamos imaginar una capacidad extraordinaria para los discursos, y considera también los diversos partidos políticos. La religión del estado es el culto a la mosca, con grupos disidentes que vociferan su devoción a la rata o aún a la pulga como figuras sagradas. Con todo, sin embargo, es la palabra hablada, muchas veces engañosa pero siempre persuasiva, que domina la vida en Oratonia. Este fragmento de la peroración pronunciada en los funerales del "orador eléctrico" ejemplifica en términos especialmente agudos el engaño y la fuerza del fluir verbal:

¡Con qué colorido su palabra mágica sabía pintarnos la batalla de Lepanto, en donde Shakespeare perdió un brazo! Y la toma de Jerusalén, en donde Milton perdió los ojos; y la retirada de los Diez mil, en donde Tasso no perdió ni un sólo hombre y donde Nelson encontró gloriosa muerte con sus heróicos sicilianos. ¡Y cuánto había viajado y visto y observado este hombre que hoy lloramos! En su juventud visitó en Roma las célebres pirámides, esas mismas pirámides cuyos siglos contó Carlos V ante sus soldados. En Berlín visitó la tumba de Napoleón, en Chile visitó el cerro Santa Lucía, en Notre-Dame de Madrid rezó dos padrenuestros por el alma de Rómulo y Remo. Se conocía de memoria el Duomo y la Acrópolis de París y las catacumbas de Barcelona. Su descripción de la Casa del Greco, en medio de El Cairo, reflejándose en las aguas del Támesis, será inmortal. Sí, señores, todo lo que salía de labios de este hombre admirable perdurará en la memoria de sus compatriotas hasta el fin de los siglos y hasta el día de nuestro nacimiento (p. 1329).

El segundo "ejemplar de novela" se llama "La misión del gangster", y Huidobro añadió el subtítulo de "novela oriental". De nuevo, nos ubicamos en un lugar ficticio y estrambótico: Peterunia, una ciudad cuyo nombre cambia con la dirección del viento pero que queda como "una gran metrópoli ultramoderna, ultravioleta, ultramarina, ultratumbal" (p. 1330). La figura central del relato es un *gangster* con el nombre de John Chicago, que transforma la ciudad con la fuerza de su palabra y su ejemplo. Chicago invierte el orden aceptado de las cosas al hacer prosélitos de todos los habitantes de la ciudad, inclusive figuras notables como Joan Papis y Sarahh Sahara, para llevarlos a la agradable y remunerativa vida gangsteril: "Y entonces se produjo el milagro... Todo el mundo abrazó la nueva religión... Una vez que todos los habitantes de Peterunia fueron *gangsters*, se acabaron los *gangsters* en Peterunia" (p. 1337). Con todo, como también fue el caso en Oratonia, la presencia más universalmente notable es la retórica, un fluir verbal altisonante, muy consciente de sí, y siempre persuasiva. Tomo un ejemplo entre muchos posibles, que viene del discurso ofrecido a la reunión anual de la Academia de Ciencias en Peterunia por "el eminente sabio don Looping the Loop":

> El ilustre sabio seguía desarrollando ante los atónitos y los oídos ávidos la larga lista de sus descubrimientos:
>
> —Así, pues, señores, he descubierto y clasificado numerosos insectívoros y animalúnculos, entre los cuales se destacan los pertenecientes a la familia de los Sombrerífagos, los Edredónicos y los Perlípedos. He descubierto el Spirunga Phallis que, como su nombre indica, me será mejor describir en una asamblea de caballeros sólos. He descubierto la Padrágora, pequeño animalúnculo cuyo origen es bastante curioso y que ya había sido previsto por ciertos sabios desconocidos. Nace la Padrágora de una gota diamantífera o perlífera que rueda por las piernas de una mujer guillotinada en el momento de caer su cabeza por haber devorado a su hijo recién nacido. La gota diamantífera o perlífera debe encontrar al llegar al suelo una pastilla de Bouillon Kub. Al contacto de la gota con el Bouillon Kub, nace la Padrágora, que es el más bello y gracioso animalúnculo que pueda soñarse. Apenas nacido, este pequeño gnomo o duendecillo hace musarañas con las manos y los brazos. Hace ese gesto que consiste en levantar una mano con los dedos hacia arriba, dejando un gran cóncavo al centro, gesto que significa un terrible insulto en los países de la costa del Pacífico (p. 1335).

Hechos estos comentarios orientadores sobre los dos textos de Huidobro, debemos regresar a la idea de innovación que hemos sugerido al comenzar estas líneas. Afirma Picón Garfield, citando a Calinescu sobre la modernidad, que las colaboraciones entre Huidobro y Arp van "contra la tradición, contra la sociedad burguesa y tecnológica, y contra sí mismos" (p. 285), y que el humor, la parodia, la exageración y la fragmentación son los mecanismos utilizados por los dos vanguardistas para cuestionar los valores convencionales en la novela. Cabe preguntar en qué aspectos se percibe la innovación en los dos textos adicionales que hemos venido considerando, y quisiera sugerir algunas posibles conclusiones:

1. Estos dos textos son paródicos, como lo son los colaborativos, pero me parece que en lugar de destacar una relación con obras o tradiciones anteriores lo que prefiere Huidobro es acentuar el humor burlón. Maneja un humor insistente, creativo y constantemente exagerado, y los nombres y las situaciones que vemos en estas dos novelitas simplemente apoyan los efectos extravagantes que él busca. Además, hay mucho aquí que es típico de Huidobro mismo, por ejemplo el título invertido "Simbad el marino, o Badsim el marrano", que pudiera haber salido de *Altazor*.

2. Los procesos convencionales narrativos, en particular la trama y la caracterización, se reducen aún más en los textos de Huidobro. Hay personajes y una mínima narración, pero en realidad funcionan como marco para permitir la diestra manipulación de situaciones estrafalarias, de inversiones humorísticas, y de lenguaje creado.

3. En comparación con los textos colaborativos, se percibe en los de Huidobro una acentuada oralidad. Estos textos son en parte una creación declamatoria, y requieren de nosotros como lectores (y oyentes) tanto una atención al ritmo de las repetidas esdrújulas no funcionales en el discurso del Sr. Loop, por ejemplo, como también a las elegantes tonterías proferidas en los funerales del orador eléctrico. O sea, la ductilidad del fluir verbal del creador de estas novelitas lleva a una conclusión en cuanto al proceso comunicativo. El discurso oral, sugiere Huidobro, puede transmitir un contenido erróneo en forma persuasiva, o bien un contenido correcto o deseado en forma incorrecta o imperfecta. Sobre todo, hay que reconocer la fuerza para bien o para mal que viene con la palabra hablada.

4. Regresemos brevemente a una frase de la carta de Huidobro a Arp: "Ignoran lo que la risa significa, ignoran la potencia de evasión que hay en ella". De acuerdo con esta idea, me parece que los dos textos de Huidobro, más tal vez que las colaboraciones, expresan un mensaje serio por medio de la risa, un mensaje en el cual el humor, las exageraciones y las inversiones funcionan admirablemente. Por ejemplo, se podría ver en la figura y las poderosas palabras erradas del orador eléctrico una denuncia de la

arenga política, y por extensión del político mismo. Tampoco podemos ignorar el transfondo histórico contra el cual fueron escritos estos textos; tanto en Europa como en la América Latina empezaban a destacarse en estos años los caudillos fascistas y sus palabras declamadas ya rebotaban por todo el mundo. Otra denuncia menos obvia por cierto, podría salir de la serie confusa de datos que representan la oración funeraria para el orador eléctrico, o de la falta de sensatez en la florida representación "científica" de don Looping the Loop. Más allá de la risa, Huidobro nos hace pensar en términos críticos sobre una cultura que valoriza en forma exagerada los "descubrimientos", o sobre un sistema que equipara la educación con la acumulación de datos históricos y geográficos. Con su aguda burla, Huidobro produce en nosotros primero la risa y paralelamente una resonancia humana y crítica que es mucho más profunda.

Este comentario ha sido una breve indagación en *Tres inmensas novelas*, y en particular en los dos textos escritos por Huidobro mismo. Para resumir, vuelvo a insistir que aquí hay una consciente manipulación de humor, exageración y lenguaje creado que comunica mucho más que la simple risa. En esas dimensiones de un singular proceso novelesco Huidobro ha extendido notablemente la colaboración ensayada con Arp, y así ha consolidado con estos textos su propia contribución al desarrollo de la narrativa vanguardista.

LA PRÓXIMA:
HACIA UNA TEORÍA DE
LA NOVELÍSTICA
CREACIONISTA

Nancy M. Kason
University of Georgia

Podríamos considerar el concepto de la utopía como la clave quintaesencial de la teoría estética de Vicente Huidobro por su significado implícito de crear un mundo artístico original en un lugar donde antes no había nada de valor. Tradicionalmente se han aplicado las ideas literarias expuestas por Huidobro en varios ensayos y artículos a su producción poética, olvidando su relación con la obra narrativa del escritor chileno. Intentamos disminuir un poco este vacío crítico con nuestra consideración de *La próxima*, novela escrita en Italia en 1930 y publicada cuatro años más tarde en Chile.

Para nuestro propósito nos parece primordial tener en cuenta la época histórica en que Huidobro empezó a formular su teoría creacionista. A la edad de veintiún años, cuando el poeta proclamó sus ideas artísticas en la conferencia "Non serviam", el mundo experimentaba la gran crisis de la Primera Guerra Mundial. Las grandes potencias se organizaron militarmente por primera vez a nivel global para combatir la agresión iniciada en Europa. Francia, centro consagrado de innovación literaria, se encontró involuntariamente en medio del conflicto cuando, en 1914, Alemania le declaró la guerra. Dos años más tarde, durante esta época de caos nacional, Huidobro hizo un viaje a París, donde se juntó con el grupo de Apollinaire y comenzó a colaborar con la revista *Nord Sud*. En 1917 el general John Pershing dirigió una falange norteamericana que llegó a París para montar una contra ofensiva. Este mismo año publicó Huidobro *Horizon carré*, su primera colección de poemas en francés. En 1918, el escritor chileno viajó a Madrid donde se imprimieron *Ecuatorial* y *Poemas árticos*. Al terminar la Guerra en noviembre de 1918, Huidobro se encontraba en París de nuevo y aparecieron dos poemas adicionales escritos en lengua francesa, *Hallali* y *Tour Eiffel*.

Durante esta etapa belicosa de la historia mundial, Huidobro formuló la esencia de su teoría creacionista. En el campo literario, los escritores ya habían abandonado la estética rubendariana y forjaban nuevos caminos vanguardistas, como el futurismo y el ultraísmo. En 1913 observa el chileno:

> Los señores clásicos, ellos sí tenían facultad para crear, pero ahora esta facultad no existe, en vista de lo cual, imítenlos ustedes a ellos, sean ustedes espejos que devuelven las figuras, sean reflectores, hagan el papel de fonógrafos y de cacatúas y no creen nada, como lo hicieron ellos... O sea: hoy que tenemos locomotoras, automóviles y aeroplanos, volvamos a la carreta... Muy dignos de respeto y admiración serán los señores clásicos, pero no por eso debemos imitarlos. Ahora estamos en otros tiempos, y el verdadero poeta es el que sabe vibrar con su época y adelantarse a ella, no volver hacia atrás.[1]

En una conferencia que dictó en Santiago en 1914, Huidobro reitera su teoría estética con su famosa afirmación: "Non serviam. No he de ser tu esclavo, madre Natura; seré tu amo. Te servirás de mí; está bien. No quiero y no puedo evitarlo; pero yo también me serviré de ti. Yo tendré mis árboles que no serán como los tuyos, tendré mis montañas, tendré mis ríos y mis mares, tendré mi cielo y mis estrellas".[2]

Es evidente que la situación política mundial le había demostrado que la destrucción de los viejos sistemas establecidos produjo un surgimiento violento de nuevas relaciones internacionales. Estos cambios coincidieron en el campo literario con el abandono de la estética modernista y la experimentación con novedosas técnicas artísticas. Huidobro repitió lo esencial de su con-

---

1. Vicente Huidobro, "Rojas Segovia y Omer Emeth", *Azul* 15 noviembre 1915: 16-18.
2. Huidobro, "Nom serviam", *Obras completas de Vicente Huidobro*, 2 vols. (Santiago: Empresa Editora Zig-Zag, 1963) 1: 653-54.

cepto en una conferencia que pronunció en junio de 1916 en el Ateneo de Buenos Aires, después de la cual se le confirió el nombre "creacionista" a su teoría:

> La época que comienza será eminentemente creadora. El hombre sacude su esclavitud, se rebela contra la Naturaleza como otrora Lucifer contra Dios: pero tal rebelión es sólo aparente: pues nunca el hombre ha estado más cerca de la Naturaleza que ahora, en que no trata ya de imitarla en sus apariencias, sino proceder como ella, imitándola en el fondo de sus leyes constructivas, en la realización de un todo, en su mecanismo de producción de formas nuevas.[3]

El poeta hace hincapié en la característica sobresaliente de su ideología, diciendo que lo que debe hacer el escritor es, "crear su mundo propio e independiente paralelamente a la Naturaleza".[4] Lleva este planteamiento a un nivel más comprensivo cuando sugiere que:

> toda la historia del arte no es más que la historia de la evolución del hombre-espejo hacia el hombre-dios, y que estudiando esta evolución se veía claramente la tendencia natural del arte a desligarse cada vez más de la realidad preexistente para buscar su propia verdad, dejando a la zaga todo lo superfluo y todo lo que pudiera perjudicar su realización perfecta.[5]

Es importante recordar que Huidobro rechazó las otras corrientes vanguardistas, como el futurismo, porque las consideró ya viejas y por lo tanto, imitativas. El chileno sostenía que el arte de nueva creación era superior al medio en que se hacía.

Las ideas mencionadas sobre la teoría creacionista de Huidobro no se limitan a la expresión poética sino que se aplican igualmente a la producción narrativa. Para ejemplificar esto, centraremos nuestra atención en la novela *La próxima*, con el propósito de señalar una teoría de la novelística creacionista. Se puede describir esta obra como una larga metáfora extendida mediante la cual Huidobro novelizó sus ideas estéticas y estableció su arte narrativo.

A nivel literal, el libro describe la iniciativa idealista del protagonista, Alfredo Roc, quien desea escapar del trastorno internacional y decide formar una colonia independiente en Angola. Es allí donde él espera sobrevivir, con su familia y amigos, a la

---

3. Huidobro, "La creación pura", *Obras completas* 656-61.
4. Huidobro, "La creación pura", *Obras completas* 656-61.
5. Huidobro, "La creación pura", *Obras completas* 656-61.

inminente contienda atómica entre las grandes potencias que destruiría la mayor parte de la tierra, a su modo de ver. La nueva sociedad se basa en la cooperación de todos los habitantes y una distribución equitativa del trabajo y el beneficio. Sin embargo, cuando se enteran de la destrucción pesadillesca de los principales centros de civilización, los colonos discuten el papel de la maquinaria en su cooperativa. Los que favorecen la destrucción total de los aparatos científicos por haber precipitado la hecatombe llegan a un acuerdo con los que opinan que los inventos reflejan el apogeo del cerebro humano. Deciden encerrar toda la tecnología en un museo y prohibir su uso durante un siglo. La novela termina con el fracaso de esta transacción cuando un grupo subversivo quema el museo, lo cual señala la destrucción de la sociedad ideal formada por Roc.

Huidobro encontró la inspiración que le sirvió de base para el argumento de *La próxima* en los amenazantes problemas globales de la época. Pero al estudiar la obra cuidadosamente, se descubre que el chileno utilizó el género novelístico para exponer de nuevo su manifiesto creacionista. En particular, Huidobro desarrolló su teoría en el aspecto temático y estilístico de la narrativa.

Al enfocar la perspectiva temática de esta prosa, se percibe una correlación directa entre la teoría creacionista de Huidobro y los cimientos bélicos sobre los cuales edifica su novela. El protagonista, Alfredo Roc, es el portavoz de la estética huidobriana. Es un idealista rebelde, quien rechaza las normas de la sociedad en que vive y crea un centro utópico de civilización alejado de la agresión caótica. Lo que desea realizar Roc en Angola concuerda con lo que el chileno logra en su literatura. Ambos desprecian las leyes existentes y, para librarse del encarcelamiento ideológico, crean sus propios mundos donde pueden experimentar con nuevas formas y originar conceptos. Uno de los personajes anónimos de la novela comenta que, "Para crear un mundo nuevo, hay que empezar todo de nuevo. Debemos hasta olvidar todo lo que sabemos".[6] Roc responde insistiendo que eso es imposible.

En un manifiesto titulado "Futurismo y maquinismo", Huidobro aclara que:

> Cantar la guerra, los boxeadores, la violencia, los atletas, es mucho más antiguo que Píndaro... No es el tema sino

6. Huidobro, *La próxima* en *Poesía y prosa,* ed. Antonio de Undurraga, 2ª ed. (Madrid: Aguilar, 1967) 241-318. Se citarán todas las referencias subsiguientes a esta novela entre paréntesis en el texto de este trabajo.

la manera de producirlo lo que lo hace ser novedoso. Los poetas que creen que porque las máquinas son modernas, también serán modernos al cantarlas, se equivocan absolutamente. Si canto al avión con la estética de Victor Hugo, seré tan viejo como él; y si canto al amor con una estética nueva, seré nuevo.[7]

El conflicto sobre qué hacer con las máquinas que se habían utilizado de manera destructiva en *La próxima* sugiere que la tecnología en sí no es malévola sino el modo en que el hombre la emplea. En cuanto a la literatura, entonces, Huidobro rechaza la expresión artística de sus coetáneos por su falta de originalidad, pero, al mismo tiempo, reconoce que los géneros literarios en sí merecen ser respetados, siendo ellos meros vehículos de innovación.

Otro elemento temático relacionado con la teoría narrativa de Huidobro es la consideración política. En la colonia utópica que establece Roc en Angola, el protagonista desea abandonar las formas establecidas de gobierno y crear una administración nueva porque los sistemas políticos tradicionales habían permitido e incitado la destrucción violenta durante la Primera Guerra Mundial. El escritor chileno comenta esto en el siguiente diálogo:

— En fin, señores, que entre nosotros se haga la voluntad de la mayoría. Desde ahora todo se someterá a votación.

— No pienso así. Que se haga lo mejor, lo más lógico, lo más estudiado.

— Vamos a principiar otra vez como en Europa. La mayoría, la minoría. ¿Es que el hombre no podrá nunca evadirse de las mismas normas? (p. 295).

Aquí se sugiere la necesidad de alejarse de lo familiar para poder establecer algo novedoso. El último fracaso de la colonia no es el resultado de un gobierno ideológicamente defectuoso sino de unos habitantes incapaces de comprender la nueva organización y sus propósitos. Huidobro reconoce que lo que él propone iniciar en la literatura no será ni aceptado ni entendido por todos, pero acepta la crítica porque él siempre reafirma la convicción estética de su teoría.

Según Braulio Arenas,[8] el creacionismo de Huidobro experimenta una evolución a través de diferentes etapas que progresan

7. Huidobro, "Futurismo y maquinismo", *Obras completas* 684-86.

8. Braulio Arenas, "Vicente Huidobro y el creacionismo", en *Vicente Huidobro y el creacionismo*, ed. René de Costa (Madrid: Taurus Ediciones, 1975) 177-208. También aparece como prólogo en *Obras completas* 15-42.

desde su juventud, cuando la preocupación estética predominaba, hasta su madurez durante la cual se nota, por la preocupación humana, la invasión del mundo cotidiano en sus obras. Para el año 1924, cuando escribió el chileno "Elegía a la muerte de Lenin", se percibe una tendencia hacia el comunismo: "Tu voz Lenin cambia la raza humana / Y hace una sola tierra de tantas tierras hostiles / Tú eres la forma de los siglos que vienen / Tú eres el sosías del futuro".[9] En *La próxima*, Alfredo Roc discute con su hijo comunista los méritos y defectos de esta filosofía política:

> — El problema habría podido solucionarse por medio de la economía dirigida, sin llegar al comunismo.
>
> — Basta pensar un poco para ver que la economía dirigida es imposible sin la supresión de clases y la abolición del capital privado. Hay demasiados intereses contrarios. ¿Cómo podría nunca dirigirse a una serie de propietarios de usinas con intereses antagónicos? ¿Cómo se les puede obligar a ponerse de acuerdo?
>
> — Estableciendo las bases de producción y haciéndolas obligatorias.
>
> — Imposible hacerlas obligatorias mientras exista el interés privado.
>
> — El Estado se hace dictador e impone su Ley.
>
> — El Estado se hace dictador. Impone su ley... Para esto lo primero que tiene que hacer es impedir la especulación particular. Obligar a todos los ciudadanos a trabajar bajo su control. Eso es el socialismo, eso es lo que pasa ahora en Rusia (p. 267).

Al final de la novela, Roc, desilusionado a causa de los subversivos en su colonia que incendiaron el museo de las máquinas, grita, "Rusia, Rusia, mi hijo tenía la razón. Rusia, la única esperanza" (p. 318). En cuanto a su teoría literaria, el modo en que termina la obra parece contradecir el concepto creador por aceptar una ideología política establecida. Pero si tenemos en cuenta otras observaciones que había hecho el escritor sobre el comunismo, es razonable interpretar la aparente entrega al final como un momento de frustración por no ser comprendido, en vez de un revés estético. En la cuarta parte de *Vientos contrarios*, Huidobro postula las siguientes máximas: "Es incomprensible que un individuo que haya estudiado profundamente la sociedad actual no sea comunista. / Es incomprensible que un individuo que haya estudiado profundamente el comunismo, no sea anarquista".[10] Ela-

---

9. Huidobro, "Elegía a la muerte de Lenin", *Obras completas* 616-19.
10. Huidobro, *Vientos contrarios* en *Obras completas* 747.

bora sobre este tema con el pensamiento en que observa que, "El comunista es el hombre más noble y más elevado dentro del concepto sociológico humano, es el más aristocrático de los hombres, pues el comunista verdadero no quiere explotar el mundo para sí, como todos los egoístas, sino para el bien de todos, lo que nos prueba su generosidad".[11] Así Huidobro se mantiene fiel a su esfuerzo de crear un nuevo mundo artístico porque aunque respeta ciertos aspectos de formas consagradas, no las sigue al pie de la letra. Busca caminos innovadores y desarrolla una infraestructura para atravesar en las fronteras conocidas y crear literatura más allá del horizonte visible.

Otra manera de manifestarse la teoría creacionista en *La próxima* es mediante el estilo que Huidobro utiliza. Se comienzan a notar las modificaciones novedosas desde el principio donde el chileno coloca un epígrafe citándose a sí mismo. Vuelve a incluirse más tarde en un diálogo: "—Mientras te oía contarnos tu maravillosa teoría cosmogónica y tus descripciones de los diluvios me vinieron a la memoria cuatro versos del poema *Ecuatorial*, de Vicente Huidobro" (p. 261). Sigue la cita de su poema en el texto de la obra. Huidobro también incluye una carta que escribió en 1933 a un amigo en la que alude, citando a su vez una carta del amigo, a algunas de las innovaciones que había hecho en la novela:

> Tú me advertías: "Tal vez el público no comprenderá esas páginas sobre el delirio de Roc en las calles muertas de París. Tal vez el público no comprenderá el diálogo anónimo o colectivo. Piensa que esos procedimientos que te son habituales porque tú los has empleado desde hace más de quince años no lo son al lector corriente". Yo te respondía: "¡Qué importa que el público no comprenda! Tanto peor para él. Siempre el que debe comprender comprende. Ya es bueno que el lector corriente deje de ser corriente" (p. 241).

Huidobro propone abandonar las definiciones claras entre la realidad y el sueño, la locura y la cordura. Complementa este estado mental, que desafía el comportamiento tradicionalmente aceptado por la sociedad, con largos diálogos anónimos. No identifica quién dice qué, sino que crea así un tipo de personaje-masa que expresa las ideas del grupo colectivo. Esta técnica destruye el concepto establecido de la función de diálogo en una narración y requiere que el lector lea con cuidado.

También el escritor experimenta con la perspectiva del narrador, que cambia de tercera persona omnisciente a primera perso-

---

11. Huidobro, *Vientos contrarios* en *Obras completas* 754.

na, lo cual aumenta la desorientación del lector. Hay largas secciones de diálogo sin ninguna indicación sobre quién habla, así Huidobro despersonaliza la voz narrativa. Típico de la teoría creacionista del chileno es el gráfico incluso para aclarar la concepción cosmogónica de uno de los personajes. Esto recuerda su experimentación con la poesía concreta como los caligramas. Otro aspecto novedoso es la descripción de una llamada telefónica de la cual sólo se revela un lado de la conversación. Esto requiere más participación por parte del lector, quien tiene que usar su imaginación para adivinar la conversación que solicitaría las respuestas oídas. Huidobro descarta la percepción del tiempo en la novela, comenzando con el subtítulo, *Historia que pasó en poco tiempo más*. La acción progresa de manera más o menos tradicional, pero el tiempo como concepto medido cronológicamente pierde su significado.

El lenguaje que utiliza Huidobro en su novela varía dramáticamente desde una narración directa hasta secciones muy poéticas y musicales como en el siguiente diálogo:

—Parece que allá las que tienen más trabajo son las parteras.
—Tenemos siete parteras.
—Siete parteras jóvenes y bonitas.
—Siete parteras que también pueden parir.
—Naturalmente. Seis tienen hijos y la otra va a tenerlo.
—Magnífico, ¡qué país de porvenir! (p. 264)

Observamos unas técnicas poéticas como la anáfora, la aliteración, la rima aguda, etc. Su talento como escritor se manifiesta claramente en el uso de metáforas audaces y símiles chocantes: "Muchas veces he pensado que nosotros no somos sino microbios en las venas de un gigante. La tierra sería algo así como una gota de sangre o una partícula que se mueve adentro de esas venas. Lo mismo el Sol y todos los astros" (p. 262). A veces las oraciones son largas y complicadas como en este fragmento en que se personifican las calles de París: "Calles humanas, calles desfachatadas, calles honradas, calles con los labios pintados y los ojos enrojecidos, calles de cabellos blancos... calles con los zapatos rotos y los pies sucios... calles hambrientas" (p. 275). Otras veces su estilo emplea frases cortas que dan una impresión cinematográfica: "Es una pesadilla. ¡Curiosa pesadilla! No puede durar mucho rato. Pronto va a sonar el despertador. Y hay que levantarse para ir al colegio. Hace frío, un frío seco, picante. Se siente como un pedazo el hielo en el cerebro" (p. 271). Los párrafos son a veces de una sola línea breve, o tienen una extensión de más de seis páginas. También hay desdoblamiento estructural en que Huidobro presenta sucesos hipotéticos, a veces en un contexto onírico, que luego ocurren con ligeras variaciones.

Podemos entender *La próxima* como un arte poética en prosa que demuestra las teorías creacionistas de Vicente Huidobro. Las dos facetas principales donde se exponen las ideas estéticas del chileno son la temática y la estilística, mediante las cuales busca su utopía literaria. La importancia que la crítica le da a la creación y a la innovación en su obra poética debe ser aplicada a su producción narrativa también. Huidobro dijo que "El mayor enemigo de la poesía es el poema".[12] Según nuestra consideración de *La próxima*, podríamos afirmar que sin lugar a duda, el escritor se expresaría de igual manera al referirse al género novelístico.

---

12. Huidobro, *Vientos contrarios* en *Obras completas* 726.

EL DISCURSO NARRATIVIZADO EN OWEN

Oscar Rivera-Rodas
Louisiana State University

Uno de los grupos más destacados del vanguardismo literario hispanoamericano —acaso el más importante— ha sido el de los *Contemporáneos* mexicanos. Sus integrantes se identificaron con una actitud homogénea respecto a su interés por renovar la literatura emergente del modernismo. Por ese mismo interés devienen partícipes de la experiencia intelectual que se realizaba en los mismos años en la cultura occidental.

La crítica ha identificado a este grupo tradicionalmente con la poesía.[1] La prueba es que hasta hoy se haya estudiado preferentemente ese género en la obra de estos autores. La narrativa, el teatro, el ensayo y, dentro de éste, la crítica de los mismos autores no han merecido estudios esclarecedores. En lo que respecta específicamente a la prosa narrativa, las historias literarias tradicionales de novela o cuento la han marginado de su aceptación, ignorándola.[2] En el mejor de los casos, si bien su presencia ha

---

1.   Así, Dauster, en sus *Ensayos* sobre el grupo afirma: "Habrá, pues, que caracterizar al grupo de *Contemporáneos* como una agrupación de poetas..." (14). Véase también R. Grossmann, *Historia y problemas de la literatura latinoamericana*. Madrid: Revista de Occidente, 1969 (p. 520); J. Franco, *Introducción a la literatura hispanoamericana*. Caracas: Monte Avila, 1970 (pp. 272-275); R. Xirau, "Crisis del realismo", en C. Fernández Moreno ed. *América Latina en su literatura*. Madrid: Siglo XXI-Unesco, 1976 (p. 195).

2.   Alegría sólo alude a Torres Bodet y su *Margarita de Niebla* (*Historia de la novela* 118). Leal dedica párrafos breves a Ortiz de Montellano y Torres Bodet (*Historia del cuento* 87). Recientemente, Pérez Firmat, en cambio, examina, en lo que respecta a los *Contemporáneos*, textos narrativos de Torres Bodet.

sido atestiguada, no se le ha otorgado reconocimiento entre los géneros narrativos. Así, Brushwood afirma que "los Contemporáneos que se atrevieron a escribir ficción —Owen, Novo, Villaurrutia, Torres Bodet— fueron novelistas sin novela" (*México* 338).

El primero de los *Contemporáneos* que publicó una novela fue Gilberto Owen (1904-1952), *La llama fría*, en 1925. Tres años más tarde, en 1928 publicó *Novela como nube*, escrita entre marzo-abril de 1926, según consta al pie de la propia novela. El estudio de este texto permite una aproximación más cercana y completa a la narrativa de Owen, debido a la complejidad del mismo texto dentro de la que pueden caber los recursos que habían aparecido en el anterior.[3]

En la narrativa de Owen, como en la de otros *Contemporáneos* y en gran parte del vanguardismo hispanoamericano, destaca el *discurso* sobre el *relato*[4], lo cual ha provocado y provoca aún desconcierto al lector familiarizado con la novela más o menos tradicional que centra su atención en la presentación y desarrollo de historias con cierta exclusividad. Como bien define Benveniste, el discurso se manifiesta por la presencia, explícita o no, de la persona que pronuncia el discurso; a la inversa, el relato se define por la ausencia de toda referencia al narrador.

Novela como nube, intregada por 26 breves episodios distribuidos equitativamente en dos partes, narra la historia de un joven poeta y pintor, Ernesto, que en busca de amores resulta un día herido por el marido de una de las mujeres a que pretendía. Hasta aquí abarca la primera parte, denominada "Ixión en la tierra". Durante su convalecencia, Ernesto es llevado a otro pueblo, a su casa paterna, a cargo ahora de su tío Enrique. Este retorno simbolizaría, siguiendo el mito de Ixión, el reingreso en el Olimpo. Allí también, en la casa paterna, Ernesto pretende reconquistar a Elena, su ex-enamorada pero ahora esposa de Enrique. Una noche, en el corredor oscuro de la casa, Ernesto siente los pasos de Elena, la espera, se abalanza a ella, la besa y la cita para la medianoche. Más tarde, en el lugar señalado, Ernesto se da cuenta de que a quien besó y citó fue la hermana menor de Elena, Rosa Amalia, quien siempre había estado enamorada de él. Para el joven y moderno Ixión éste es el castigo de Zeus: casarse y ser espo-

---

3. Owen es autor además de las dos narraciones citadas, de una tercera más: el relato breve "Examen de pausas"; y de una importante obra poética.

4. Empleo estos términos de acuerdo a los conceptos expuestos por Genette (en "Fronteras") y Todorov (en "Las categorías").

so de Rosa Amalia, la nube que por un momento tuvo la forma de Elena. Ernesto, condenado a su matrimonio, revivirá el castigo de Ixión en el Tártaro. Toda esta segunda parte de la novela se realiza bajo el nombre de "Ixión en el Olimpo".

Dividiré este estudio en dos partes para considerar, en primer lugar, el discurso de la novela y, en segundo lugar, su relato.

EL DISCURSO

En términos generales, en la novela se advierten tres tipos de enunciados, que corresponden a sendas personas narrativas que son las siguientes. El narrador, que tiene a su cargo la mayor parte del discurso. El autor implícito, que se introduce en la historia para explicar su punto de vista respecto a la misma. El personaje principal, introducido de modo indirecto, mediante la transcripción de un texto escrito por él en un tiempo anterior al que abarca la diégesis. Me detendré un poco más en las características discursivas de estos tres enunciados:

1. La incorporación del texto de Ernesto en el texto del narrador es la introducción del enunciado del personaje en la enunciación del narrador y su objeto es proporcionar información sobre sucesos ocurridos con anterioridad a las acciones involucradas en la diégesis del narrador. De este modo, ciertos sucesos que no habían sido referidos, por la narración principal y que debieron ser presupuestos por el lector, hallan confirmación e información adicional en el texto transpuesto.

2. La intervención del autor implícito tiene una función secundariamente narrativa y primariamente discursiva: metatextual y comunicativa con el lector implícito. Es una declaración al lector sobre la actitud del autor frente a la historia que se narra. Debo subrayar aquí la convicción de este autor implícito de la necesidad de la cooperación del lector en el texto. Esta novela puede culminar su realización sólo en la lectura del receptor de la misma. Bajo el título "Unas palabras del autor", el episodio 18 contiene la siguiente aclaración: "Me anticipo al más justo reproche, para decir que he querido así mi historia, vestida de arlequín, hecha toda de pedacitos de prosa de color y clase diferentes. Sólo el hilo de la atención de los numerables lectores puede unirlos entre sí" (170). Por otra parte, respecto a la constitución del personaje, afirma: "Ya he notado, caballeros, que mi personaje sólo tiene ojos y memoria; aun recordando sólo sabe ver. Comprendo que

debiera inventarle una psicología y prestarle mi voz. ¡Ah!, y urdir, también, una trama [...] Es que sólo pretendo dibujar un fantoche". (171).

No se puede desconocer que la característica de este texto es la fractura de su propio discurso. En efecto, su estructura expresiva muestra una yuxtaposición de 'pedazos de prosa', lo cual implica asimismo, en última instancia, una visión fragmentada e incompleta. La lectura de este texto está obligada, ciertamente, a una tarea ordenadora de los fragmentos del relato insertos en el discurso del narrador del que no puede emanciparse, como veremos en el siguiente apartado. Por otra parte, al caracterizar la modalidad discursiva y del personaje, el autor define, de manera implícita, la función del narrador, bajo cuya incumbencia están la fragmentación del relato y la índole del personaje.

3. El enunciado del narrador principal surge desde una perspectiva omnisciente, de tercera persona exterior al relato y, sobre todo, en tiempo presente. Lo que quiere decir, para emplear una definición de Todorov, "la acción descrita entra así en contacto con el momento presente de la enunciación y, por tanto, con el locutor y el alocutario" (*Diccionario* 357). Esta coincidencia de la acción descrita con la instancia del discurso que la describe ya había sido señalada por Benveniste (262) como prueba de la subjetividad del discurso, a diferencia del relato que se define por la ausencia de toda referencia al narrador, donde nadie habla y "los acontecimientos parecen narrarse a sí mismos" (241). *Novela como nube* ya en su primer enunciado delata esa presencia del narrador, instalado en su propio discurso desde el cual enjuicia y censura (es decir, asume una actitud valorativa) por la exagerada afición a los colores y las flores del idealista Ernesto, atildado en el vestir, sus corbatas y el brillo de sus calzados bien pulidos. La censura del narrador es un juicio al mismo tiempo con el que quiere explicar los sucesos de la vida del joven. El primer episodio del texto (titulado "Sumario de la novela"), comienza así:

"Sus hermosas corbatas, culpables de sus horribles compañías. Le han dado un gusto por las flores hasta en los poemas: rosas, claveles, palabras que avergüenzan ya pronunciar, narcisos sobre todo. Ernesto marcha inclinado sobre los espejos del calzado, sucesivos. Se ve pequeñito. Su tío tiene razón: siempre será un niño. O poeta o millonario, se dijo en la encrucijada de los quince. Un camino quedaba que daba a la parte media de la colmena, pero esto no quiere decir que la burocracia sea para zánganos". (146)

La intención del narrador está más interesada en enjuiciar la conducta y las acciones del personaje, que en narrarlas objetivamente. Relaciona implícitamente el modo de vestir de éste con la historia de sus amores, generalmente no muy satisfactorios. El texto transcrito puede ser observado comparativamente con otro del último segmento de la primera parte (titulado "Notas de policía"), que refiere los momentos en que Ernesto trata de besar a una mujer que creyó ex-enamorada suya, provocando la ira del marido que descarga un proyectil sobre el joven. Aquí también, como en la novela en general, se destaca la propia preocupación del narrador sobre el hecho narrado. Quiero decir que lo que destaca aquí es la referencia al sujeto de la enunciación (narrador) en primer lugar y sólo después, en segundo lugar, al sujeto del enunciado (personaje). El texto dice:

> "Señor, Señor, ¿por qué nacería Ernesto en una tierra tan meridional? Comprende que todos sus actos giran en torno al amor, que la mujer está presente en todo lo suyo, eje de todas sus acciones. ¡Siente en este momento unas ganas tan verdaderamente dramáticas de besarla!..." (162).

Esta presencia del narrador en la instancia de la enunciación marca pues el carácter de este texto definitivamente discursivo. De este modo, se puede obtener una conclusión básica: el tipo de expresión que elige el narrador de *Novela como nube* es el discurso, en el que se inserta y se resuelve el relato fragmentado, porque éste al cabo pierde las cualidades objetivas propias y estrictamente narrativas. Bien afirma Genette que "la inserción de elementos narrativos en el plano del discurso no basta para emancipar a éste pues ambos permanecen la mayoría de las veces ligados a la referencia del locutor que permanece implícitamente presente en el trasfondo y que puede intervenir de nuevo a cada instante sin que este retorno se perciba como 'intrusión'". ("Fronteras" 205).

En la novela de Owen, la inserción del relato en el discurso puede ser descrita también como una alternancia de discurso y relato, con un predominio obviamente del primero sobre el segundo. Esta alternancia es una manera de ver la interrupción del relato y su fragmentación. El lector, cumpliendo el código establecido por el autor, debe ordenar y yuxtaponer esos fragmentos sobre un eje potencial de continuidad por encima del enunciado discursivo. Esa lectura tiene su realización en el plano de la historia, en la recuperación de la continuidad diegética.

Sin embargo, cabe en esta novela un segundo tipo de lectura en el plano del discurso, en el que la crítica no ha visto más que un enunciado lírico o poético y que corre alternado con el plano diegético. En esta segunda lectura sobre el acto mismo de la enunciación del narrador, en el habla misma del locutor o, para decirlo con más rigor, en el acto de su escritura discursiva, se desarrolla un plano metadiegético o metanarrativo. La referencia de ese discurso, por más poético que sea, es en última instancia el propio texto. Dicho de otra manera: los enunciados discursivos tienen por referencia los enunciados del relato o la propia enunciación del narrador, entre los que se establece una íntima interrelación. En estas circunstancias me permitiría derivar una segunda conclusión: se podría reconocer también en el plano del discurso un tipo de acción que corresponde a la instancia lingüística de la enunciación, es decir, la acción de la escritura, comprobable por la sucesión de sus enunciados ordenados por una lógica discursiva. Empero, aunque en los límites de este trabajo no sea posible examinar ese proceso —tan característico de la literatura vanguardista—, quiero señalar al menos que la función del plano discursivo en la novela de Owen no se explicaría de otro modo que no sea en referencia al nivel diegético de la narración. De ahí su carácter metadiegético o metanarrativo; es decir, su configuración en el discurso narrativizado.

En el transcurso de la novela de Owen, cabe subrayar, el discurso cede paulatinamente su dominio al relato, de manera que en el segmento final el personaje aparece en el relieve del mismo en uso de la primera persona. Ciertamente, se registra al cabo de la novela la evolución del personaje, anticipada por el autor durante su intervención: "Perdón, pero el determinismo quiere, en mis novelas, la evolución de la nada al hombre, pasando por el fantoche. La escala al revés me repugna". (171).

EL RELATO

El relato de *Novela como nube*, como contraparte del discurso, ofrece una diégesis regularmente ordenada en el tiempo; sigue un curso cronológico con excepción de segmentos analépticos o la intervención, como ya he señalado, del autor implícito o del personaje.

En esta ocasión no me ocuparé de señalar el orden, obvio en la lectura, sino las interrupciones que fragmentan el relato, marcando una característica típica de los textos vanguardistas: la heterogeneidad.

La sucesión temporal del relato se halla interrumpida por las siguientes causas:[5]

a) Una anacronía heterodiegética (en el episodio 3), en que aparece Ofelia esperando vanamente la llegada de Ernesto que decidía no volver a visitarla. Este segmento no se inscribe en el nivel principal del relato y permanece fuera de él, simultáneamente a las primeras secuencias, en un nivel exterior a la diégesis que no llega a desarrollarse. Se define como una secuencia única y su característica verbal es el futuro hipotético, por el que sella la índole de probabilidad con relación al presente del relato.

b) Analepsis externas, es decir, segmentos retrospectivos, en dos instancias. Primera, mientras el personaje, sentado a la mesa de un café, recuerda sus relaciones pasadas con Eva en una ciudad costanera sobre el Pacífico (Corresponden a los episodios 5, 6 parcialmente, 7 y parte del 8). Segunda, el texto de la "elegía" que había escrito Ernesto años atrás al enterarse del matrimonio de su tío Enrique con Elena (episodio 22). La amplitud de estos segmentos excede el tiempo ficcional del relato.

c) Elipsis explícitas e implícitas. Este recurso es el que aparece con más frecuencia en el relato, definiendo su característica fundamental. Se puede afirmar que el narrador acude a un relato elíptico mediante el cual anula en lo posible los signos de continuidad de la historia, fracturada y en aparente dispersión. Estas elipsis determinan asimismo el efecto acelerado de la narración.

Además de estas causas, se pueden observar otras interrupciones del nivel diegético provocadas por las alteraciones en la persona narrativa.

El relato del narrador heterodiegético, pues éste permanece al margen de la historia que relata, no es único ni continuo. Sufre dos interrupciones, como ya dije, la primera en un nivel intradiegético y la segunda en un nivel metadiegético.

a) En el nivel intradiegético interviene el autor implícito (episodios 18, 19 y 20). Su relación con la historia que narra es heterodiegética, en lo que respecta a su relato sobre Pachuca, el pueblo donde está la casa del tío Enrique. Con relación a su discurso,

---

5. Con el objeto de precisar mejor mi análisis y abreviarlo utilizaré, en lo que sigue de mi exposición, la terminología de Genette propuesta en *Figures III*. Cf. asimismo Prada Oropeza (*El lenguaje* 227-257).

ya he señalado sus funciones que ahora pueden ser sintetizadas en dos: una, metanarrativa, que opina sobre las características de la narración principal; otra, de comunicación, pues demuestra un vivo deseo de explicar al lector su conducta como 'autor' de la novela.

b) En el nivel metadiegético se inserta un texto (episodio 22) que había sido escrito por Ernesto apenas enterado de la "boda increíble" de su ex-enamorada Elena y tío Enrique. La relación de Ernesto, como narrador, y su relato es homodiegética, pues él está presente en la historia que cuenta. Este segmento puede ser considerado también, desde un punto de vista temporal, en el nivel de la historia principal, una analepsis externa, pues proporciona información retrospectiva anterior a la diégesis que abarca el relato.

Con lo expuesto hasta aquí respecto al relato de *Novela como nube*, puedo concluir en que la complejidad narrativa de este texto no sólo se debe a las actitudes de los diversos narradores con relación a sus historias específicas, sino también a su integración desde diferentes niveles en la narración principal. Desde el punto de vista estricto del relato, la estructura de esta novela muestra una complejidad de indudable interés y valor en la evolución del género en Hispanoamérica.

La valoración de este relato, sin embargo, se hace más compleja aún dentro del discurso en que se inserta y en su interrelación con el mismo, pues la novela de Owen, como gran parte de la prosa hispanoamericana de la vanguardia, se destaca y define por su discurso narrativizado.

BIBLIOGRAFIA CITADA

Alegría, Fernando. *Historia de la novela hispanoamericana* (México: De Andrea, 1974).

Benveniste, Emile. *Problemas de lingüística general* (México: Siglo XXI, 1971).

Brushwood, John S. *México en su novela* (México: Fondo de Cultura Económica, 1973).

Dauster, Frank. *Ensayos sobre poesía mexicana. Asedio a los "Contemporáneos"* (México: De Andrea, 1963).

Genette, Gérard. "Fronteras del relato", en Barthes, Roland, *et. al. Análisis estructural del relato* (Buenos Aires: Tiempo Contemporáneo, 1970).

_____. *Figures III* (París: Seuil, 1972).

Leal, Luis. *Historia del cuento hispanoamericano* (México: De Andrea, 1971).

Owen, Gilberto, *Obras*. Edición de Josefina Procopio. Prólogo de Alí Chumacero (México: Fondo de Cultura Económica, 1970).

Pérez Firmat, Gustavo. *Idle Fictions. The Hispanic Vanguard Novel, 1926-1934* (Durham, N.C.: Duke University Press, 1982).

Prada Oropeza, Renato. *El lenguaje narrativo* (San José, Costa Rica: Editorial Universitaria Centroamericana, 1979).

Todorov, Tzvetan. "Las categorías del relato literario", en Barthes, Roland, *et. al. Análisis estructural del relato* (Buenos Aires: Tiempo Contemporáneo, 1970).

_____, y Ducrot, Oswald. *Diccionario enciclopédico de las ciencias del lenguaje* (México: Siglo XXI, 1974).

BIBLIOGRAFÍA CITADA

NERUDA Y LA PROSA VANGUARDISTA *

Juan Loveluck

University of South Carolina

La vanguardia programó eliminar la solemnidad profesoral y el hábito de escribir con corbata, con cuello duro y con sombrero, sobre escritorio académico: liberación que atraviesa el tiempo y llega hasta Julio Cortázar, Nicanor Parra y Guillermo Cabrera Infante.

La vanguardia hizo suya la consigna de Apollinaire —"L'esprit nouveau et les poétes", de *Mercure de France*, 1918, el mismo año de su traslación al mas allá— de buscar ante todo *la sorpresa*, sin olvidar el precioso vehículo del lirismo tipográfico, que remonta al abuelo Mallarmé y su juego de dados. Pues el arte nuevo trajo ese espíritu *deportivo y festival*, que anotó Ortega con acucia, e hizo programática la posibilidad de reír y carcajear sin tasa. Su saludable *dictum* fue muera la seriedad castrante: funerales, por fin, de tanto dómine almidonado y de tanta página tiesa y académica... (A lo lejos, alguien pasa, leyendo a don Enrique Larreta).

Por ello, los que colaboran con la escritura vanguardista llevan su proyecto escritural a la vida y viven ellos en plan de vanguardia: desafíos a la razón, bromas colosales, *boutades*, el arte

---

* Como buena parte de esta comunicación no fue escrita, agrego para su publicación fragmentos, como los iniciales, que acaso no tuvieron la misma elaboración verbal.

—novísimo por los años veinte entre nosotros— de no tomarse tan en serio, de no tomar en serio nada.

Así, cómo no empezar con un capítulo de esos en que el espíritu vanguardista *se vive*, *se lleva* y *se pone* —como la ropa—, se experimenta en las calles y en las esquinas propicias para la exhibición. Entre varios de esos capítulos-sorpresa, se me viene a la mente uno evocado por Pablo Neruda en *Confieso que he vivido* —sus memorias póstumas—y que tiene como personaje a un gran vanguardista argentino que hoy empezamos a revalorar.

Cuenta Neruda que él y Girondo esperaban con impaciencia el avance de una larga cola de que formaban parte. (Escenario: cierta populosa estación de ferrocarril en Buenos Aires). De repente, ante el horror de su amigo chileno y la mirada ya catatónica de los testigos, Girondo empieza a quitarse los pantalones. Sacado que se los hubo completamente, los dobló con cuidado y lentitud, como en una ceremonia litúrgica. Los colocó bajo su brazo y siguió leyendo un periódico, como si tal cosa, pero muy disminuido de ropas... ¡Pura conducta vanguardista: arrojo, ruptura, desafío, tomadura de pelo, sorpresa!

Cuando Julio Cortázar sostiene que es ya imposible escribir encorbatado, emblematiza jocoseriamente una plusvalía que heredamos de la vanguardia clásica y una conquista de que disfrutamos ahora mismo y aquí mismo, si medimos lo que trajeron tal ruptura y dicha disrupción.

La marea y a veces la tempestuosa dinámica de los *ismos* de vanguardia, acumuló poéticas, recetarios, programas, manifiestos y fórmulas para producir la sorpresa y derrocar lo sacrosanto académico repetido. Esa sorpresa que Apollinaire en su conminación de 1918 —ya hemos indicado— postuló como uno de los logros máximos del *espíritu nuevo*, sobre todo en el dominio de la poesía.

Es difícil hoy reimaginar la conmoción de fuerzas y tensiones nuevas que recorrieron y electrizaron a Hispanoamérica entre 1910 y 1930. Es mucho más de lo que ponderó ese catastro minucioso que fue —año 1925— el apresurado libro de Guillermo de Torre, *Literaturas europeas de vanguardia* y mucho más de lo que hasta aquí se ha indagado, a pesar de las contribuciones capitales de Nelson Osorio y de Merlin Forster, entre otros. Y es asimismo incompleto pensar en ese par de decenios del gran empuje vanguardista, sin tener en cuenta la operación alternativa, el mínimo o intenso proceso de acomodación o *amestizamiento* de las poéticas emanadas de la situación-Viejo-Mundo, en el juego de su transferencia a otro, nuevo e inexpresado aún, que marca a fuego el largo tránsito, el vaciamiento de marcos cronológicos, la circulación en otro *habitat* y en otro clima mental. Es decir, qué riesgo significaría sopesar el impacto de una vanguardia plural en sus direcciones y cuerpos canónicos, sin medir las *addenda,* las sustracciones, las torsiones y distorsiones, las desfiguraciones, los procesos de acomodo a otro imaginario, los enriquecimientos y transfiguraciones genéticos que todo *ismo* venido de Europa experimenta al ser arrancado de su sede de producción y origen.

Y otra nota básica: el estrago mimético de un arte de mecánica imitable que desbarranca en "moda", que desfigura y despoja a una legión de epígonos. Eso ocurrió sobre todo con el futurismo y las implicaciones futuristas que conllevan direcciones hermanas, como el ultraísmo diseminado por Borges en Buenos Aires, al abrir su equipaje europeo, en 1921.

El contagio —la peste, sostienen otros— marinettiano fue el más copioso y pobló Hispanoamérica y la obra epigonal de una caterva de imitadores, cuyo novísimo mercado o Rastro —para concitar espacios predilectos del mago Gómez de la Serna— se atiborró de estas mercancías amontonadas en el baratillo de la novedad:

aviones (aeroplanos, entonces),
paracaídas,
hangares,
grúas,
arcos voltaicos,
torres,
obuses,
cañones,
ametralladoras,
telegrafía sin hilos,
"cartas océano",
marconigramas,
bielas, motores, válvulas,
gramófonos,
motocicletas,
paquebotes,

transatlánticos,
tranvías,
locomotoras,
trenes blindados,
hélices,
dirigibles,
reflectores,
fábricas y usinas,
y el mundo mirado desde otro espacio:
el aire, la altura, el vértigo
de lo sideral.

La promoción directa del futurismo por Marinetti —Brasil, Chile, Argentina— da a ese *ismo* un ímpetu extraordinario, con el que sólo podría competir el surrealismo. Una legión cree descubrir en la agresiva corriente que propugna Marinetti la receta para aprisionar el "espíritu nuevo" en la religión maquinista y el culto de la velocidad y alrededores: la tendencia lo mismo emana de las grandes capitales como de la calma provinciana, de Xalapa a Puno*.

Pero véase con qué tino y cuidado, o voluntarioso raciocinio, lo evitan y se ponen a buen recaudo de él aquellos que tienen conciencia clara y firme de sus destinos poéticos: César Vallejo, Pablo Neruda, Gabriela Mistral. Asimismo Huidobro, que supo, eso sí, tomar de la imaginación propuesta por el futurismo no su fácil e imitable utilería mecánica, sino su mejor producto: un espacio alto y frío, sideral, zona de cometas, contramundo de la voluntad terrenal y telúrica de Neruda.
Espacio estelar por el que se desliza el paracaídas de Altazor, como salido de una temprana tela de Chagall. (Recuérdese que Huidobro, en su ensayo sobre el futurismo, se margina con energía del poeta y teórico italiano. "Agú, Marinetti" —le dice— y lo imagina entretenido con un trencito de juguete...)

Recojo tres testimonios (uno de Gabriela Mistral, dos de Neruda) en que se prueba la cautela de esos dos poetas, seguros de su exacto destino, ante la tentación futurista; pasaron junto a ella, se asomaron a su jardín mecánico en que la torre Eiffel es una ceiba metálica, sin concesiones que hubieran debilitado su tarea o alterado el curso de una obra de derrotero seguro.

---

* Sobre esto ver el reciente artículo de David Wise, "Vanguardismo a 3800 metros: el caso del *Boletín Titikaka* (Puno, 1926-1930)". *Revista de crítica literaria latinoamericana*. Año X, núm. 20, segundo semestre de 1984. Pp. 89-100.

En 1928, al comentar la obra de Pedro Salinas, Gabriela Mistral escribió unas páginas que resumen de modo privilegiado lo que ella y otros opinaban sobre el estrago futurista:

> Catalogan a Salinas con los futuristas, cubistas y dadaístas del verso español. Sí que tiene y muestra sensibilidad nueva —nueva, no de última hora, cosa diferente. Sólo que para ser 1928, él no hace derroche de aviones, ni T.S.H., ni de grúas. Sensibilidad nueva significa mirada inédita, pero que cae sobre las cosas con que nos codeamos, sea huerto o majada. Me hacen sonreír algunos libros que llegan de rincones ruralísimos de América: están atravesados, están veteados de fabrilismo, de maquinismo, de Torre Eiffel, de Picassos y Paul Morands, y han sido pensados mientras se oía la rumia búdica de las vacas o el cordón lacio del agua de riego. Muy legítima manufactura futurista la que sale de Brooklyn o de Montparnasse o de Berlín. Pero, ¿qué tenemos que hacer nosotros en medio de esas vastas hierbas y esos ríos sin captación de usina alguna que son los nuestros con el *fordismo* y [el] *citroenismo poéticos?**

He aquí los testimonios de Neruda. En los días de su ensimismada soledad de Asia, la temporada en los infiernos que fue su quinquenio en Rangún, Java, Sumatra y Singapur, escribe a su amigo bonaerense Héctor Eandi —estamos en 1929— y le dice con referencia a un poeta joven de Argentina algo que parece una distante respuesta al manifiesto "Ultraísmo" de Jorge Luis Borges (1921):

> Creo que ha errado su camino en esos nuevo poemas en que adopta algunos de los irreflexivos lugares comunes de la "nueva poesía". Porque verdaderamente nunca hubo cosa más estéril que un deseo de encaramar metáforas en cada verso como en una percha: esa es labor de *sportsman* o de humorista. ["Yo no escribo bailables", anotó en 1926, frente a *El habitante y su esperanza*]. El poeta no debe ejercitarse; hay un mandato para él y es penetrar la vida y hacerla profética: el poeta debe ser una superstición, un ser mítico.

Al mismo fidelísimo amigo y corresponsal, Héctor Eandi, le escribe desde Santiago, en 1933:

> Hay aquí una invasión de odas a Moscú, trenes blindados, etc. Yo sigo escribiendo sobre sueños...

---

* Artículo sobre P. Salinas, publicado en *Repertorio Americano* y reproducido en la selección de Mario Céspedes, *Gabriela Mistral en el "Repertorio Americano"*. San José, Costa Rica: Editorial Universidad de Costa Rica, 1978. P. 62. Corrijo alguna errata evidente en la transcripción.

Está, claro, sumergido en el espacio de su ensimismamiento (son los días de *Residencia en la tierra*), y ya carece de ánimo y tiempo para concesiones a modas que ve pasajeras. Seguro de su oficio, sabe desembarazarse de todo lastre incómodo y que dañe su avance. Va a lo puro suyo, que es su destino poético.

Esa Santiago a la que llegó Neruda desde Temuco, en marzo de 1921, como La Habana, Buenos Aires, Caracas y México, ya empezaba a recibir los últimos mensajes de renovación que venían sobre todo de París. Los jóvenes soñaban con una posible o imposible peregrinación parisina y se entregaban a la activísima publicación de revistas en cuyas páginas se refleja ese ambiente sobrecargado de relámpagos de novedad y osadía. Dadaísmo, cubismo, futurismo, surrealismo, ayudan finalmente a los funerales de los últimos cisnes modernistas, que aún aletean en *Crepusculario* y *Los heraldos negros*.

Las revistas del momento traducen la atmósfera febril y audaz; la vestimenta de sus secuaces muestra la voluntad de cambio que los impulsa: las corbatas de Rojas Jiménez crearon todo un rito vestimental, al que se agrega el escándalo de los sombreros cordobeses y de las tenebrosas capas de origen ferroviario, como la de Neruda.

Pululan las revistas, efímeras puntas de lanza dotadas a veces de raro poder penetrante y casi siempre condenadas a no romper la crisálida del tercer número: ahí están *Dionysos*, dirigida por Aliro Oyarzun, y *Andariel. Dínamo,* de Pablo de Rokha. *Andamios,* de Rubén Azócar y *Caballo de bastos,* que capitanea Neruda. *Reflector,* que dirige Arturo Troncoso, y la más fuerte, duradera e influyente de todas, *Claridad*, empresa de Alberto Rojas Jiménez —el de la célebre elegía: Rojas Jiménez es el poeta del momento que con más intensidad, gracia y espectacularidad *vive* sobre el débil alambre circense de la vanguardia. Y es el que más se parece a su contrafigura en las antípodas: Mayakovsky, que era —en Moscú— el ángel alegre, sonoro y festivo de la vanguardia de allá.

Neruda ha dejado testimonios más o menos precisos de esos años intensos, en que empieza a conocer la pintura nueva —un amigo posee un cuadro o varios de Juan Gris— y el poeta charla interminablemente con los pintores jóvenes, con ellos discute los *ismos* y ve de modo crítico las nuevas direcciones de las artes plásticas.

En una conferencia inédita (de 1954) se refiere así al periodo de *Crepusculario* y *Veinte poemas*:

> Me refugié en mi poesía con ferocidad de tímido. Aletea-
> ban sobre Santiago las nuevas escuelas literarias. Rojas Ji-
> ménez conocía todos los ismos. El había fundado con Mar-
> tín Bunster una escuela *Agú* que no pasó más allá del primer
> manifiesto. Las escuelas de París y la influencia de Reverdy
> llegaban a la calle Ahumada. Pronto fui leyendo todas las
> cosas.

Las revistas cruzan el aire continental y trizan las lentas formas de comunicación epocal; los hombres de la generación de Neruda leen y colaboran en *Revista de Occidente, Sur, Contemporáneos, Martín Fierro, Amauta, Revista de Avance* y tantas otras,
mayores y menores.

Neruda lee devotamente a Ramón Gómez de la Serna, come-
ta mayor de la prosa nueva, que cruza por todos los cielos: esa
prosa marcará la de Neruda y le servirá de orientación.

Un amigo del poeta chileno se pasea con *Ulises* (aún no traducido) bajo el brazo. El poeta anota en sus memorias que poco
después, a la zaga de éste y de otros ejemplos, todos empezaron
a escribir sin puntuación, aunque no todos habían leído a Apollinaire y sus ideas del lirismo de la tipografía en libertad ni todos
sabían de las posibilidades del asintactismo naciente.

En el periódico *La Mañana* de Temuco, cuando aún no había descubierto su máscara nominal "Pablo Neruda", y en 1917,
el escritor vio por primera vez un producto suyo en letras de mol-
de. De modo curioso, no fue un poema. Se trata de un breve artículo: "Entusiasmo y perseverancia". Así empezó la aventura de
Neruda en el terreno de la prosa. Tenía por esas fechas catorce
años. En el resto de su vida como escritor, es decir por más de
50 años, su contribución a la prosa será plural: poemas en prosa,
como los del libro *Anillos*, de 1926, libro escrito "al alimón" —
observa Anderson Imbert— con Tomás Lago, o los de *Residencia
en la tierra*. Una breve novela —o, mejor, cuento largo—, *El habitante y su esperanza*, del mismo año, curiosa y sonambúlica historia de cuatreros, en que las lindes de realidad y sueño, pesadilla
y crimen, son levísimas y que para algunos críticos —Anderson
Imbert, C. Cortínez— podría relacionarse, si el escalpelo se maneja bien y aparta ciertos tejidos propios— con el surrealismo y
sus modos imaginarios. Lo que mucho importa de tal incursión
narrativa temprana es la posibilidad de conexión de *El habitan-*

te... con lo que sería después, cuando tomara cuerpo y dirección definida, la novela que llamamos nueva.

Prólogos innumerables, presentación de pintores, colaboraciones en diarios y revistas, memorias parciales, como las que vieron la luz en *O Cruzeiro Internacional*. Recuerdos más orgánicos y extensos, como *Confieso que he vivido*, libro concluido pocos días después del brutal asesinato del Presidente Allende y escasos antes de la muerte del mismo poeta, el 22 de septiembre de 1973. Y conferencias, como las memorables reunidas bajo el nombre de *Viaje al corazón de Quevedo y por las costas del mundo*, o las que pronunció en la Biblioteca Nacional de Santiago o en la Universidad de Chile en fechas o aniversarios significativos. Más las traducciones juveniles de Rilke y de Gide... Fatigosa enumeración que quiere invocar la cantidad y la variedad del ejercicio prosístico de Neruda, nunca interrumpido y en verdad *marco* que encuadra la primera y las últimas páginas escritas por el autor, siempre como digna compañía del río de su creación poética.

Consciente del brevísimo plazo de una mera comunicación, quisiera mover nuestra atención hacia ciertas prosas de los años 1927, 28 y 29, más que referirme a la introspectiva novela de 1926, aludida antes, breve ficción donde el mundo está mirado por un ventanillo onírico e irracional, donde el tiempo discurre a capricho y contra su discurrir natural, pues salta, regresa sobre sí mismo, estalla en esquirlas de una memoria nebulosa y elástica. *El habitante...* crea la sensación de un terciopelo tocado al revés —revés y contradirección del tipo de relato imperante en sus días: es la antinovela de esas fechas, junto a otras que derivan del ejercicio vanguardista, sobre todo en México.

Observemos, pues, brevemente, ciertas prosas nerudianas de sus días de Oriente, que se crearon, como crónicas de viaje para el diario *La Nación*, de Santiago de Chile (y que el periódico, según revela el epistolario Neruda-Eandi publicado por Margarita Aguirre, nunca pagó).

Nunca reunidas antes, esas crónicas fueron dadas a conocer por mí en el homenaje a Neruda de los *Anales de la Universidad de Chile*. El número de homenaje lleva la fecha de 1971, pero en verdad vio la luz sólo en junio de 1973. Casi toda la edición pereció en el saqueo de la Editorial Universitaria que siguió a la traición de Pinochet, de modo que el destino de esos artículos de alguna manera se relaciona con el olvido.

La prosa de las crónicas de viaje arranca de la misma vertiente de las *Residencias* iniciales y es coetánea a ellas. De allí que el metaforismo, el código verbal, la audacia imaginaria, nos lleven a los espacios propios de los poemas residenciarios y sus repetidos asuntos. Lo que sí vemos en estas prosas escritas hace medio siglo es que por ellas han pasado los *ismos* vivos en esos días y que la visión calidoscópica de la realidad, su distorsión en el multiplano, arranca del desequilibrio cubista: la realidad certificable y fotográfica que captan los ojos de un viajero común, se da vuelta al revés para mostrar la visión secreta o el intranquilo mundo de las adivinaciones oníricas, de oscuridad submarina.

Desde el espacio de su destierro en Asia, el poeta hace señas hacia Santiago, seguro de que sus lectores —sobre todo los suyos, los de su generación de pálidos suicidas y delicados lunáticos que sufren la condena de desaparecer sin huella ostensible— hallarán en su discurso sorpresa, otredad, desafío y el aparato visionario que rompe el canon acostumbrado de la crónica de viaje: sus artículos vienen a ser, así, páginas en que la vanguardia —las vanguardias— han impuesto las señas de su absorción y dominio.

Siguen los tres fragmentos que quisiera comentar brevemente:

"El Sueño de la tripulación*"

Cargo «Elsinor»
Golfo de Bengala, septiembre, 1927.
El barco cruza insensible su camino. ¿Qué busca? Pronto tocaremos Sumatra. Eso disminuye su marcha, y poco a poco se torna imperceptible, de pavor de hundirse repentinamente en los blandos boscajes de la isla, de despertar en la mañana con elefantes y tal vez ornitorrincos sobre el puente.

Es de noche, una noche llegada con fuerza, decisiva. Es la noche que busca extenderse sobre el océano, el lecho sin barrancas, sin volcanes, sin trenes que pasan. Allí ronca su libertad, sin encoger sus piernas en las fronteras, sin disminuirse en penínsulas; duerme, enemiga de la topografía con sueño en libertad.

La tripulación yace sobre el puente, huyendo del calor, en desorden, derribados, sin ojos, como después de una batalla. Están durmiendo, cada uno dentro de un sueño diferente, como dentro de un vestido.

Duermen los dulces anamitas, con el torso dormido sobre mantas, y Laho, su caporal, sueña levantando una espada de oro bordada; sus músculos se mueven, como reptiles dentro de su piel. Su cuerpo sufre, se fatiga luchando. Otros tienen adentro un sueño de guerreros, duro como una lanza de piedra y parecen padecer, abrir los ojos a su aguda presión. Otros lloran levemente, con un ronco gemido perdido, y los hay de sueño blando como un huevo, cuyo tejido a cada sonido, a cada emoción, se quiebra; el contenido resbala como la leche sobre cubierta, y luego se recompone, se pegan sus cáscaras sin materia y sin ruido, y el hombre sigue absorto. Hay otros.

Laurent, el verdadero marinero del Mediterráneo, reposa echado, con su camiseta rayada y su cinturón rojo. Los hindúes duermen, con los ojos vendados, separados de la vida por esa venda de condenados a muerte, y uno que otro pone la mano levemente en el sitio del corazón, batiéndose bravamente con el sueño como con una bala. Los negros de la Martinica duermen, voluptuosos, diurnos: la Oscuridad Indica se traspone en una siesta de palmeras, en acantilados de luz inmóvil. Los árabes amarran su cabeza para mantenerla fija en la dirección de Mahoma muerto.

La Nación, Santiago de Chile, 26 de febrero, 1928.

"Madrás. Contemplaciones del Acuario"

Las serpientes marinas son impresionantes. Pardas, negras, algunas se elevan como columnas inmóviles desde el fondo del estanque. Otras en un perpetuo martirio de movimiento ondulan con velocidad sin detenerse un segundo. Ahí están las siniestras cobras del mar, iguales a las terrestres, y aún más venenosas. Se sobrevive sólo algunos minutos a su mordedura, y ay del pescador que en su red nocturna aprisionó tal siniestro tesoro.

Al lado de ellas, metidas todas en una pequeña gruta, las morenas del Océano Indico, crueles anguilas de vida gregaria, forman un indistinto nudo gris. Es inútil separarlas, atraviesan los altos estanques del Acuario para juntarse de nuevo a su sociedad. Son un feo montón de brujas o condenadas al suplicio, moviéndose en curvaturas inquietas, verdadera asamblea de monstruos viscerales.

Hay pequeños peces milimetrales, de una sola escama: agudos escualos manchados de pintura: pulpos curiosos como trampas: peces que caminan en dos pies como humanos: habitantes del mar nocturno, sombríos, forrados de terciopelo: peces cantores, a cuyo llamado se congrega su cardumen: ejemplares contemporáneos del que se tragó Angel Cruchaga, pez diluvial, remotísimo. (Ese pequeño pez de la madre de Vicente Huidobro tragado vivo por el poeta, en desafío vanguardista que debe de haber aterrorizado a la pulcra dama santiaguina). Inmóviles en el fondo de los estanques o girando en anillos eternos, dan idea de un mundo desconocido, casi humano: condecorados, guerreros, disfrazados, traidores, héroes, se revuelven en un coro mudo y anhelante de su profundísima soledad oceánica. Se deslizan, puros de materia, como colores en movimiento, con sus bellas formas de bala o de ataúd.

La Nación, 12 de febrero, 1928.

"Nombre de un muerto"

Don Augusto era el hombre de manos minúsculas, de ojos de agua azul, el hombre aristocrático del Norte, el viejo caballero auténtico. Llegó al Sur a contrastar, a una tierra de mestizos revoltosos, de colonos oscuros, a un semillero de indios sin ley. Allí vivió don Augusto, delicado, envejeciendo. En su cercanía más próxima había libracos, sabidurías, y a su alrededor, un cortinaje denso de lluvia y alcoholismo. Hasta mis recuerdos se asustan de aquellas soledades! Cuando el mal tiempo se desamarra por allí, las aguas parecen parientes del demonio, y las del río, las del mar, las del cielo, se acoplan, bramando. País abandonado en que hasta las cartas llegan sin frescura, ajadas por las distancias, y en que los corazones se petrifican y alteran.

Eso todo está pegado con mi niñez, eso, y don Augusto, con su barba medio amarilla de tiempo, y sus ojos de viaje certero. A mí —hace tantos años— me parecía misterioso ese caballero, y su luto y su aspecto de gran pesar. Yo espié sus paseos de la tarde, en que paso a paso por la orilla de un mundo amortecido, miraba como para adentro, como para recorrer sus propias extensiones. ¡Pobre, solo! Después de entonces he visto hombres ya muy apartes, ya muy dejados de la vida, y muy abstenidos de acción, muy envueltos en distancias. Pero como él, ninguno. Ninguno de tanta confianza en la desgracia, de tanta similitud con el olvido.

La Nación, 20 de mayo, 1928.

LOS VERSOS "PROSADOS" DE CÉSAR VALLEJO

Paul W. Borgeson, Jr.
University of Illinois at Urbana-Champaign

César Vallejo, como Borges, como Sor Juana en el "Primero sueño", y como el Darío de *Cantos de vida y esperanza*, nos ha legado una obra que se tipifica por su evocación de una dialéctica— entre las aspiraciones del "espíritu" (intelecto, sentido ético, conciencia social) y un mundo que lo niega. Este inicio de dialéctica, mejor dicho, queda irresuelto, y por lo mismo desvalorizado. La razón fracasa. Esta lucha siempre se libra entre dos polos claramente distinguibles, identificables como razón e irracionalismo, ideal y práctica, orden y caos: principio ontológico dualista que al poetizarse se convierte también en principio estético, informando sus poemas más potentes.

La tesis que expongo aquí es que este principio, que aplicado a la obra literaria tiende a producir estructuras generales, pasa a ser también, y con creciente intensidad, una de las bases del uso tan extraordinario que le daba Vallejo al lenguaje mismo, y en particular en lo que se relaciona a la pareja prosa/poesía. En breve, Vallejo, me parece, concebía como cosas esencialmente *distintas* la poesía y la prosa. No las asimilaba, como tienta pensar —y como pensaba yo antes de iniciar este trabajo—, sino que establece entre ellas una tensión que no tendría sentido si fueran una misma cosa. Esta tensión es para el poeta nada menos que un modelo de su propia concepción de universo, siempre trasladada a la palabra. Es ésta la búsqueda de la resolución dialéctica que típicamente no hallaba, hasta *España, aparta de mí este cáliz.*

137

Veremos una serie de procedimientos que emplea Vallejo para —más que aproximar— yuxtaponer prosa y poesía, como una disposición profundamente sintomática de arte y vida en el gran peruano. Las evidencias para apoyar esta tesis son tomadas, desde luego, de sus propios poemas, ya que Vallejo no dejó manifiestos que realmente se adecúen a sus mejores obras. Estas evidencias incluyen:

1. Muchos poemas que parecen verso libre no lo son.

2. Hubo un proceso de "despoetización" aparente en la revisión de varios poemas, los que adquirieron una irregularidad formal que ofusca su condición de poemas tradicionales.

3. La inclusión de muchos aspectos del habla coloquial —chichés, palabras y expresiones de la conversación informal y hasta sintácticamente torpes a veces (siempre con efectos deliberados, desde luego)— dentro de un uso del lenguaje caracterizado precisamente por su alejamiento general del lenguaje normal.

4. La escritura de prosa poética explícitamente tal de la obra póstuma tiene antecedentes tanto en *Trilce* como en *Poemas humanos*, circunstancia que revela que aún en su período más extremo estilísticamente, coexistían, como cosas distintas, prosa y poesía.

Aunque no tendremos tiempo de demostrarlo, queremos también proponer que una de las grandes rupturas de *España, aparta de mí este cáliz* radica precisamente en que el conflicto prosa/poesía, como muchos de los otros tan visibles en su obra anterior, desaparece. Así, excluimos a *España* de buena parte de los comentarios por hacer en este artículo.

"Heces" ejemplifica el poema vallejiano que parece ser de verso libre, sin serlo —y también el dominio técnico de la versificación que frecuentemente pasa desapercibido en Vallejo (sospecho que en una encuesta, una fuerte mayoría diría que Vallejo escribía exclusivamente verso libre, percepción no basada en los poemas y que desearíamos contrarrestar). Poema más de callada melancolía que de ruidosa angustia, "Heces" establece perfectamente la tensión entre las formas regulares y las irregulares de la que hablamos. Hay regularidad en que las estrofas tres y cuatro son cuartetos, y en que la mayor parte de los versos son dodecasílabos. Pero si nos fijamos en que con una sola excepción crucial, *todos* son de doce sílabas, aplicando las normas de versificación, comprobamos que al menos en métrica el poema es casi perfectamente regular. Y sin embargo, no lo parecía, porque Vallejo, mediante la (casi) ausencia de rima y las irregularidades en la disposición estrófica, nos ha engañado. Parecía verso libre, sin serlo. Asimismo, hay otras regularidades —cada estrofa termina en agudo, y la repetición casi exacta de la primera, para darle un marco de inmovilidad— que revelan cómo mediante la forma y las tensiones que ella establece entre tedio y agitación, el poema da voz a toda la intensidad de la condición interior del hablante, completamente sin melodramatismos.

Al igual que "Heces", tenemos la presencia de una regularidad que fácilmente pasa sin notarse en poemas como "Los dados eternos" y "El pan nuestro" (con unas pocas excepciones en el segundo caso; ambos poemas son de LHN: OPC 41 y 33-34). Se realizan estos dos con la clásica combinación de endecasílabos y heptasílabos con una rima cuya inclusión de unos versos suel-

---

1. Citaremos por *Obra poética completa* (Caracas: Biblioteca Ayacucho, 1979), y emplearemos las acostumbradas siglas: LHN (*Los heraldos negros*), T (*Trilce*) y PH (*Poemas humanos*). Abajo transcribimos "Heces":

Esta tarde llueve como nunca: y no
tengo ganas de vivir, corazón.

Esta tarde es dulce. Por qué no ha de ser?
Viste gracia y pena; viste de mujer.

Esta tarde en Lima llueve. Y yo recuerdo
las cavernas crueles de mi ingratitud;
mi bloque de hielo sobre su amapola,
más fuerte que su "No seas así!"

Mis violentas flores negras: y la bárbara
y enorme pedrada; y el trecho glacial.
Y pondrá el silencio de su dignidad
con óleos quemantes el punto final.

Por eso esta tarde, como nunca, voy
con este búho, con este corazón.

Y otras pasan; y viéndome tan triste,
toman un poquito de ti
en la abrupta arruga de mi hondo dolor.

Esta tarde llueve, llueve mucho. ¡Y no
tengo ganas de vivir, corazón!

(LHN: OPC 16-17)

Observamos que notando los hiatos (vv. 2 y 19), una sinéresis (v. 12) y la diéresis (v. 8), todos dentro de las normas de la versificación más tradicional, todos los versos salvo el decimosexto son dodecasílabos.

tos sugiere que se trata en efecto de una especie de silva. Se observa hasta qué grado Vallejo alterna regularidad y asimetría: tan pronto hallamos una organización regular, se nos escapa, y al creer que estamos ante un verso totalmente libre, nos damos cuenta de sus elementos de regularidad.

Acudimos aquí a una aguda observación de Mónica Mansour, quien hace notar que "el verso libre en español mantiene —en combinación irregular— preferentemente esquemas métricos tradicionales y sobre todo el endecasílabo, el heptasílabo [...] y con menos frecuencia el eneasílabo. Sin embargo, tales esquemas métricos se diluyen aparentemente para la percepción porque no están apoyados por una composición estrófica regular".[2]

Así lo demuestra Américo Ferrari, en su excelente ensayo *El universo poético de César Vallejo,* como en el caso del poema "Sombras", título original de Trilce XV. Señala Ferrari que la revisión de "Sombras" fue un proceso de destrucción del soneto alejandrino que había sido en un principio. Y sin embargo, dice Ferrari, "las modificaciones de [su] segunda estrofa son sólo aparentes. Vallejo se ha limitado a recortar de manera diferente las líneas regulares [...] de 'Sombras'. Si se reconstituye el texto, obtendremos algo que se aproxima a un cuarteto regular".[3] Cosa parecida hubo con "La tarde", ahora Trilce XLVI.

Aquí, luego, estamos comprobando el proceso de "despoetización" de que hablamos antes, pero hacemos hincapié en que este *no* fue un proceso total de destrucción. Al contrario, el esfuerzo tuvo el resultado de dar a estos poemas revisados una cua-

---

2. Mónica Mansour, "La poesía coloquial en América Latina" (manuscrito en fotocopia), pág. 8.

3. La segunda estrofa de este poema, Trilce XV, es así:

> Has venido temprano a otros asuntos
> y ya no estás. Es el rincón
> donde a tu lado, leí una noche,
> entre tus tiernos puntos
> un cuento de Daudet. Es el rincón
> amado. No lo equivoques.

Ferrari lo "reconstituye" así (págs. 245-246):

> Has venido temprano a otros asuntos
> y ya no estás. Es el rincón / donde a tu lado
> leí una noche / entre tus tiernos puntos
> un cuento de Daudet. Es el rincón / amado.

Américo Ferrari, *El universo poético de César Vallejo* (Caracas: Monte Avila, 1972), págs. 245-246.

lidad dual, y ante todo conflictiva, que tipifica a Vallejo. No dejamos de ver a la poesía tradicional subyacente, como escondida, así como en el caso de los versos sólo aparentemente libres que ya hemos visto. Persisten en Vallejo, pues, las formas clásicas, en pugna con el caos: el lenguaje mismo como símbolo del hombre: los dos son hambres de alcanzar el ideal, el que lucha con la realidad destructora. Vallejo nos da, así, textos que guardan celosamente su condición de metáforas de la dual condición humana.

Hasta aquí hemos estudiado elementos formales: rima, ritmo, el uso de la estrofa. Pero tenemos que incluir también una de las características más propias de Vallejo, el uso del lenguaje diario y hasta vulgar dentro de un estilo típicamente hermético y metafórico. Algunos ejemplos de su presencia incluyen los clichés —"ni palabra" ("Y si después de tantas palabras", PH: OPC 166), "ya lo decía" ("Hoy me gusta la vida mucho menos", PH: OPC 139), "Hay que ver" ("Piensan los viejos asnos", PH: OPC 139), "¡Y lo demás, me las pelan!" ("Telúrica y magnética", PH: OPC 136,) y el uso repetido de la fórmula "qué me da" y "qué más da" (*passim*), entre otras muchas expresiones semejantes. Pero no se limita el uso del lenguaje coloquial al uso de los lugares comunes, desde luego. Hay casos de una sintaxis evidentemente popular, y hasta inaceptable dentro de las normas oficiales de la lengua:

> César Vallejo ha muerto, le pegaban
> todos sin que él les haga nada;
> le daban duro con un palo [...]
> > ("Piedra negra..", PH: OPC 154)

> Yo nací un día
> que Dios estuvo enfermo,
> grave
> > ("Espergesia", LHN: OPC 58)

> Oye hermano, no tardes
> en salir. Bueno? Puede inquietarse mamá.
> > ("A mi hermano Miguel", LHN: OPC 48)

> No me vayan a ver dejado solo,
> y el único recluso sea yo
> > (Trilce III: OPC 55)

Otro tipo de lenguaje hablado, sin retoques ni artificios, se ve en la inocencia de las voces infantiles:

> Las personas mayores
> ¿a qué hora volverán? [...]
> Madre dijo que no demoraría [...]

Vamos viendo
los barcos: ¡el mío es el más bonito de todos!
con los cuales jugamos todo el santo día,
sin pelearnos, como debe ser

(Trilce III: OPC 54)

Me acuerdo que jugábamos esta hora, y que mamá
nos acariciaba: "Pero, hijos.."

("A mi hermano Miguel", LHN: OPC 47)

Todos estos son elementos asociables a la prosa tradicional, y que Vallejo ha incorporado a muchos de sus poemas a nivel de sintaxis, vocabulario y tono. Sin embargo, como si con ellos no bastara, las incursiones de la prosa van aún más allá de elementos estilísticos como los citados. Vallejo evidentemente tenía una línea divisoria bastante clara entre poesía y prosa, como lo sugieren sus prosas poéticas, así llamadas en la mayoría de los casos por el propio Vallejo.

El ejercicio de la prosa poética, más notable y explícito desde luego en *Poemas en prosa*, parte de la poesía póstuma, tiene antecedentes por lo menos desde *Trilce*: los poemas LV, LXIV, LXXV y, tal vez el LXX.[4] También hay prosa poética en *Poemas humanos*: "En suma, no poseo" será el ejemplo más notable.[5] O sea, de los poemarios de Vallejo, sólo *Los heraldos negros y España, aparta de mí este cáliz* no llevan prosa. Vallejo, luego, se empeñó en darnos prosas en sus tomos de verso. Y lo que es más, entre los llamados *Poemas en prosa* hay composiciones que tenemos que considerar como poesía: "Entre el dolor y el placer", "Cuatro conciencias", y cuatro títulos más ("Entre el momento en que el tenista", "Me estoy riendo", "He aquí que hoy saludo" y —probablemente— "Lomo de las sagradas escrituras").[6] No parece posible que estas inclusiones sean una mera confusión, ya que las evidencias que hasta ahora hemos aducido y las demás por presentar sugieren todas que Vallejo estaba más que consciente de lo que hacía, y que más bien buscaba una confrontación delibe-

---

4.   Las tres ediciones que hemos consultado —Ayacucho, Losada (Buenos Aires, 1961) y Mosca Azul (Lima, 1974), dan al poema una disposición distinta, al parecer debido a las limitaciones físicas de la página. Concuerdan en darle a cada renglón su extensión máxima.

5.   "En suma", de PH, está en OPC, págs. 168-169.

6.   Ver OPC, págs. 120-123. Las composiciones de *Poemas en prosa* van juntas tanto en la edición Moncloa como en la reorganización que propone Juan Larrea, seguida luego por Clayton Eshleman. Hay acuerdo general, pues, de que forman un subgrupo dentro del texto general.

rada, en la que las prosas de *Trilce* y *Poemas humanos*, y los poemas de *Poemas en prosa* nuevamente apuntan a una manera de lograr que la hechura del "poemario" reproduzca la lucha que hemos identificado en discurso y forma. Si es así, tenemos nueva confirmación del grado en que la temática del conflicto es, acaso, el fundamento más esencial de toda la estética de Vallejo. Esta concepción no sólo infunde *Los heraldos negros*, *Trilce* y *Poemas humanos*; también anuncia *España*, en que por fin de la lucha sale la vida.

Abundan los poemas en que Vallejo define el sufrimiento como distintivo humano esencial: "El alma que sufrió de ser su cuerpo", "Traspié entre dos estrellas", "La rueda del hambriento" y "Considerando en frío" son algunos de tantos poemas sobre el sufrimiento humano. Pero también va más allá Vallejo, para identificar a sus hablantes con Cristo mismo. Entre otros ejemplos, podemos citar "Los nueve monstruos", "Los dados eternos", y la figura de un Cristo frustrado como en "Agape". Y acaso el verbo más recurrente en el *Epistolario* de Vallejo sea precisamente "sufrir".[7] Y es claro que este sufrimiento se debe a la conciencia que nos hace entrever algo trascendental, pero siempre inasible.

Así, el sentimiento del absurdo, ampliamente estudiado en Vallejo, produce la "yuxtaposición de contrarios" observada por Higgins, André Coyné y Roberto Paoli, entre otros.[8] Julio Ortega identifica el destino mismo con las "junturas de contrarios" de *Trilce X*.[9] Creemos, sin embargo, que la misma yuxtaposición de prosa y poesía es otra afirmación más, y más desde dentro de la adolorida expresión vallejiana, de la vida como lucha permanente. Y con Higgins, creemos que estas oposiciones "son el fruto de una obsesión del poeta con las contradicciones inherentes a la vida, y suponen una técnica poética consciente" (p. 223). Higgins hasta reconoce que "determinan a veces toda la estructura de un poema" (p. 224). Pero vamos, acaso, un paso más allá. Aceptamos lo de Ferrari, al llamar al de Vallejo "un estilo en que las formas clásicas son utilizadas como elementos que contribuyen a acentuar la impresión de libertad" (p. 294). Pero no estamos de acuerdo en que se trate de un "equilibrio entre prosa y poesía" como

7. *Epistolario general* de Vallejo (Valencia: Pre-textos, 1982).

8. James Higgins, "El absurdo en la poesía de César Vallejo". *Revista Iberoamericana* núm. 71 (abril-junio de 1970), pág. 231. Las citas siguientes de este artículo están incorporadas en el texto.

9. Julio Ortega, "Lectura de *Trilce*". *Revista Iberoamericana* núm. 71 (abril-junio de 1970), pág. 181.

lo propone Ferrari, a menos que este equilibrio sea el de una tensión perfectamente medida entre dos polos. Los conflictos que definen al hombre también definen el arte de Vallejo. Luego, esa "impresión" de libertad poética es una parte más de una existencia en que las múltiples líneas de tensión acaban formando una red en que el hombre lucha atrapado. Acaso por este motivo escribió Vallejo, en "Al cavilar en la vida": "Tejo: de haber hilado, héme tejiendo" (PH: OPC 144).

Muchos poetas modernos no distinguen entre poesía y prosa, a veces a base precisamente de sus lecturas de Vallejo, Neruda y otros. Pero creemos que Vallejo, percibiendo sus semejanzas, prefirió mantenerlas como categorías distintas, precisamente para ponerlas a luchar; para "tejerlas", por así decir, pero siempre conflictivamente. No es, entonces, un juego sino un profundo metacomentario de Vallejo, el de "Piedra negra sobre una piedra blanca": "Jueves será, porque hoy, jueves, que proso / estos versos.." No los "prosa" porque los confunda, ni porque esté criticando su distinción. Lo hace para que de su choque salga la palabra trascendental, así como de su sufrimiento y presentida muerte —un jueves, día anónimo, que precede la resolución de un viernes santo como hoy mismo— habría de nacer algo más.

Hay, cuando menos, otros dos poemas —también de *Poemas humanos*— en que Vallejo explicita la problemática que hemos querido enfocar. En "Telúrica y magnética", escribe

> ¡Paquidermo en prosa cuando pasan
> y en verso cuando páranse!

(PH: OPC 136)

Todo el poema ejemplifica la yuxtaposición de contrarios: oímos al poeta describir al altiplano peruano como "suelo teórico y práctico", "Cuaternarios maíces, de opuestos natalicios", "nutricia ausencia de la mar, / y sentimiento oceánico de todo" (p. 135.) Asimismo, en "Guitarra", Vallejo escribe:

> Vales más que mi número, hombre solo,
> y valen más que todo el diccionario,
> con su prosa en verso,
> con su verso en prosa,
> tu función águila,
> tu mecanismo tigre, blando prójimo.[10]

---

10. "Guitarra" es de *Poemas humanos* (ed. cit., pág. 150). Una última observación. Hemos preferido no acometer la cuestión de la dialéctica en sí, poco pertinente a esta investigación; empleamos el término en su aceptación más am-

Y, como la "hembra" del poema que muere "entre la cuerda y la guitarra", el poeta evoca su "placer de sufrir, de odiar", "el placer de esperar en zapatillas, / de esperar encogido tras un verso" (*Ibíd.*).

Verso y prosa, pues, son para Vallejo distintos, unidos en la relación de contrarios que los define, exactamente como el individuo y su prójimo, como el hombre y su Dios, amor y odio, esperanza y desesperación. Su palabra, como su ser, quedan cifrados en estas dualidades en busca de trascendencia, de la paradoja que se haga trizas y posibilite la universal aspiración a otra manera de ser. Las mismas raíces de su arte reflejan, así, su visión de ese desgarramiento *ab initio* que llamamos la condición humana.

---

plia. Sin embargo, para un breve resumen que se adecúa a este uso, pueden verse los comentarios introductorios de Rómulo Cosse en "La obra literaria, una estructura dialéctica", en *Plural* núm. 125 (febrero de 1982), págs. 52-53. Se sobreentiende que el "objeto que se quiere aprehender" dialécticamente corresponde a la trascendencia —perceptual o esencial— que anhela el hablante vallejiano.

ANTONIO SKÁRMETA EN BLANCO Y NEGRO: VICKY MENOR SE TRAGA EL TELEOBJETIVO

Juan Manuel Marcos

Oklahoma State University

En su obra fragmentada y trunca por una cárcel injusta y una muerte alevosa, Antonio Gramsci trazó algunas huellas anunciadoras de lo más fértil y creativo del pensamiento postindividualista de nuestros días. Idea capital en su sistema es el concepto revolucionario de cultura, campo dialéctico en el que se debaten fuerzas sociales y representaciones del mundo en conflicto; en esta larga lucha, la reacción dispone al comienzo de la mayor parte de los recursos materiales y de difusión, pero los artistas, los intelectuales y las organizaciones populares pueden poco a poco recuperar terreno, arrebatando uno tras otro los pilares de su hegemonía al *status quo*, que se hunde inexorablemente en la desesperación y el pesimismo. La literatura está llamada a desempeñar un papel fundamental en esta contienda. Por su tradición popular, por su transparencia ideológica, por su intenso contenido estético, la poesía, la novela, el teatro parecen destinados a ocupar un lugar de primera fila en la vanguardia del esfuerzo colectivo por alcanzar y educar a los más amplios sectores sociales. Muchas veces se ha planteado el falso dilema de elegir entre un arte demagógico y barato, de contenido vulgar y reaccionario, o un arte sofisticado y elitista, cuyo mensaje, revolucionario en esencia, resulta sin embargo poco accesible a las masas, por su alto grado de rarificación expresiva. Gramsci ha denunciado el prejuicio de que toda novedad literaria tenga que identificarse necesariamente con una corriente intelectualista; ha señalado que, al contrario, la nueva literatura debe hundir sus raíces en el *humus* de la cultura popular, por atrasada y convencional que sea; ha indicado que éste es el único camino para recuperar a las grandes masas de lectores alienadas por el género folletinesco y enfrentar así la formidable organización de intereses editoriales. Gramsci advertía que entre las masas populares consumidoras de novelas de aventuras, policíacas y de misterio, estimuladas por el cine y la prensa, se encontraban las bases ineludibles de una nueva cultura. Es imposible dar la espalda a las mayorías para cultivar una literatura exquisita y de élite, de nulo impacto social. Gramsci pedía que los escritores revolucionarios se relacionaran creativamente con la tradición popular, del mismo modo en que un Dostoievski se relacionó con Sue, o un Chesterton con Conan Doyle.[1] Se podría añadir que en el mundo de habla hispánica los escritores populares cuentan con el insuperable ejemplo de Cervantes, cuya obra alcanzó notable éxito social entre la masa de lectores educados por la novela de caballería, pero no para doparlos con una anestesia folletinesca y pasatista, sino para despertarlos a las trágicas contradicciones de una sociedad semifeudal, agobiada por la superstición y el atavismo.

En nombre de la revolución social, muchos escritores latinoamericanos surgidos en la década del sesenta —y agrupados en torno al vago concepto del "boom"— produjeron una obra de formas inesperadas, lenguaje barroco, estructuras complejas y arquitectura estrafalaria. Decían que el papel de la literatura nueva consistía primero en rebelarse contra las tradiciones (por ejemplo, regionalistas), y expresar su inconformismo ante el arte burgués. Se sucedieron los planos intercambiables, las voces caleidoscópicas, las rupturas ucrónicas y los cambios de toda índole. Todo en nombre del inconformismo supuestamente revolucionario. Cabe reconocer que estos escritores disfrutaron de un aparato publicitario que nunca antes ni después otra promoción latinoamericana ha tenido a su disposición. Convergieron en su provecho por lo menos tres fenómenos prácticamente irrepetibles: al comienzo de la década, la primera revolución socialista en América atrajo poderosamente la atención mundial hacia la producción cultural

1. Antonio Gramsci, "Literatura y política", en Adolfo Sánchez Vázquez, ed., *Estética y marxismo*, tomo II (México: Era, 1980), p. 387.

del sub-continente; la agonía del régimen franquista permitió a España una tímida apertura por la que se filtraron vigorosos capitales dispuestos a invertir en premios jugosos y editoriales dinámicas, capaces de conquistar el amplio mercado hispanohablante con productos menos mediocres que los tolerados por la larga noche de la dictadura; y por último, el auge espectacular de los estudios latinoamericanos y la difusión del idioma español en los Estados Unidos crearon una inmensa bóveda de resonancia internacional para los autores del sur. Con esa triple ventaja, los narradores del "boom" alcanzaron cimas de popularidad antes reservadas solamente al folletín sentimental o la novela de aventuras. Los menos complicados, como Gabriel García Márquez, llegaron poco menos que a vender un ejemplar a cada hogar latinoamericano. Por supuesto, una cierta dosis de talento literario también sirvió de apoyo a este logro. Sin embargo, como un sector de la crítica se ha empecinado en repetir que antes del "boom" la literatura latinoamericana había sido un páramo, todavía quedan varios malentendidos por disipar. No se puede negar el talento de Juana Inés de la Cruz, José Hernández o José Martí, en los siglos pasados, y aún en éste, el de César Vallejo o Pablo Neruda. Inclusive Jorge Luis Borges y Alejo Carpentier, cronológicamente anteriores al "boom", constituyen sin duda sus fundadores, en temas, estilo y elaboración del discurso cultural. Los autores del "boom" no han sido los primeros latinoamericanos con talento. Pero hay un malentendido todavía más grave: si los artistas neobarrocos del "boom" querían expresar su inconformismo ante el arte burgués, no deberían haber extremado la rarificación formal sino todo lo contrario. Precisamente el arte burgués, desde el modernismo de Rubén Darío hasta el ultraísmo de Borges, era amanerado, cosmopolita, exotista e individualista. Los autores del "boom" no se rebelaron contra el arte burgués latinoamericano. En realidad, lo copiaron servilmente. Al dar la espalda a tradiciones como el postmodernismo de Gabriela Mistral y el regionalismo de Horacio Quiroga, se evadían del compromiso de mostrar una imagen más exacta del universo latinoamericano, a través de un lenguaje sencillo y trágico, desolado y directo.

A las nuevas generaciones tampoco les falta talento. Con agudeza, con sagaz intuición, ellas están buscando su camino en la huella de las tradiciones populares, hundiendo sus raíces, como deseaba Gramsci, en el *humus* de la cultura mayoritaria. Desamparados por el aparato publicitario internacional, acosados por la crisis económica que reduce el acceso al consumo del libro a las clases medias y anula el de las más bajas, en pugna con una imagen "reificada" —según el concepto de Lukács— del modelo novelístico, menospreciados por los críticos más influyentes apoltronados en su viejo recetario formalista y mítico con el que diseminaron los relatos de los sesenta, estos nuevo narradores no se han abandonado a la desesperación y el silencio.

No es casual que los autores de la nueva generación elijan modelos como la novela negra, el cuento de hadas, el folletín sentimental, el relato de aventuras y otros géneros de origen popular, así como la parodia de formas ya canónicas. No se trata de un vulgar oportunismo editorial, ya que estos nuevos planteamientos exigen un lector atento y sofisticado y un contrato de lectura bastante elaborado. Por ejemplo, hablábamos hace unos días con Mempo Giardinelli, en Stillwater, sobre su novela *Luna caliente*, que sigue libremente el modelo negro, y más específicamente de uno de sus personajes, Araceli, una jovencita de Resistencia. Yo había escrito que ella abrazaba al protagonista, Ramiro, un abogado sin escrúpulos, con una especie de "vampirismo kafkiano". Y me decía Mempo que no había tal vampirismo, que Araceli era en el fondo una niña inocente, una víctima de Ramiro, una joven violada y asesinada como un amplio segmento generacional de la sociedad argentina, que sin embargo pugnaba por resistir y sobrevivir. Leída desde esa perspectiva, la novela realmente gana una tremenda fuerza poética y simbólica. Eso me advirtió que aun los lectores más o menos "profesionales" podemos caer en la superficialidad y la omisión, y que el discurso narrativo del postboom, a pesar de su aparente sencillez, encierra unas claves a veces más complejas y proteicas que el existencialismo tanguero o los diluvios bíblicos de las "superestrellas" precedentes. Comprendí también por qué tampoco era casual que algunas escenas repulsivas resultaran recurrentes dentro del postboom, como el vómito con que se cierran *Fiesta en Teusaquillo* de Helena Araújo y "El paseo de Andrés López" de Giardinelli, o la violación que sufren varias heroínas de Isabel Allende, Luisa Valenzuela, Antonio Skármeta, etc.

En *Soñé que la nieve ardía*[2] Skármeta ya adelantaba algunos rasgos posteriores o reiteraba otros, como el discurso coloquial, la agilidad de inspiración cinematográfica, la fidelidad al referente, la celebración de la libertad sexual a cargo de una pareja jo-

---

2. Antonio Skármeta, *Soñé que la nieve ardía* (Madrid: LAR, 1981), p. 183. Sobre el autor se puede consultar la colección *Del cuerpo a las palabras: la narrativa de Antonio Skármeta,* Raúl Silva Cáceres, ed. (Madrid: LAR, 1983).

ven, casi edénica o virginal, en que la iniciativa corre por cuenta de la chica:

> ...y cuando la Susi le abrió la bragueta, pulsó su grosor con los finos dedos y ya encima de él le orientó la punta diciéndole "métemelo", con sólo un frágil movimiento estuvo muy dentro de ella y la chica le mojó su oreja con la saliva, le dijo amigo, y entonces Arturo... le dijo:
> — Perdona, es la primera vez.
> Y la Susana se dejó caer en su pecho y suspiró asintiendo.
> — No importa —dijo.

Soñé que la nieve ardía es una crónica de la escena chilena durante los momentos que precedieron al estrangulamiento sanguinario de la Unidad Popular. *La insurrección*[3] es, en cambio, la crónica de una victoria, en que el pueblo de León simboliza al de toda Nicaragua durante el alzamiento antisomocista. Ambos comparten el ritmo trepidante de la historia de aventuras, aunque la estructura alcanza mayor madurez en la segunda. Si en *Soñé que la nieve ardía* se rendía un tributo "gramsciano" a la jerga del relato deportivo, anticipando el de *Tiempo al tiempo* de Isaac Goldemberg, en *La insurrección* encontramos una gama todavía más amplia de intertextos y metatextos, desde la parodia a Rubén Darío, el "liróforo" modernista compatriota del poeta guerrillero Leonel, para quien su novia merece los adjetivos de "victoriosa, vitriólica, vikinga, vitamina, vitalísima, vívida, visionaria" (23), hasta transcripciones confesas de Pablo Neruda (197-198) y otros autores. Parodia y transcripción eran dos de los ejes estratégicos de *Yo el Supremo*, de Roa Bastos, el texto fundador del postboom. Las mujeres se adelantan a la primera fila, en *La insurrección*; no sólo las jóvenes, sino las mayores, como doña Amalia, quien asiste a Plutarco en la quema del comando; las lágrimas corren por las mejillas del tembloroso bombero transformado en pirómano, y doña Amalia le increpa: "No sea maricón, hombre" (196).

Vicky Menor, la novia de Leonel, describe sin falso pudor el abrazo nupcial que espera ofrecer al combatiente a su regreso a León, que incluye, según su expresión, enjabonarlo, enjuagarlo y engullirlo (156); esta declaración resulta profética pues, en efecto, después de la victoria, en la última página de la novela, Vicky le dice: "Yo te preparé la ducha para que te bañés conmigo" (239). En un plano descriptivo, estas efusiones no pasan de configurar

---

3. Skármeta, *La insurrección* (Hanover, New Hampshire: Ediciones del Norte, 1982). Otras referencias a este libro se indicarán entre paréntesis en el texto.

un metatexto simétrico basado en el modelo rosa —o quizá, púrpura—, lo que implica un aprovechamiento legítimo del substrato popular. Pero parece evidente que Skármeta quiere hurgar más abajo, hasta poner en cuestión el propio lente narrativo con que ha captado la insurrección leonesa (y la de Leonel), como si predominara en el relato la vibración óptica de un documental cinematográfico. Vicky no solamente se traga a su novio; en realidad se engulle el teleobjetivo del "compilador". Reduce el panorama colorido, flamígero de las masas asediando el cuartel somocista a la humildad en blanco y negro de la escritura; Vicky introduce el teleobjetivo en su garganta y lo deja a oscuras: nos invita como lectores a indagar, no solamente a ver; nos demanda a participar, no solamente a ser testigos cómodos. ¿Por qué? Porque, como una buena parte de las heroínas del postboom, ha sido víctima de una violación. Entre la enunciación rosa de sus apetencias y la consumación final de su amor por Leonel, media la brutal violación de que es objeto por parte del sargento Cifuentes en el calabozo, que la prosa de Skármeta precisa sin eufemismos ni complacencia (142-148). Hay muchas cosas que los autores del postboom tienen en común, incluída la nostalgia generacional por ciertas películas norteamericanas de dura e inolvidable ternura, por ciertas canciones populares encendidas de esperanza. Pero, sobre todo, tienen en común el altruísmo, la fe en que "los seres condenados a cien años de soledad *sí* tienen una segunda oportunidad sobre la tierra," y la certidumbre indoblegable de que ese espacio utópico y posible sólo puede ser realizado con amor y firmeza, con desprendimiento y coraje. En el subsuelo de sus imágenes llameantes, de sus diálogos chispeantes de ironía y fluidez coloquial, de su montaje de relojería, *La insurrección* no reclama la atención del lector hacia ningún virtuosismo estilístico, puesto que los nuevos narradores sospechan, como Leonel, la esterilidad de pasarse "media vida descorchando sílabas que tuvieran imán, celajes" hasta descubrir que por ese camino sólo se "había escrito poesía de mierda, cartas de adjetivos pomposos" y que "el arte es un espúreo substituto del amor" (229). Este es el aprendizaje en blanco y negro que nos propone Skármeta, lóbrego y hermoso como las fotografías de Rulfo. Si Araceli, en *Luna caliente*, simbolizaba una Argentina violada que se desangra sin dejarse morir, si Alba, en *La casa de los espíritus*, simbolizaba un Chile violado que encuentra en la resistencia la brújula de la reconciliación, la Vicky de *La insurrección* simboliza sin duda una Nicaragua no menos violada, pero que ha sabido resucitar del oprobio, la corrupción y la mediocridad de una larga noche, como despertando de una pesadilla de tamaño continental. Como ha enseñado Roa Bastos, en la huella de Martí, Vallejo, Neruda y muchos otros, reescribir la historia es describir el futuro, el que ha sido reificado por las condiciones neocoloniales latinoamericanas en la conciencia de grandes colectividades. Restaurando el referente mediante la reelaboración del género popular, los narradores del postboom no han elegido el dorado camino del pesimismo, el estrellato y el narcisismo textual. Ellos quieren mostrar que nuestra América ha conocido muchos sargentos Cifuentes. Y que todavía continúa airosa, húmeda y altiva, trabajando humildemente en el pacto de la libertad y la justicia, en las bodas de una literatura digna con las gargantas de su propio destino.

EL LENGUAJE Y SU OTRO: METAFICCIÓN Y VANGUARDIA EN CORTÁZAR

Lida Aronne Amestoy
Providence College

Las primeras obras en prosa de Cortázar, notables por su recurso a lo lúdico y lo fantástico, son también manifiestos declarados de la estética que *Rayuela* habría de consagrar. En otros estudios he señalado cómo estos textos tempranos ya exhiben la preocupación existencial que caracterizaría a la obra madura. Mi lectura de hoy propone un foco diferente, y atiende al desdoblamiento del discurso en una isotopía metaficticia, es decir, al código que despliega los supuestos estéticos y filosóficos determinantes de la producción del texto. La reflexión del discurso sobre las normas que reglan su constitución define su relación con la poética de la vanguardia y monta un proceso que deconstruye dicha relación. El proceso se cumple en dos etapas de profundización. Arranca del contexto alegórico de las acciones narradas. Desde este nivel semántico irradia hacia la narración, que asume así la forma y función de un *ideograma* metaficticio, como veremos al analizar "Cefalea". Distingo dos momentos en cada una de las etapas referidas, de modo que el proceso se verifica en cuatro pasos, representados por *Los reyes*, "Carta a una señorita en París", "Lejana" y "Cefalea".

En *Los reyes* el plano metaficticio se constituye sobre la alegoría explícita provista por la lectura intertextual de la acción. En la versión cortazariana la realeza es trinitaria, incluye y aun antepone al Minotauro. Al invertir la función de Ariana, aquí coadyuvante del Minotauro, Cortázar deconstruye paródicamente la ideología del mito clásico. La superstición moderna es la razón. Los referentes existenciales e históricos de la literatura han invertido la circunstancia contextual del discurso clásico. De ahí, al hilo mágico de Ariana se le asigna la función opuesta de rescatar la dialéctica de la imaginación y el vitalismo, proscripta por el *logos* del dogma y del racionalismo.

La huella del surrealismo es obvia en la exaltación del juego, del ritual, del ritmo —misterios irracionales en los que el Minotauro instruye a sus seguidores. Pero Cortázar elude la simplificación bretoniana. El monstruo rehusa su libertad, se acepta "inarmónico" en el espacio luminoso de los otros reyes, acata la necesidad de su sacrificio. La autonegación cimenta su poder. Lexema sin referente en el mundo empírico, el Minotauro es figura del lenguaje en el más puro sentido mallarmeano. Es también el hijo de la imaginación, la cifra del discurso ficticio y su misterioso poder para subvertir y deconstruir, por su ambigüedad intrínseca, las falsas oposiciones del discurso conceptual.

"Carta a una señorita en París" codifica el metatexto por recurso a patrones alegóricos más sutiles, pero todavía inscritos a nivel de la acción narrada. Una metáfora sostenida permite extrapolar la analogía del proceso creador, una vez más configurado según las líneas surrealistas. Los conejitos ("poemas")-discurso nacen por impulso espontáneo. Manipulables al comienzo por la voluntad del protagonista, crecen y se multiplican más allá de todo control, hasta destruir el orden cerrado del departamento preciosamente decorado de la dama francesa. El escritor como médium bretoniano de un poder que lo trasciende. El discurso como fuerza automática que arrasa con los códigos rígidos de la tradición. La nueva palabra que crece a expensas del orden esteticista que destruye y así transforma y vitaliza.

Futurismo, dadaísmo, cubismo están presentes en la violencia perpetrada contra la sintaxis narrativa. Fragmentación, elipsis, superposición de convenciones literarias y códigos ficticios dispares, suspensión del proceso conceptual. Sin embargo, en la alegoría, el suicidio final del protagonista previa destrucción de los conejitos abre juicio sobre el absolutismo del azar vital. El discurso librado a su puro impulso está condenado a su destrucción.

Su poder se abre a su máxima impotencia. Cortázar asume los supuestos de la vanguardia pero para deconstruir paródicamente su pre-textada incapacidad.

En "Lejana" el metatexto se inscribe más visiblemente en la forma del discurso narrativo. El diario personal de Alina es literalmente una "vida escrita", la forma básica de toda ficción. La "vida como lenguaje" será una preocupación central en la obra de Cortázar. La frase es deliberadamente ambigua. Denota "un discurso que asume la forma de una vida" (ficción), y "una vida que se vive como puro lenguaje, como simple ejercicio de pensar", el problema de Oliveira, y en otro plano, del hombre Cortázar, empeñado en comprometer su vida más allá del acto de escribir.

La acción de Alina, la protagonista burguesa, gira en torno a la escritura —el diario, los juegos verbales; más concretamente, alegoriza la dicotomía del discurso burgués del siglo XX, desgarrado entre la función de representar y referir por un lado, y el juego esteticista por el otro. La acción de la Lejana, por contraste, se inscribe en el discurso como pura sensación y sentimiento. Ella no tiene ni voz ni pensamientos; es experiencia directa —hambre, frío, dolor. Es "la vida hecha discurso" mientras Alina figura "la vida disuelta en la palabra". La negación de Alina a ser sólo la reina del anagrama, su proyección hacia su otredad lejana, valen por una redefinición de la ficción. La nueva forma no opone los patrones del viejo realismo y la vanguardia. Intenta una síntesis de juego y representación, de esteticismo y compromiso. La que habría de configurar *Rayuela*.

"Cefalea" es la clave de esta síntesis y como tal constituye una maqueta perfecta de la estructura de la novela. Los epígrafes anuncian la función híbrida del proyecto. Uno refiere el mundo narrado a cierto "admirable poema" homeopático (parodia deconstructiva de la diferencia entre los discursos de la poesía y de la ciencia). El lenguaje nace del lenguaje y se refiere a sí mismo. El otro epígrafe refiere un contexto histórico-geográfico real, filia el texto en un testimonio existencial.

En pocos cuentos es tan evidente la unidad indisoluble de la narración y lo narrado. El discurso asume la forma de una acción que a su vez refiere el discurso. El protagonista (nosotros no identificado) cría mancuspias (especie no identificable) y escribe una suerte de informe sobre las evoluciones de una enfermedad (padecida por ellos, pero paralela con otra no explicitada y que sufren las mancuspias). Pronto se evidencia que la cría de mancuspias no es acción central sino que se subordina estructuralmente al autoestudio y la autobiografía. Se replantea el tema de "la vida como lenguaje". Pero la parodia deconstruye la presunta autobiografía (discurso sobre la evolución de una vida), porque en rigor lo que se narra es un proceso de muerte.

Si *Rayuela* quiere ser la antinovela por antonomasia, "Cefalea" puede leerse como la fórmula del anticuento. Todos los procedimientos esenciales de la ficción se distorsionan o se ignoran. Los sujetos de la acción carecen de nombre propio, son literales "pronombres", función lingüística. Al cancelar el referente antropomórfico del sujeto de la acción, y el de su objeto (mancuspias), el discurso impide la reducción mimética y da realce a la cualidad ficticia del mundo narrado. La transgresión va más lejos. La acción aparente (cría de mancuspias) resulta un vacío que se llena con la antiacción del proceso de la enfermedad, que culmina en la muerte de los granjeros y las mancuspias. En este plano, la diferencia sujeto/objeto se disuelve, ya que los dos son a la vez donantes y receptores del mal. Sintáctica y semánticamente la cría de mancuspias y la "cría" de enfermedades se superponen. La gramática del mundo ficticio se derrumba. Si los sujetos no se distinguen de los objetos, si los donantes no son distintos de los receptores, no hay acción, no hay historia, no hay cuento; el discurso se disuelve en poesía, tal y como lo anticipara el epígrafe.

La relación con la poesía y con el epígrafe referido a la homeopatía, da lugar a una subversión más radical. Deconstruye el principio mismo del lenguaje. Los protagonistas eventualmente se identifican con nombres de oscura referencialidad: Aconitum, Cyclamen, Glonoium, etc... Estos nombres no cumplen con su función identificatoria, sin embargo, pues pueden aplicarse simultáneamente a distintos personajes, mientras un personaje puede sucesivamente ser nombrado por todos ellos. Por otra parte, el campo referencial de dichos nombres es mucho más vasto. Denotan ante todo una planta, luego el medicamento derivado de ella, luego el síndrome a cuyo tratamiento está destinado el remedio, y por último el personaje afectado por el síndrome. Eventualmente, será extensivo a las mancuspias asociadas con el mal también. La función del lenguaje es denotar un concepto (significado), y se cumple por la inserción de una palabra en un contexto tal que excluya todas menos una de las acepciones posibles. Al usar el nombre en un contexto que confunde las identidades en vez de diferenciarlas, el cuento viola la función comunicativa del lenguaje, impide el movimiento progresivo de abstracción y generalización hacia el concepto. Notemos, sin embargo, que el discurso no se margina de la función conceptual como ocurre en el discurso psicótico (o aun en la escritura automática). La asume a nivel del enunciado lingüístico para anularla a nivel de la sintaxis narrativa. Son los lexemas de lo narrado (protagonistas, acciones, objetos, circunstanciadores) los que se funden y confunden. Así, el mundo ficcionalizado pierde la cualidad de sistema, pierde los asideros conceptuales por los que podemos captarlo como mundo y extrapolarlo analógicamente hacia el referente real.

La paradoja de este doble movimiento del discurso ficticio —primero contra el referente real, segundo contra la referencia intelectual o abstracta— nos devuelve a la característica esencial de la realidad: multiplicidad no clasificada, ininteligibilidad, pura objetualidad concreta. La torsión reflexiva del discurso sobre sí mismo lleva a la pérdida de su función básica de abstracción y significación. Pero por esa vía culmina en una forma análoga a la del mundo real, en una nueva forma de mímesis. Deja de ser un texto "dado", legible en el sentido de Barthes. Se convierte a una multiplicidad de textos posibles, no dados, escribibles por el mismo lector.

Sabemos que ésta es una de las tesis centrales de *Rayuela*. La capacidad mimética del lenguaje para representar la vida y lo real fue un supuesto ingenuo del realismo que debe ser deconstruido por el escritor vanguardista. Pero aún es ingenuo el supuesto de la vanguardia de que la incapacidad del lenguaje para referir lo real implica la clausura de la palabra en su propio juego. La acción por la que Oliveira redime su incapacidad de actuar es el ejercicio del lenguaje contra su propia limitación. Al desplegar el juego reflexivo de la ficción hasta sus límites, el discurso reencuentra la realidad y el sentido.

"Cefalea" obra este reencuentro por recurso a un principio que describe en la metáfora homeopática. Dijimos que la acción primordial de los protagonistas es su discurso. Son narradores de su experiencia de la enfermedad y el deterioro físico hacia la muerte, e intérpretes del manual homeopático que guía la identificación de los síntomas. Doble alusión alegórica al escritor postmoderno y a su lector. Su acción redunda, en todo caso, en torno al texto. Dos tipos de texto se distinguen a este nivel. Uno está representado en el *Mentor Homeopático*, y en el manual *Estúdiate a ti mismo*, y provee las guías para la lectura-decodificación del otro texto, el representado por el comportamiento de las mancuspias y los protagonistas en tanto que cuerpos atacados por una enfermedad. También para nosotros, los lectores del cuento, hay dos textos simultáneos: el de la ficción y el de la metaficción. En todos los casos, se trata de una imagen de las dos funciones básicas del lenguaje literario según Cortázar: la autorreferencial y la representativa.

En la mente de los protagonistas las dos funciones se confunden. Al final admiten que no pueden discernir si lo que les ocurre está en su mundo circunstancial o en el libro que leen, en las mancuspias que gritan fuera de la casa o dentro de su propio cerebro. Todo se funde al final: los espacios de fuera y de dentro. Como en *Rayuela*, el mal aparece encarnado en el libro, el lenguaje, el vicio circular del pensamiento: signo → concepto → signo. La cefalea mortal, figurada en la serpiente enroscada, es indicio de la alienación, y otra forma de la deconstrucción paródica del texto en tanto que discurso enajenado en el juego de morderse su propia cola. Un lenguaje y un texto que alienan su alteridad son mortales y mortíferos según la inscripción metafictícia del cuento.

Pero no hay trampas ingenuas ni atajos fáciles. La cura del lenguaje sólo deriva del lenguaje. Y reside aún en el lenguaje. Nada de fugas escépticas a los paraísos del silencio o del disparate. Lo otro está en el corazón de lo mismo.

Es aquí donde entra la metáfora homeopática. Al contrario del método alopático de la moderna farmacología, que combate el mal con su contrario, la homeopatía cura el mal con la misma condición que lo produce. Para curar al lenguaje de su incapacidad de referir lo real, no hay que intensificar los recursos de mímesis como cree el realismo sino, al contrario, tensar al máximo el juego autorreferencial, como quería la vanguardia. Cada lexema es forzado a referir a todos los demás dentro del texto; todos los componentes de la estructura narrativa se vuelven análogos e intercambiables. La estructura se disuelve. Toda significación queda anulada. Los protagonistas son las mancuspias, la enfermedad es la cura, los protagonistas son la enfermedad y la cura, no hay referencia, no queda cuento. Nos hallamos confrontados con un objeto complejo cuyas relaciones con los modelos genéricos del intelecto han sido paródicamente deconstruidas. Como el hombre contemporáneo ante la complejidad de un mundo que también ha perdido relación con los modelos intelectuales tras de la deconstrucción de las guerras y la injusticia. No hay soluciones "dadas". Lenguaje y pensamiento han de crecer más allá de sus gastadas dicotomías para reconstruir el sentido.

El método funciona. "Cefalea" pone en escena el problema de criar-crear seres ficticios, acciones ficticias (lo único que lenguaje y pensamiento pueden crear), sin renunciar a la otredad inalcanzable de la palabra. Sin disolver el discurso en lo meramente estético, como dirá Morelli en *Rayuela*. Al convertir el mundo ficticio en un conjunto de relaciones casi-objetuales, concretas, polisémicas, "Cefalea" elude la trampa fácil de la verosimilitud, pero sólo para devolver la ficción a la realidad de una manera más radical. La palabra concreta adquiere el poder empático de los objetos reales, como en el mito y el ritual. La lectura se convierte en elección y acción existencial. Se confirma la doble fuente de la literatura anunciada en los epígrafes. El lenguaje nace del lenguaje y de la experiencia. Sólo que la experiencia, lo real, no yace en el pasado, como un modelo a copiar, sino en el futuro, como nuevos modelos posibles, construcciones nacidas de la dialéctica de la imaginación y la palabra.

El acto de escribir queda así redefinido como un acto comprometido con la historia, compromiso que alcanza al lector en la medida en que la tarea de leer importa la recodificación activa del texto —es decir, una decisión existencial: la elección de un sentido.

EL VANGUARDISMO EN ALGUNAS OBRAS DE JULIO CORTÁZAR

Joseph Tyler
West Georgia College

Al pensar sobre el vanguardismo de Julio Cortázar se debe recapacitar sobre la presencia dominante de Vicente Huidobro. Aunque no es nada fácil encontrar afinidades convincentes entre la obra del argentino y la del chileno, una aproximación válida. sería la de insistir en la preocupación de Julio Cortázar por renovar el lenguaje de una manera semejante a lo expuesto por Huidobro en su teoría del Creacionismo.

Aún cuando curiosamente Cortázar utiliza fragmentos de la poesía de Huidobro y de Vallejo como epílogos a su propia poesía, pienso en uno de sus últimos libros, *Salvo el crepúsculo,*[1] es hacia *En la luna* (Pequeño guiñol en cuatro actos y trece cuadros, 1934) donde debemos dirigir nuestra atención para poder apreciar el parentesco literario entre estos dos escritores. En la pieza de Huidobro encontramos tres elementos comunes de la prosa de Cortázar y ellos son: el humor, la recreación del lenguaje y finalmente una especie de crítica social. La ilustración que sigue revela claramente estas características:

---

1. Julio Cortázar, *Salvo el crepúsculo* (México: Editorial Nueva Imagen, 1984), pp. 41 y 161.

Cuadro I MAESE LÓPEZ:

Veréis desfilar ante vuestros ojos seres desconocidos aquí y aún seguramente al otro lado de la luna, desconocidos, pero no por eso menos atrayentes. Veréis personajes tan curiosos e interesantes como don Juan Juanes, Pedro Pedreros, Martín Martínez, Gonzalo González, Rodrigo Rodríguez, don Fulano de Tal, Colorín Colorado, etc., etc. Veréis un astrónomo, veréis generales, almirantes, reyes, etc., etc. Veréis mujeres de gracia y belleza como Fifí Fofó, Lulú Lalá, Pipí Popó, Memé Mumú, etc., etc., etc.

La voz del DELEGADO agrega:

Muy acertada ha sido la elección de un hombre tan conspicuo, sobre todo en estos instantes en que los disociadores del orden público y los predicadores de absurdas doctrinas sociales, no pierden ocasión para amenazar en sus mismas bases el orden perfecto del país y arrastrarnos al cacaos, al *cacaos* terriblemente cacaótico.
VOCES.
Queremos pan, VOCES, Pan y trabajo. DELEGADO. El nuevo presidente os dará pan y os dará trabajo. VOZ. Prometerá, pero no dará.
DON JUAN JUANES.
Señores y conciudadanos: La patria en solemífados momentos me elijusna para directar sus destídalos y salvantiscar sus principientos y legicipios sacropanzos. No me ofuspantan los cochingarios que parlantrigan y especusafian con el hambrurio de los hambrípedos...[2]

Como bien puede apreciarse, no estamos aquí muy distantes del llamado lenguaje glíglico de Cortázar.

En cuanto a la figura de Vallejo, Cortázar no sólamente comparte con él (y con Huidobro) la experiencia parisiense sino que se complace, junto con el poeta peruano, en sumergirse obsesivamente en el lenguaje y su renovación. En lo que concierne al problema del lenguaje, Cortázar nos dice a través de uno de sus personajes, *el que te dije*, "la alondra es un pajarito, y un pajarito es el diminutivo de pájaro, y la palabra pájaro tiene tres sílabas, y cada sílaba tiene dos letras, y así es como se ve que la realidad existe, (puesto que alondras y sílabas) pero que es incomprensible, porque además qué significa significar..."[3] Aquí estamos al

2. Vicente Huidobro, *Poesía y prosa* 2ª. ed. (Madrid: Aguilar, S.A. de Ediciones, 1967), pp. 463-471.
3. Julio Cortázar, *Libro de Manuel* (Buenos Aires: Sudaméricana, 1973), p. 13.

comienzo de *Libro de Manuel*, una novela en la que, como en *Rayuela*, el autor y sus personajes colaboran en la búsqueda de otras formas de expresión para nombrar ese algo aleatorio que denominamos la realidad. Ellos son los demiurgos, y como tales, no se encuentran muy distantes de la expresión poética de Octavio Paz que dice, "Dos o tres pájaros inventan un jardín".[4] Habrá que volver a retomar el hilo de esta discusión sobre la intertextualidad entre Vallejo, Huidobro y Cortázar después de mencionar de un modo conciso algunos aspectos del surrealismo.[5]

Malva E. Filer explica que,

> Cortázar califica su visión del mundo como surrealista, a pesar de que no se considera surrealista en el sentido estricto del término, ni quiere que se lo identifique con ese movimiento. Tiene un conocimiento íntimo de los surrealistas, así como también de sus antecesores, entre los que se encuentran tres figuras que admira y a quienes cita y evoca con frecuencia: Lautrémont, Apollinaire y Jarry... Esta vinculación con el Surrealismo en la literatura y en arte, cultivada con entusiasmo desde la juventud, ha dejado un sedimento importante en la personalidad de Cortázar... Pero cuando Cortázar habla de la presencia del surrealismo, no se refiere a la existencia de una escuela, ideología o grupo organizado en particular. Lo que le interesa es la presencia difusa del surrealismo, su vitalidad como elemento activo incorporado al movimiento de vanguardia. (Cortázar) cree, como Alfred Jarry, que el verdadero conocimiento de la realidad no reside en el estudio de las leyes, sino en el de las excepciones a esas leyes. La actitud creadora es para él un vivir "para esperar lo inesperado", en una "extrema familiaridad con lo fantástico.[6]

El investigador tropieza con numerosos encuentros entre Cortázar y algunos de los mayores exponentes del surrealismo; de hecho uno de esos encuentros lo describe el mismo Cortázar en su ensayo, "Marcelo del Campo, o más encuentros a deshora", en el que refiere, con todos sus pormenores, las circunstancias fortuitas que coincidieron con la colocación novelesca de uno de sus

---

4. Octavio Paz, "Viento entero" en *Ladera Este* 2ª. ed. (México: Joaquín Mortiz, 1970), p. 102. Ver también *Los hijos del limo* (Barcelona: Seix Barral, 1974).

5. Véase Patrick Waldberg, *Surrealism* (New York: McGraw-Hill, Book Co., 1971), p. 83, y 85-86.

6. Malva E. Filer, *Los mundos de Julio Cortázar* (New York: Las Américas Publishing Co., 1970), pp. 21-23.

personajes (Oliveira) y la presencia física de Duchamp en Buenos Aires. Cortázar señalaba:

> Octavio Paz me dio a leer un admirable ensayo sobre Duchamp, y allí encontré la segunda mención de la misteriosa estancia en Buenos Aires... ante la afirmación de Duchamp de que no había encontrado en Buenos Aires a ningún "artista, poeta o individuo pensante", Paz comenta justamente: "Qué lástima: no sé de ningún temperamento que haya estado más próximo al suyo que el de Macedonio Fernández". Vaya si fue lástima, pero también en París, en el Café de la Régence, Duchamp vio de lejos a Raymond Roussel y "omitió presentarse". ¿Por qué no agregar que en 1942 vi de lejos a Vicente Huidobro en una playa chilena, y me negué a que lo molestaran presentándome? Hay tantas maneras mejores de conocerse, cosa que ignoran los afanosos concertadores de citas; a las águilas no se las llama por teléfono.[7]

No sería impropio mencionar de paso que estos encuentros casuales tienen mucho que ver con *Deshoras,* una colección de cuentos a la que corresponde "Botella al mar", cuento que es como un epílogo a una narración temprana que todos conocemos como "Queremos tanto a Glenda". En "Botella al mar" Cortázar narra el azaroso encuentro entre personajes de ficción y los títulos de un film y una novela titulados *Hopscotch* que en español es *Rayuela:*

> Todo se dio en un segundo, pensé irónicamente que había venido a San Francisco para hacer un cursillo con estudiantes de Berkeley y que íbamos a divertirnos ante la coincidencia del título de esa película y el de la novela que sería uno de los temas de trabajo. Entonces, Glenda, vi la fotografía de la protagonista y por primera vez fue el miedo. Haber llegado de México trayendo un libro que se anuncia con su nombre, y encontrar su nombre en una película que se anuncia con el título de uno de mis libros, valía ya como una bonita jugada del azar que tantas veces me ha hecho jugadas así. (*D*, p. 15)

Todas estas citas sirven como vasos comunicantes que continuamente nos transportan a Huidobro, Vallejo y al surrealismo. Así que no es necesario insistir demasiado en influencias de ningún tipo, porque es evidente que esas influencias están ahí. Si en "Altazor" Huidobro lleva a la práctica muchos de sus teoremas

---

7. Julio Cortázar, "Marcelo del Campo o más encuentros a deshora", *Último round* II, 3ª. ed. (México: Siglo Veintiuno editores, S.A., 1972), pp. 170-174.

del Creacionismo, Cortázar, por su cuenta, manipula el lenguaje con igual destreza para inventar locuciones y elocuciones nuevas. El hacedor se ve obligado a inventar cuando las expresiones actuales no le bastan para nombrar *su* realidad.

En César Vallejo, como en el caso de Huidobro, encontramos a otro inequívoco precursor de Julio Cortázar. Sin buscar ejemplos concretos, simplemente se necesita llegar a un texto como *Trilce* para encontrar tal relación. *Trilce*, cuyo título preanuncia una manipulación estética del lenguaje, abre el sendero hacia una comparación significativa. En el poema XIII que comienza con "Pienso en tu sexo", (el título pertenece a Vallejo) se halla el siguiente palíndromo que clausura el poema: "¡Odumodneurtrse!",[8] una suerte de *mirror image* (*mirror symmetry*) del oxímoron *Estruendo mudo*, que sirve de transición para el examen del cuento de Cortázar, "Satarsa". "Satarsa" es una narración breve cuyo título se deriva del palíndromo "Atar a las ratas", el cual cobra significado más tarde en el cuento. La manipulación del lenguaje no cesa ahí con el título, sino que continúa con otro palíndromo más común como el de "Adán y raza, azar y nada". Este cuento, que por su apariencia sencilla y lúdica resulta engañoso al principio, va adquiriendo paulatinamente una mayor sobriedad a medida que nos enteramos del impacto solemne de su comunicado. El primer párrafo en sí es una recapitulación del título, del epígrafe y del calambur. El narrador interroga su realidad de la misma manera que el autor interpela el lenguaje como medio de comunicación, por eso se nos dice:

> Cosas así para encontrar el rumbo, como ahora lo de atar a la rata, otro palíndromo pedestre y pegajoso, Lozano ha sido siempre un maniático de esos juegos que no parece ser como tal puesto que todo se le da a la manera de un espejo que miente y al mismo tiempo dice la verdad, le dice la verdad a Lozano porque le muestra su oreja derecha a la derecha, pero a la vez le miente porque Laura y cualquiera que lo mire verá la oreja derecha como la oreja izquierda de Lozano, aunque simultáneamente la definan como su oreja derecha; simplemente la ven a la izquierda, cosa que ningún espejo puede hacer, incapaz de esa corrección mental, y por eso el espejo le dice a Lozano una verdad y una mentira, y eso lo lleva desde hace mucho a pensar como delante de un espejo; si atar a la rata no da más que eso, las variantes

8. César Vallejo, *Trilce* 2ª. ed. (Buenos Aires: Editorial Losada, S.A., 1967), p. 26. Ver también *Poemas humanos y España aparta de mí este cáliz* (New York: Las Américas Publishing Co., 1975).

merecen reflexión, y entonces Lozano mira el suelo y deja que las palabras jueguen solas mientras él las espera como los cazadores de Calagasta esperan a las ratas gigantes para cazarlas vivas.[9]

Oculto en esta reflexión se encuentra agazapado un doble conflicto en "Satarsa", ya que en él se encuentra ilustrada la dramática existencia de un grupo de rebeldes fugitivos que para literalmente sobrevivir, se convierten en cazadores de ratas a la vez que ellos mismos son perseguidos por los militares. Lozano, el personaje principal, cambia de *"word user"* a *"word coiner"*, para emplear los términos de Jakobson,[10] durante este juego de palabras. Una vez comprendido el razonamiento léxico de Lozano, nos damos cuenta de que la *mirror image* del palíndromo original de *atar a la rata* en realidad es inconducente a ningún significado y simplemente sirve como una curiosidad verbal como la buena mayoría de los palíndromos. Sin embargo, a la frase se le inyecta un nuevo significado cuando el sustantivo *rata* aparece en plural. Se trata de un paradigma que produce otra nueva y más significativa combinación: *Satarsa, la rata*. Finalmente, este nuevo sentido es utilizado para designar e identificar al doble enemigo: el abominable líder de las ratas, el feroz roedor directamente responsable por la mutilación de la mano de Laurita, y un segundo detestable cabecilla de "milicos", que intercepta al feliz grupo de cazadores de ratas para exterminarlos, y así impedir su escape final. Por último, antes de morir, Lozano consigue eliminar al enemigo, y la dramática persecución finaliza ahí.

Un segundo relato que se adapta a esta idea del vanguardismo en Cortázar es "Grafitti", de la colección de cuentos: *Queremos tanto a Glenda*. De nuevo, aparece Cortázar blandiendo un arma de dos filos, porque no sólamente se trata aquí de otro tema revolucionario —la rebelión del artista en contra de la opresión— sino que se revelan métodos para esa insurrección. Tal rebelión no es más que el deseo por la libertad de expresión, pero es un deseo de libertad, de todas maneras. Como tal, nos trae a la memoria el método usado por un joven Borges, durante su período ultraísta, para diseminar expresión artística e ideas de otra clase. "Grafitti" es un cuento sobre las posibilidades de comunicación

9. Julio Cortázar, "Satarsa", *Deshoras* (México: Editorial Nueva Imagen, 1983), p. 53.

10. Roman Jakobson and Morris Halle, "Two Aspects of Language and Two Types of Aphasis Disturbances", *Fundamentals of Languages* (The Hague: Mouton, 1971), p. 73.

entre dos artífices que, aunque nunca se conozcan, comparten una misma afición y coinciden, a su manera, en la lucha por la libertad. El Grafito —por su propia naturaleza de ser inscripción, slogan, o dibujo crudamente rayado o garabateado sobre muros— se convierte en fuente de irritación y es condenado con celeridad por el *Establishment* o sea, el sistema dominante. Tal es el caso de los que luchan en las páginas del breve relato de Cortázar. La siguiente descripción hacia el fin del cuento lo ilustra muy claramente:

> ... Esperaste hasta las tres de la mañana para regresar, la calle estaba vacía y negra. Desde lejos descubriste el otro dibujo, sólo vos podrías haberlo distinguido tan pequeño en lo alto y a la izquierda del tuyo. Te acercaste con algo que era sed y horror al mismo tiempo, viste el óvalo naranja y las manchas violeta de donde parecía saltar una cara tumefacta, un ojo colgando, una boca aplastada a puñetazos. Ya sé, ya sé, ¿pero qué otra cosa hubiera podido dibujarte? ¿Qué mensaje hubiera tenido sentido ahora? De alguna manera tenía que decirte adiós y a la vez pedirte que siguieras. Algo tenía que dejarte antes de volverme a mi refugio donde ya no había ningún espejo, solamente un hueco para esconderme hasta el fin en la más completa oscuridad, recordando tantas cosas y a veces, así como había imaginado tu vida, imaginando que hacías otros dibujos, que salías por la noche para hacer otros dibujos.[11]

La descripción pictórica de tortura que acabamos de citar compite con una visión surrealista; fragmentada y deformada, refleja una imagen inquietante de otro tipo de realidad. Es interesante notar que en el recuento de esta historia y el recuento de "Reunión con un círculo rojo" incluido en *Territorios* (México: Siglo XXI Editores, 1978), existe una extraordinaria semejanza. En "Grafitti" asistimos a un acto de comunicación, como ya dije, entre dos artífices novelescos, por así decirlo; en "Reunión con un círculo rojo", es Cortázar quien intenta comunicarse con Borges, el pintor venezolano. Además de todo esto, nos encontramos con el detalle del círculo en "Grafitti": "... había querido responder a tu triángulo con otra figura, un círculo o acaso una espiral, una forma llena y hermosa, algo así como un sí o un siempre o un ahora" (p. 133). Este detalle entabla ingeniosamente con el título de "Reunión con un círculo rojo". Por fin, el

---

11. Julio Cortázar, "Grafitti", *Queremos tanto a Glenda* (México: Editorial Nueva Imagen, 1980), p. 134. Ver también Julio Cortázar, *We Love Glenda So Much*, Trans. Gregory Rabassa (New York: Alfred A. Knopf, 1983).

tratamiento del punto de vista en estas dos obras, el giro imprevisto que las concluye, es la revelación final de la voz narrativa. En ambos casos Cortázar sorprende al lector, y como consecuencia el recuento eficaz de estos relatos continúa siendo el elemento sorpresivo.

Por último, quisiera agregar algunas observaciones sobre el proceso onírico en otro cuento de Julio Cortázar que también se puede colocar dentro de las mismas coordenadas de mis primeros ejemplos, pienso en "Pesadillas". Si la acción en "Satarsa" toma lugar en un campo abierto desprovisto de libertad, los acontecimientos en "Pesadillas" ocurren dentro de los límites de la ciudad. El aislamiento adquiere una estructura laberíntica debido a los círculos concéntricos de la intimidad del hogar, la familia, y el ser interiorizado de la protagonista postrada en un estado comatoso. La pluralidad del título sirve para designar el aspecto laberíntico de esa pesadilla. Ignoto a todos es lo que Mecha, la protagonista, sueña; para la familia existe otro tipo de pesadilla puesto que todos se encuentran inquietos por el estado de Mecha. Las dificultades en el exterior de la casa también se manifiestan por el desasosiego de la gente y por la desaparición del hermano de Mecha, un estudiante universitario. La manifestación más extrema de la pesadilla exterior se expresa con la irrupción de los militares que irónicamente interrumpen la lucha interna (mental) que libra Mecha en su propia pesadilla. La voz narrativa denuncia, "... los gritos de mando y el crujido de la madera astillándose después de la ráfaga de ametralladora, los alaridos de doña Luisa, el envión de los cuerpos entrando en montón, todo como a tiempo para el despertar de Mecha, todo tan a tiempo para que terminara la pesadilla y Mecha pudiera volver por fin a la realidad, a la hermosa vida" (*D*, p. 132). El persistente uso de los temas oníricos de Cortázar puede únicamente equipararse a las narraciones fílmicas de lo real y lo irreal de Buñuel. El elemento fantástico en estos ejemplos lo utilizó Cortázar para denunciar la violencia y la represión que se extendía por la Argentina y a otras partes de Latinoamérica. Debido a la violencia en Nicaragua y El Salvador, pienso que aún es válido hablar aquí de la vigencia del vanguardismo en las obras de Julio Cortázar.

En conclusión, volviendo a *En la luna*, encontramos en el juego de palabras de Huidobro una caracterización fonética del tipo de lenguaje usado por el político y el demagogo, la combinación disparatada de vocablos tiene como fin expresar miméticamente la retórica sin sentido de ciertas clases dominantes. Y aun cuando este lenguaje sea inconducente al diálogo entre los actantes de la obra de que hablamos, el lector o el espectador recibe el mensaje verdadero por medio de la afectación de ese mismo lenguaje. La forma de acelerar el habla es comparable a una técnica frecuentemente utilizada en films para lograr el mismo efecto. En "Satarsa", y en otros relatos aquí discutidos, nos encontramos con una combinación diferente de elementos lingüísticos y de una nueva forma de narrar. Sea como sea, Cortázar y Huidobro logran comunicar su mensaje de un modo extraordinario.

Una observación final. En un reciente ensayo sobre Poesía y Modernidad, y en el que se incluye a Cortázar dentro del ámbito de su título, Haroldo de Campos dice:

> Creo que no me equivocaría al conjeturar (con apoyo en la sugestiva lectura de Jorge Schwartz, "Girondo y la Poesía Concreta", *Vanguardia e Cosmopolitismo*, 1983) que *En la Masmédula* (1954-1956) del argentino Oliverio Girondo, en su transrealismo medular y cuestionador de los arcanos del lenguaje, se inscribe, directa o indirectamente, en esa tradición (alegorizada especularmente, en la prosa de Lezama, por la "suma délfica" —Súmula, nunca infusa, de excepciones morfológicas— de Oppiano Licario, y, en la de Julio Cortázar, por el *Liber Fulguralis* de Morelli).[12]

Si se consideran las pautas de análisis hasta aquí discutidas, no parecerá extraño postular que el logro moderno de la escritura cortazariana —es decir su inmersión dentro de los referentes de la modernidad hispanoamericana— es la misma que permite la realización neovanguardista de una creación siempre en búsqueda de dos encuentros asimilados: azar y novedad.

---

12. Haroldo de Campos, "Poesía y Modernidad", *Vuelta* Vol. 9, n.º 99 (Febrero de 1985), p. 28. Ver también Oliverio Girondo, "Al garvitar rotando", en José Isaacson y Carlos Enrique Urquía, *40 años de poesía argentina* Vol. I (Buenos Aires: Editorial Aldaba, 1962), pp. 98-101.

RAYUELA Y LA
INNOVACIÓN LINGÜÍSTICA

Myron I. Lichtblau
Syracuse University

El objetivo de este ensayo es señalar las razones que me hacen creer que lo que se necesita para un estudio serio del lenguaje de *Rayuela*[1] es la formulación de una estética que sirva de base artística cuando hablamos de las innovaciones estilísticas y lingüísticas. Si uno de los rasgos más distintivos de *Rayuela* es el lenguaje y la experimentación con el lenguaje, entonces el estilo y la expresividad verbal de Cortázar deben ser examinados como proceso creador. Además, si en la novela se funden intrincadamente lenguaje y significación, tenemos que dirigirnos a la cuestión de lo que constituye la función del lenguaje o la capacidad misma del lenguaje con referencia a los aspectos puramente artísticos de un texto literario. Aunque ya existen algunos excelentes estudios parciales[2] sobre el lenguaje de *Rayuela*, éstos se han basado principalmente en la identificación y clasificación de las anomalías estilísticas y verbales de la novela, con sólo algunas referencias superficiales a su función o efecto estéticos. No es suficiente reconocer la extensión y la gran variedad de extravagancias lingüísticas en *Rayuela*; debemos descubrir la estética que gobierna este proceso de innovación idiomática, encauza su facultad creadora, ayuda a definir su papel, controla su empleo, y determina sus límites.

---

1. Edición de Editorial Sudamericana 1969.
2. Entre otros estudios, cito el de John G. Copeland, "Las imágenes de *Rayuela*", *Revista Iberoamericana*, XXXIII, Núm. 63 (1967), págs. 85-104; y el de A. Carlos Isasi Angulo, "Función de las innovaciones estilísticas en *Rayuela*". *Revista Iberoamericana*, XXXIX N.ᵒˢ 84-85 (1973), págs. 583-92.

De la misma manera que debemos entender la innovación en la forma, estructura, o técnica narrativa de una obra en un contexto literario que transciende las formas innovadoras mismas, así también debemos apreciar la innovación en el lenguaje en un amplio contexto que abarca diversas problemáticas estéticas. En otras palabras, lo que me interesa aquí, más que nada, es la compatibilidad estética entre la forma, la temática y el contenido de un texto por una parte, y la experimentación lingüística y verbal por otra.

Son muy familiares a todos los ingenios y la pirotecnia encontrados en *Rayuela* y no hace falta confirmarlos en estas páginas. La extraña inserción de la letra *h* antes de varias palabras para llamar la atención de ciertas ideas claves, el empleo de rayas sucesivas entre distintos vocablos que se han deteriorado en secos clichés, la aglutinación de unas palabras para formar una sola unidad léxica a fin de hacer hincapié en un giro trillado e inútil, el entretejimiento en el texto de una línea de Galdós y otra que revela los pensamientos de Oliveira cuando lee al novelista español, o la descripción del acto sexual en palabras inventadas pero claramente entendidas por el lector —todo esto evidencia una mutilación del lenguaje tradicional para lograr un efecto semántico o temático.

Los innumerables ejemplos en *Rayuela* de estos juegos de palabras comprenden un conjunto importante de recursos innovadores y determinan la manera en que confrontamos y leemos la novela. Estos recursos, aunque nos parecen descomunales en una obra como *Rayuela*, han sido usados por otros escritores y aun no-escritores en formatos menos literarios como juego o diversión. Las intercalaciones galdosianas pueden tener su complemento en muchos juegos verbales de niños o en los juegos de ingenio para adultos; la aglutinación de palabras es una fuente común de humor corriente; el empleo de palabras fabricadas para referirse a cosas sexuales se remonta cuando menos a los actores de vaudeville en el Teatro Minsky en Union City, New Jersey. Algunos ejemplos tomados del inglés y obtenidos en diversas fuentes (periodísticos, anuncios comerciales, uso cotidiano del lenguaje, etc.) nos servirán para emparentar los juegos verbales cortazarianos con los encontrados casi universalmente.

Primer caso: en *Sports Illustrated,* el cinco de julio de 1982, un columnista escribe sobre el extraordinario desempeño de un jugador de béisbol bisoño llamado Kent Hrbek, cuyo apellido se deletrea con dificultad en inglés: "Hracio Alger (escrito "Hr" en vez de "Hor" para corresponder a las dos primeras letras de Hrbek) would have liked this story. Boy grows up near ball park..., hits game-winning HR (las letras iniciales de "home rum") in debut. Hrculean shots (escrito "Hr" otra vez)". Esta cita es análoga a una frase en *Rayuela* como "Heste Holiveira siempre con sus hejemplos", en que se escriben tres palabras con la "h" inicial.

Segundo caso: en la cubierta de la revista *Time*, el 21 de mayo de 1984, aparece "Olympic Turmoil. The Soviets said *Nyet*". Sabemos que Cortázar también usa una plétora de vocablos y términos extranjeros para remedar la cultura aludida.

Tercer caso: un anuncio para un producto alimenticio reza "Incredible edibles". También Cortázar yuxtapone dos palabras que tienen sílabas homófonas o casi homófonas pero no relacionadas etimológicamente.

Cuarto caso: semejante al empleo estrafalario cortazariano de los adverbios, se nota el siguiente retruécano. Un padre, muy enojado, le regaña a su hijito de ocho años que muestra constante ignorancia de los tiempos pasados del verbo irregular *to bring*. "It's "bring", "brought", "brougth", not "bring", "brang", "brung"," the father said *tensely*.

Quinto caso: en una ocasión, Cortázar explota satíricamente el sufijo "tura" y escribe: "Nuestra verdad posible tiene que ser *invención,* es decir escritura, literatura, pintura, escultura, agricultura, piscicultura, todas las turas de este mundo. Los valores, turas, la santidad, una tura, la sociedad, una tura, el amor, pura tura, la belleza, tura de turas". De manera semejante, notamos el comentario corriente de que nuestra sociedad posee abundancia de "isms" en su léxico, o pensamos en la creación artificial de muchas palabras con la terminación *thon*, abusando así de las cuatro últimas letras del vocablo *marathon*. De manera que para expresar la idea de un certamen, vocablos como *bowlathon, danceathon, eatathon,* and *talkathon* llegan a formar parte del vernáculo inglés.

Bien documentado está el desdén que siente el autor argentino por el así llamado lenguaje literario y su idea de que las limitaciones naturales de todo idioma impide su facultad para expresar libremente en palabras lo que siente y opina. El personaje Morelli en *Rayuela* afirma tal idea. Como el único vehículo de comunicación posible entre escritor y lector, la lengua ha de cumplir dos funciones vinculadas: por una parte, la transmisión verbal de todo pensamiento y emoción de una persona a otra; y por otra, la formación de un sistema estéticamente agradable de palabras y oraciones para constituir la narración de una obra literaria. Para representar el caos e impersonalidad de nuestra sociedad contemporánea y la enajenación del hombre que lucha consigo mismo dentro de aquella sociedad (y me atrevo a decir parentéticamente que todas las palabras anteriores de esta oración bien pueden estar unidas por rayitas a la manera cortazariana para recalcar lo trilladas que son), Cortázar siente la necesidad de recurrir a un lenguaje especial que rebase estas dos funciones tradicionales. Los críticos han señalado muchas veces estas formas lingüísticas —neologismos, retruécanos, acertijos, inversiones, fragmentación verbal, efectos auditorios, disparates, y lenguaje simbólico arcano. El lector queda admirado, asombrado, entretenido, y a veces un poco confuso. Pero no estoy seguro de que estas formas sean tan artísticamente innovadoras como antes creía o tan significativas como supone Cortázar para sugerir las limitaciones de la lengua y su incapacidad de servir íntegramente de medio de comunicación. En *Rayuela,* Cortázar señalaba: "El escritor tiene que incendiar el lenguaje, acabar con las formas coaguladas e ir todavía más allá, poner en duda la posibilidad de que este lenguaje esté todavía en contacto con lo que pretende mentar". Se puede decir que toda manipulación del lenguaje convencional tiene ese fin, cabe decir, hacer que el lenguaje sea una función del significado y del contenido del texto. Pero al realizar esto, puede ser que Cortázar sacrifique el arte por la ingeniosidad.

En un sentido, todo lenguaje literario es innovador por su propia naturaleza, porque intenta impresionar al lector con palabras, hacernos sentir emoción y experimentar indirectamente el mundo a nuestro alrededor. Al hacerlo, el escritor manipula y acomoda los vocablos según sus propios fines. El lenguaje literario participa de un proceso vital y creador que busca explotar la gran potencialidad de transmitir emoción y pensamiento a otros. Un escritor neoclásico de 1820 quizá creía que la prosa romántica de *María* era bastante innovadora, mientras que Blest Gana en 1889 podía haber considerado la prosa de *Santa* de 1906, con su orientación naturalista, audazmente antitradicional. Y así hasta la novela criolla de 1920 a 1940. Sin embargo, más allá de las modificaciones lingüísticas, lo que ocurrió de 1885 a 1940 refleja la profunda transformación conceptual de toda una estética. En la novela posterior a la década del cuarenta, un interés en los conflictos interiores del hombre volvió a engendrar nuevas técnicas narrativas para reflejar su angustia mental y emocional. La descripción telúrica cedió paso a la penetración psicológica, a un análisis de estados de ánimo. Pero Cortázar va más allá de la cala introspectiva a medida que procura descubrir el epicentro del mundo de Oliveira en peculiaridades del habla común.

Si podemos hablar de un cambio estructural y temático en nuestro concepto de la novela, con igual razón podemos pensar en nuevos conceptos respecto a la función y la capacidad de la lengua misma, en una estética para fijar las normas del uso del idioma en obras de ficción. Como innovador, Cortázar ha trascendido la función estética, descriptiva, y comunicativa del idioma. Así como el teatro puede ser juego, el lenguaje para el autor argentino llega a ser juego también, juego frívolo a veces, juego serio otras veces. Incluso puede ser un juego para adultos, intelectualmente estimulante, pero todavía un juego entre el escritor y el lector. Pero como todo juego, se necesitan reglas decididas de antemano por los participantes.

Para Cortázar la lengua se ha vuelto un medio para llenar el vacío entre aquella abstracción física que llamamos la palabra impresa y la realidad que aparece en la forma de mensaje al lector. Se reduce a una lucha entre dos fuerzas o capacidades dispares en el hombre —nuestra capacidad de pensar y sentir como la realidad fundamental por una parte, y nuestra capacidad de hablar por otra. Hay por supuesto cierta ironía y aun irracionalidad en sugerir esta limitación de la lengua, ya que la lengua es el único modo de comunicación de que dispone la literatura y ya que la literatura no puede ser otra cosa que verbal. Si la lengua tiene capacidad limitada, el género de ficción la tiene también, pues no hay alternativa.

Aparentemente, Cortázar no está dispuesto a aceptar esta sentencia limitativa y siente que la única respuesta es torcer, estirar y distorsionar la lengua a fin de producir los deseados efectos semánticos. Tradicionalmente, los escritores han tratado de romper las restricciones de la lengua trabajando dentro de las restricciones mismas, sirviéndose de todo lo usable como vehículo de expresión, extrayendo de la lengua cada partícula de vigor sin violentarla. Mas en *Rayuela,* Cortázar prefiere no enfrentarse con las limitaciones desde dentro de un marco preconcebido, sino que ha creado una forma de antilengua, una mezcolanza antidotal de señas lingüísticas y signos verbales.

Si la innovación verbal continúa siendo uno de los distintivos de la novela del vanguardismo, en el curso de nuestra contemporaneidad, *Rayuela,* adviene su prototipo clásico. Nuestra tarea crítica es —sin la pretensión de "ordenar"— describir la estética de esa constante renovación vanguardista.

LA
VANGUARDIA
ESPAÑOLA

LA BIOGRAFÍA VANGUARDISTA

Gustavo Pérez Firmat
Duke University

El auge de la biografía en España durante las primeras décadas de este siglo es un fenómeno bastante bien conocido y bastante mal estudiado. Bien conocido, sobre todo, en su historia externa, que pudiéramos resumir así: la boga de la biografía se inicia de lleno en España durante los años veinte gracias en gran medida a la colección "Vidas españolas e hispanoamericanas del siglo XX", de Espasa-Calpe. Fundada en 1929 a instancias de Ortega y Gasset, quien también hizo la primera selección de biógrafos y biografiados, esta serie estaba modelada en dos importantes y populares colecciones francesas, "Le Roman des Grandes Existences" de la Editorial Plon y "Vies des Hommes Illustres", de la Nouvelle Revue Française. Como lo indica el título de la serie de Plon, "la novela de las grandes existencias", el tipo de biografía que se preconizaba en este momento era la biografía novelesca o anovelada, cuyos practicantes más ilustres eran el inglés Lytton Strachey y el francés André Maurois. Strachey se conocía sobre todo por su galería de personajes victorianos, *Eminent Victorians* (1918), uno de cuyos capítulos apareció en español en la *Revista de Occidente;*[1] Maurois era, primordialmente, el autor de *Ariel*

---

1. Lytton Strachey, "La muerte del general Gordon", *Revista de Occidente,* 19 (1928), 359-78; 20 (1928), 57-85, 194-230. El texto de Strachey va precedido de un informativo ensayo de Antonio Marichalar, "Las 'vidas' y Lytton Strachey", *Revista de Occidente,* 19 (1928), 342-58. Otros ensayos de interés publicados durante esa misma época son: Alvaro Alcalá Galiano: "Las biografías novelescas",

ou la vie de Shelley, publicada en francés en el 1923 con versión española pocos años después. La serie "Vidas españolas e hispanoamericanas" fue todo un éxito editorial —para el 1936 la colección ya contaba con 56 títulos— y en los años treinta Espasa lanza una segunda colección, "Vidas extraordinarias", cuya primera entrega fue una traducción de la biografía de Pfandl sobre Juana la loca.[2]

Como era de esperarse por el carácter "novelesco" de estas obras, muchas de las mejores plumas de la época cultivaron el género biográfico. En las colecciones de Espasa-Calpe, por ejemplo, figuran los nombres de Pío Baroja, Jorge Mañach, Benjamín Jarnés, Antonio Marichalar, Manuel Altolaguirre, Lino Novás Calvo, Martín Luis Guzmán y Antonio Espina, entre otros. Más sorprendente, eso sí, es el interés por el género de varios prosistas de la vanguardia; además de los ya mencionados —Jarnés y Espina— podríamos citar a Juan Chabás, Rosa Chacel, César Arconada y —*last but not least*— a Ramón Gómez de la Serna, cuyas biografías fueron tildadas por Jarnés de "vidas oblicuas".[3]

El rótulo jarnesiano insinúa por qué pudiera parecer extraño este interés por la biografía de parte de los prosistas de la vanguardia. La literatura vanguardista es un arte oblicuo, hecho de esguinces y esquiveces; la biografía, por el contrario, exige un acercamiento recto y directo a la vida. De hecho, la frase "biografía vanguardista" pudiera parecer un oxímoro, ya que la intimidad con la historia, el apego a lo concreto que supone toda biografía constituye un desafío a la licencia artística del proyecto vanguardista. Una biografía vanguardista exige la conciliación de dos tendencias opuestas: por un lado, la fidelidad a los hechos y a la personalidad que éstos perfilan; por otro, la fidelidad al impulso iconoclasta, a la oblicuidad creadora, por así decirlo, de la vanguardia. Un texto nacido de estos dos impulsos parecería ser una

ABC, 11 de agosto de 1926, pp. 7-8; Ricardo Baeza: "El nuevo arte biográfico", *El Sol,* 29 de abril de 1929, p. 1; E- Diez-Canedo: «El afán de las "vidas"», *El Sol,* 18 de octubre de 1928, p. 2; Azorín: "Biografías", *ABC,* 14 de noviembre de 1929, p. 3; Máximo José Kahn: "La hora biográfica", *El Sol,* 21 de septiembre de 1930, p. 2; Enrique Azcoaga: "Eco y mecánica de la biografía", *Hoja literaria,* enero de 1933, pp. 3-5; Vázquez Zamora: "Las grandes colecciones españolas", *Eco,* núm. 2 (julio de 1933), sin págs.

2. Un útil repaso de muchos de estos datos puede hallarse en el libro de Luis Fernández Cifuentes, *Teoría y mercado de la novela en España: Del 98 a la República,* (Madrid: Gredos, 1982), pp. 342-51. Véase también Emilia de Zuleta, *Arte y vida en la obra de Benjamín Jarnés* (Madrid: Gredos, 1977), pp. 76-113.

3. Benjamín Jarnés: "Vidas oblicuas", *Revista de Occidente, 26 (1929),* 251-56.

especie de *self-consuming artifact*, un artefacto consumido en el cruce de presupuestos encontrados sobre la relación entre el arte y la vida. Podemos aventurar, entonces, que si la poesía lírica es el género más dúctil al proyecto vanguardista —el más dúctil por ser el menos prescrito (pre-escrito)— la biografía pudiera ser el más reacio, por ser el más rígido.

Valga como ejemplo de esta rigidez el siguiente trozo de un ensayo sobre la biografía publicado en el 1933:

> Nada más *parado* que una biografía cuando está geométricamente construída. Nada más estático y seguro. Recuerdo la de Amiel, recuerdo la de Shelley, recuerdo la del duque de Osuna. Muchas. Todas ellas quietas, frenadas, esposadas con los grilletes del reposo, silentes y claras, como en repulsa a ese loco dinamismo, desbordado y necio, del moderno vivir.[4]

Como he intentado demostrar en otro lugar,[5] el prosista vanguardista —que por supuesto sí asume ese loco, desbordante y hasta necio dinamismo de la vida moderna— se lanza precisamente a derruir esas macizas moles literarias descritas en este pasaje. En la biografía, por lo tanto, el escritor vanguardista encuentra su reto definitivo: dinamismo contra reposo, locura contra sensatez, oblicuidad creadora contra rectitud histórica.

Es por esto que un acercamiento a algunas biografías vanguardistas pudiera arrojar luz no sólo sobre este género sino también sobre el proyecto vanguardista en general, sobre sus alcances y limitaciones. Esbozar tal acercamiento es lo que me propongo en estas páginas. Más concretamente, quisiera fijarme en un curioso sub-género de la biografía vanguardista, la hagiografía vanguardista, o sea, las vidas de santos escritas por autores de la vanguardia. Si el término "biografía vanguardista" es un oxímoro, no cabe duda que "hagiografía vanguardista" es casi un dislate, cuando no una blasfemia, pues aquí el desajuste entre calificativo y sustantivo podría ser absoluto. Y, sin embargo, la tradición hagiográfica ha tenido espléndidos brotes modernos: pensemos en dos de las obras maestras de Flaubert, *La Legende de Saint Julien l'Hospitalier* y *La Tentation de Saint-Antoine*; pensemos en *El obispo leproso* de Gabriel Miró; pensemos incluso en *San*

4. Francisco Valdés: *Letras. Notas de un lector* (Madrid: Espasa Calpe, 1933), p. 85.
5. Véase *Idle Fictions: The Hispanic Vanguard Novel, 1926-1934* (Durham, N. C.: Duke University Press, 1982), pp. 40-63..

Manuel Bueno, Mártir de Unamuno, o —para dar un ejemplo aun más oblicuo— en *Saint Genet,* de Sartre.

Las dos hagiografías que yo quisiera comentar pertenecen a Benjamín Jarnés, el escritor vanguardista que más asiduamente practicó el género biográfico. A lo largo de su carrera Jarnés publicó casi una docena de biografías, entre las que se cuentan volúmenes dedicados a Bécquer, Castelar, Zumalacárregui, Manuel Acuña, Stefan Zweig y Cervantes. Dos de sus biografías versan sobre figuras religiosas: *Sor Patrocinio, la monja de las llagas,* que data del 1929 y que constituyó el segundo tomo de las "Vidas españolas e hispanoamericanas del siglo XIX", y *San Alejo,* que vio la luz por primera vez en las páginas de la *Revista de Occidente* y se publicó como volumen aparte en el 1934.[6] Estos dos textos conforman el equívoco aporte de Jarnés a la tradición hagiográfica, tradición que Jarnés mismo evoca repetidas veces. En *San Alejo,* por ejemplo, se alude tanto al poema medieval francés, *Vie de Saint Alexis,* como a, *La Tentación de Saint-Antoine;* y en *Sor Patrocinio* hay incontables referencias a la *Vida* de Santa Teresa. Lo significativo, como veremos, es que mediante estas alusiones Jarnés establece una relación polémica con la tradición de la cual manan sus obras, ya que la hagiografía vanguardista se sitúa en un ángulo oblicuo respecto a sus modelos y fuentes.

Sor Patrocinio no es, de hecho, una vida de santos, pues la narración pone en tela de juicio precisamente la santidad de la monja. De ahí que, en un apéndice, Jarnés reproduzca las actas del proceso contra Sor Patrocinio, donde se determinó (al menos jurídicamente) que sus famosos estigmas habían sido causados por medios artificiales y que Sor Patrocinio se había prestado voluntariamente, en las palabras del juez, "a la impostura y artificio de la impresión de las llagas" (p. 290). Sucede entonces que la supuesta santidad de la monja se erige sobre una mera "impresión", sobre una "impostura", tanto en el sentido literal como en el figurado. Por ello, esta obra no es tanto una hagiografía novelesca como una hagiografía profana, o sea, una secularización o profanación de lo sagrado. En lugar de documentar la vida y milagros de la santa, el epílogo dibuja los contornos (y cito ahora al fiscal) de "una patraña urdida con muy poco arte y conoci-

---

6. En lo que sigue citaré por *Sor Patrocinio, la monja de las llagas,* 1.ª ed. (Madrid: Espasa-Calpe, 1929) y *San Alejo* (Madrid: Pen Colección, 1934). Los números de páginas remiten a estas ediciones. Las variantes entre la primera y la segunda versión de *San Alejo* han sido estudiadas por Emilia de Zuleta en *Arte y vida en la obra de Benjamín Jarnés,* pp. 82-90.

miento, dirigida a engañar la piadosa credulidad de algunos fieles" (p. 279). Decir Patrocinio es decir patraña.

En un sentido más fundamental, sin embargo, esta obra no es una vida de santos porque no es una *vida*. Repetidas veces Jarnés insiste en la imposibilidad de captar el auténtico relieve de la monja, pues todos los sucesos de su existencia han sido recubiertos por capas de leyenda y supersitición. Por lo tanto, la vida de Patrocinio no es otra cosa que un tejido "de rumores, de epigramas, de espectros" (p. 121). Aquí también pisamos el dudoso terreno de la impostura. Esta "vida" no se apoya en hechos verificables, pues los datos sobre Patrocinio se nos ofrecen sólo como "rumores", "calumnias", "supercherías", "fábulas", "maledicencias" y "leyendas". Todos han sido sometidos a una modalización que les roba historicidad. Tanto es así que, casi al final del libro, Jarnés revela que el verdadero protagonista de la obra no ha sido la monja sino el *Rumor,* el *Se Dice* (p. 216).

Pero si el protagonista es el Rumor, Jarnés es menos biógrafo que grafómano, menos escritor que escriba, pues su tarea se reduce a reunir las diversas y contradictorias leyendas que han surgido en torno a Sor Patrocinio: "Todo debe ser apuntado. Una vez hecho así constar, el aprendiz de biógrafo enmudece" (p. 107). Jarnés —aprendiz de biógrafo, pre-biógrafo, para aludir al mote azoriniano— concita en su narración las distintas versiones de la vida de Patrocinio —la piadosa, la popular, la jurídica— pero sin jerarquizarlas. Estas versiones conviven en la obra sin que Jarnés presuma decidir cuál detenta la verdad sobre la monja. En nada se parece el cuerpo del relato a los documentos epilogales, donde el juez de la Audiencia de Madrid dicta una inequívoca sentencia. El pre-biógrafo, menos juez que juglar, se limita a registrar tradiciones orales y escritas. En efecto, en lo que parece ser una clara alusión al juicio de Patrocinio, nos dice que el primer imperativo del biógrafo es, "No juzgarás" (p. 108). Sin embargo, la validez de este precepto bíblico como norma genérica es harto dudosa, pues al acatarlo el autor renuncia a su autoridad. Lo significativo de *Sor Patrocinio* no es, entonces, que el sujeto biográfico haya sido anovelado o ficcionalizado, como sucede en las biografías de Strachey o de Maurois, donde la vida del biografiado se ajusta al peculiar punto de vista, a la matizada sensibilidad del autor que la reconstruye. En *Sor Patrocinio* falta precisamente ese punto de vista único y consistente, esa discreción creadora que puede imponerle un cariz o un orden a los dispersos acontecimientos de una "vida".

En este sentido, *Sor Patrocinio* guarda un estrecho parecido con otros textos de Jarnés —*Escenas junto a la muerte,* por ejemplo— donde observamos una pareja claudicación. Jarnés, al igual que su profesor inútil, funge esencialmente de compilador de vidas posibles. *Sor Patrocinio* comparte con *Escenas junto a la muerte* cierto carácter de archivo. (No olvidemos la primera escena de la novela, donde encontramos al profesor en una biblioteca tomando apuntes —apuntes contradictorios— para una biografía de Pero Guillén de Segovia.) Afirmar, como lo hace Jarnés en *Sor Patrocinio,* que el protagonista de su relato es el Se Dice, es transformar la biografía en un *dictionnaire des idées reçues* más parecido a *Bouvard et Pecouchet* que a la *Vida* de Santa Teresa, de quien Patrocinio es "copia deficiente" (p. 216). Escuchemos a Jarnés una vez más: "Los hechos son muchas veces una desdeñable corteza de un proceso vital. En la vida de esta monja, ni siquiera conocemos bien los hechos... [El biógrafo] va a buscar el recuerdo vivo y sólo se tropieza con cadáveres" (p. 237). En lugar de un cuerpo, un cadáver; en lugar de una vida, el Rumor.

La otra biografía que quisiera discutir brevemente presenta problemas de otro orden, pero que también demuestran cómo la hagiografía vanguardista se desvía de los patrones del género. En el caso de San Alejo no existe una realidad histórica recuperable: la leyenda es la vida, y la pervivencia del culto autoriza la leyenda. Ahora bien, Jarnés divide la vida de este santo en tres segmentos. El primero, titulado "Primer cilicio", narra la niñez y juventud del santo en ciernes; termina esta sección con el episodio más conocido de la leyenda: la noche de su boda, antes de consumar el matrimonio, Alejo renuncia a todos sus bienes y huye de Roma. A esta fuga sigue un largo peregrinar, durante el cual Alejo deja constancia de su desprecio por las cosas del mundo. Este segundo período comprende la madurez de Alejo, la plenitud de su vocación religiosa. El tercer período, que Jarnés titula "Segundo cilicio", comienza con su regreso a Roma, donde pasa a vivir —y finalmente a morir— en la casa paterna, pero sin ser reconocido. El episodio culminante de esta sección describe cómo Alejo, en trance de muerte, se entrega a redactar su autobiografía —incidente descrito por igual en el prólogo de la obra, donde el santo explica, en diálogo con el autor, por qué decide revelar su identidad.[7]

7. Para una recensión de otras versiones en español de la leyenda de San Alejo, consúltese Margarite Rösler, "Versiones españolas de San Alejo", *Nueva Revista de Filología Hispánica,* 3 (1949), 329-52.

Por este breve resumen podemos comprobar que la trama de *San Alejo* no gira en torno a una sino a *dos* vocaciones —una religiosa y otra literaria. Aquí yace, quizás, la razón por la cual Jarnés se interesa en esta leyenda. Al menos en la versión jarnesiana, el gesto definitivo del santo es tomar pluma y papel y dedicarse a escribir. Este Alejo es más un escritor santo que un santo escritor; las primeras palabras que pronuncia en la novela atestiguan ya la preeminencia de su vocación estética: "Voy a morir", confiesa en el prólogo, "y escribo para no morir" (p. 10). Ya que en la hagiografía el trance de muerte es un momento privilegiado, las vidas de santos están llenas de memorables agonías; significativamente, en la vida de San Alejo ese momento lo ocupa un febril deseo de escribir, de alcanzar la inmortalidad por la palabra. Esta escena junto a la muerte pone de manifiesto, pues, la ejemplaridad artística de la obra. En base a ella, no es exagerado aventurar que el verdadero asunto de *San Alejo* es la superación de una vocación religiosa por una vocación literaria. Alejo renuncia al mundo para entregarse a la religión, pero después renuncia a la religión para entregarse al arte: el alejamiento de Alejo es, en última instancia, literario y no religioso.

Es importante notar, además, que esta evolución se verificó asimismo en la vida del propio Jarnés, que abandonó el seminario para dedicarse a las letras profanas. Al igual que Alejo, Jarnés trocó las Escrituras por la escritura. Si el *San Alejo* vanguardista se aleja de la hagiografía, es para acercarse a la autobiografía.[8] Al dibujar el retrato del artista como santo, esta obra se asemeja a novelas como *El profesor inútil* o *El convidado de papel,* cuyos protagonistas son también trasuntos del autor.[9]

---

8. En su reseña de las *Efigies* ramonianas, Jarnés señala: "No son vidas al través de un dato, son vidas al través de un espíritu, de un transformador. Son otras vidas. Porque ningún creador renuncia a sus derechos de primogenitura, y él se ingeniará para, en el trance de no concederle inventar una vida, transfigurarla, al menos. ¿Hasta qué punto? Aquí está, precisamente, la raíz del problema. En la dificultad de que el artista, cuya obra será siempre —de cerca o de lejos— una autobiografía, puede escribir la biografía de otros. El artista desdeña todo lo que no le sirva como medio de expresarse. La biografía, pues, la utilizará en este sentido." ("Vidas oblicuas", p. 252).

9. Aun en Sor Patrocinio, Jarnés encuentra a un escritor: "Bajo un montón informe de anécdotas, quiero sorprender en Sor Patrocinio un escritor, un considerable temperamento de escritor" (p. 79). No olvidemos, además, que la "patraña" urdida por la monja es también una especie de novela; de ahí que el abogado fiscal hable de "las ficciones de la monja" (p. 277).

La novela de Jarnés con la cual *San Alejo* guarda más estrecho parecido, sin embargo, no es *El profesor inútil* o *El convidado de papel* sino *Locura y muerte de Nadie*. Aunque a primera vista los dos textos parezcan disímiles, lo cierto es que ambos se centran en el mismo tema —el anonimato. Al igual que Juan Sánchez, ese desesperado personaje que se afana inútilmente por afirmar su identidad, por dejar de ser "nadie", Alejo al fin y al cabo rehuye el anonimato y revela quién es. Habiendo pasado casi toda su vida en un "absoluto incógnito" (p. 102), Alejo necesita, antes de morir y desaparecer por completo, inscribir su nombre en la historia. Si Juan Sánchez es un "fanático perseguidor de su propia esencia",[10] Alejo es un "infeliz perseguidor de eternas formas" (p. 136). Ambos protagonistas son desconocidos que ansían ser reconocidos y —más aún— que buscan ese reconocimiento mediante la escritura. De modo que si Juan lleva su firma tatuada en el pecho para que todos sepan quién es, Alejo lega a la posteridad un pergamino con su nombre. Cuando el silencio se torna en cilicio, Alejo renuncia al anonimato para convertirse en "alguien".

En este contexto, las múltiples referencias a San Agustín adquieren un nuevo significado. Para Alejo, Agustín representa el modelo del santo escritor, el que sí ha logrado darle a su vida forma perdurable. Por eso, Alejo vive torturado por el recuerdo de Agustín, pues "mientras Alejo dormía a la sombra de tantas viejas metáforas... Agustín se lanzó a construirse un palacio indestructible de cristal. Mientras Alejo buscaba en el chiribitil de Eufemiano un horno donde forjar un héroe, Agustín lo creaba en medio de una vida más turbia entre sofistas y rameras, entre maniqueos y escépticos, entre pompas y deleites" (p. 136).[11] Por lo tanto, Agustín es el santo "para las minorías selectas", mientras que Alejo es el santo "para el gran público" (p. 136). O sea, que si Agustín es el santo de las élites, Alejo es el santo del vulgo, el santo-masa, por así decirlo. A pesar del evidente anacronismo (pero Jarnés nunca evitó el anacronismo), la vida de Alejo plasma la misma problemática orteguiana que informa *Locura y muerte de Nadie*.[12] El contraste estriba en que Alejo, a diferencia de Juan Sánchez,

---

10. Benjamín Jarnés: *Locura y muerte de Nadie*, en *Las mejores novelas contemporáneas*, ed. Joaquín Entrambasaguas (Barcelona: Planeta, 1961), VII, 1397.

11. Asoma aquí el motivo de la secundariedad creadora, tan caro a muchos escritores vanguardistas; véase *Idle Fictions*, pp. 79-80 y 113-20.

12. Las huellas orteguianas en esta novela han sido rastreadas por Paul Ilie: "Benjamín Jarnés: Aspects of the Dehumanized Novel", *PMLA*, 76 (1961), 247-53.

sí logra superar el anonimato al redactar sus memorias. Alejo es un Juan Sánchez *avant la lettre,* en ambos sentidos, y *San Alejo* es *Locura y muerte de Nadie* a lo divino.

Este rápido recorrido por estas hagiografías demuestra cómo un escritor vanguardista se las ingenia para alojar sus típicas inquietudes en un ámbito poco propicio. El problema fundamental de la biografía vanguardista es que un autor como Jarnés se niega a ser otro, es incapaz de rendir su propia personalidad ante la de su sujeto. Fiel siempre a sus creencias y querencias, Jarnés no logra alejarse lo suficiente de sus criaturas como para concederles una existencia autónoma. De ahí que estas dos biografías sean ambas, para evocar otro título vanguardista, biografías de sombras. Discutiendo en *San Alejo* el *Saint-Antoine* de Flaubert, Jarnés señala que el defecto de esta obra es que Flaubert vacía la leyenda de su contenido doctrinal, contaminándola con un paganismo que le es ajeno (pp. 133-34). Como acabamos de ver, Jarnés mismo incurre (aunque de otra manera) en un análogo "delito de contaminación" (p. 134). Pero la lectura de las hagiografías jarnesianas demuestra que la contaminación no es tanto un delito como un deleite, pues al darle al género hagiográfico un sesgo personal, oblicuo, Jarnés imparte nueva vitalidad a estas vidas: en el deleite de la contaminación yace el placer de estos textos.

Al final de *San Alejo,* cuando los pergaminos dan a conocer la identidad del santo, Jarnés observa: "La santidad de Alejo se destapa a la faz del mundo como una botella de champán" (p. 145). Esta irreverente metáfora, este símil inverosímil resume la actitud vanguardista hacia la hagiografía, su uso festivo de materia sacra. Vidas oblicuas, sí, pero también efervescentes, alegres como el champán. La literatura vanguardista torna el delito en deleite, convierte los sufrimientos de un santo en el mejor vino francés. Extraña transubstanciación la de Jarnés, que no cambia el vino en sangre sino la sangre en champán. "Quiero escribir, pero me sale espuma" —puesta en boca de Jarnés, la sobria y sombría sentencia vallejiana se transforma en una gozosa celebración del poder intoxicante de la palabra. Y son justamente estas inesperadas transformaciones las que hacen que el arte de la vanguardia siga provocando nuestro interés y nuestra irritación.

DE LA METANOVELA A LA NOVELA: MANUEL VÁZQUEZ MONTALBÁN Y LOS LÍMITES DE LA VANGUARDIA ESPAÑOLA CONTEMPORÁNEA

Malcolm Alan Compitello
Michigan State University

En 1974 el conocido periodista y escritor de obras literarias vanguardistas, Manuel Vázquez Montalbán, efectúa un viraje literario.[1] Abandona la vanguardia y comienza a cultivar con cierta asiduidad una de las formas literarias más tradicionales y estrechamente ligadas a la cultura de masas: la novela policíaca. Y no sólo es eso, resulta que uno de los intelectuales de izquierda más comprometidos y despiadados en sus ataques al capitalismo y al imperialismo americano, se convierte —a medida que España pasa de la transición a la solidificación de su democracia— en el cultivador más conocido (y seguramente el de mejor éxito) de todos los que indagan en este género. Que la forma que elige Vázquez Montalbán también sea muy vinculada a la sociedad de los "Imperialistas Yanquis" complica aún más este abandono de formas metanovelísticas a favor de la novela tradicional a secas.

---

1. El término vanguardia aquí se usa más o menos de la manera en que lo explica Renato Poggioli en su ya clásico *The Theory of the Avant-Garde,* Trans. Gerald Fitzgerald (Cambridge, Mass.: Harvard University Press, 1968).

El propósito de estas breves líneas es indagar en esta aparente paradoja a través de un estudio de la evolución literaria de este escritor. Al compaginar este análisis con una meditación —aunque sea somera— sobre la crisis de la literatura española vanguardista, especialmente la novela, se hará ver cómo este supuesto cambio radical de Vázquez Montalbán, es paradigmático de cierta respuesta a la crisis de la literatura experimental.

Las tendencias vanguardistas de Vázquez Montalbán nacen en la política. Son fruto de su militancia en la oposición al franquismo durante su paso por la universidad y su posterior militancia en grupos clandestinos. Estos incluyen la segunda etapa de uno de los grupos de oposición más legendarios de la época franquista: el Frente de Liberación Popular o "Felipe" como lo denominaban sus militantes, en varias de cuyas publicaciones colaboraba Vázquez Montalbán durante una etapa en Madrid, y a su vuelta a Barcelona.[2] Después pasó al PSUC (Partido Socialista Unificado de Cataluña) y, a raíz de una manifestación en solidaridad con la huelga de los mineros asturianos en la primavera de 1962 varios miembros del partido fueron encarcelados: Vázquez Montalbán por un período de un año y medio. Posteriormente ha formado parte durante varios años, del comité ejecutivo de dicho partido.[3]

Es a partir de su salida de la cárcel que Vázquez Montalbán comienza a ejercer como periodista y ensayista en una variedad de publicaciones, hasta conseguir su presente posición como columnista de *El País*.[4] Particularmente importante era su larga colaboración en *Triunfo,* porque una serie de cinco reportajes que hizo en 1969 con el título de *Crónica sentimental de España* fue publicado en forma de libro poco después.[5] Otra colección de sus intervenciones en *Triunfo, Capilla Sixtina,* esta vez disfrazado con

---

2. Sobre el "Felipe" ver Valentina Fernández Vargas, *La resistencia interior en la España de Franco* (Madrid: Ediciones Istmo, 1981); Fernando Jáuregui y Pedro Vega, *Crónica del antifranquismo,* Vol. 1 1939-1962 (Barcelona: Argos Vergara, 1983) y Pablo Lizcano, *La generación del 56. La Universidad contra Franco* (Barcelona: Grijalbo, 1981). Es de notar que dedicó, hace poco, Vázquez Montalbán una de sus columnas en *El País* a esta organización clandestina, "18 de septiembre", 12 de julio de 1984, p. 56.

3. Ver los libros citados en la nota anterior además de un reciente estudio de Eusebio Mujal-León, *Communism and Political Change in Spain* (Bloomington, Indiana: Indiana University Press, 1983).

4. Entre ellos, ha trabajado en *Triunfo, Interviu, Tele/Expres, El Periódico, Mundo Diario, La Calle, Mundo Obrero* y el legendario *Por Favor* del cual fue co-director.

5. (Barcelona: Lumen, 1971).

el pseudónimo de Sixto Cámara, también se editó como libro.[6] Las dos colecciones y varios de sus ensayos como *La penetración americana en España, El libro gris de la TVE, Cómo liquidaron al franquismo en dieciséis meses y un día, Diccionario del franquismo, Historia y comunicación social, ¿Qué es el imperialismo?*, y *Los demonios familiares de Franco,*[7] además de algunas de sus más recientes colaboraciones en *El País,* articulan claramente la relación entre ideario político y trabajo como periodista, si bien no abarcan la totalidad del polifacético talento del autor.[8]

El talante político de su producción se ve en los ataques de Vázquez Montalbán contra el imperialismo americano —y también contra el del signo opuesto. El marxismo radical que informa su visión política es palpable en el reciente ensayo "La crisis de la izquierda",[9] donde sostiene que la verdadera meta de la izquierda es la de estar siempre en la vanguardia de la lucha para el progreso y que no debe perderse en el falso camino de la codificación de sus valores, de su aparato y de su posición.[10] Por eso fácilmente se asocian los planteamientos marxistas de Vázquez Montalbán con la vanguardia del socialismo radical que hoy en día quiere romper con la hegemonía tanto del imperialismo capitalista occidental como la del marxismo científico de la Unión Soviética.[11]

Tal proyección ideológica se plasma también en sus análisis de la situación nacional española, como algunos de los títulos arriba mencionados sugieren. Además, dichos textos se divorcian del

---

6. (Barcelona: Kairós, 1975).

7. *El libro gris de la TVE* (Madrid: Ediciones Guadiana, 1973), *La penetración americana en España* (Madrid: Edicusa, 1974), *Cómo liquidaron al franquismo en dieciséis meses y un día* (Barcelona: Planeta, 1977), *Diccionario del franquismo* (Barcelona: Dopesa, 1977), *Historia y comunicación social* (Barcelona: Bruguera, 1980), *¿Qué es el imperialismo?* (Barcelona: La Gaya Ciencia, 1976) y *Los demonios familiares de Franco,* (Barcelona: Dopesa, 1980).

8. Entre los libros que demuestran los vastos dominios que domina Vázquez Montalbán se puede citar *Juan Manuel Serrat* (Madrid: Jucar, 1972), *Valencia, selección de recetas* (Madrid: Sedmay, 1981) y *La cocina catalana* (Barcelona: Libros de Bolsillo, 1979), además de un número casi interminable de prólogos a libros de otros escritores.

9. *El País,* 6 de mayo de 1984, pp. 12-13.

10. "Al fin y al cabo, la izquierda nació históricamente para ganar la batalla del progreso, y si la izquierda realmente existente no sirve, las necesidades humanas la sustituirán por otra", p. 13.

11. Para más información sobre este tema ver el excelente libro de Michael Ryan, *Marxism and Deconstruction: A Critical Articulation* (Baltimore: The Johns Hopkins University Press, 1982).

típico análisis marxista por el tono jocoso y la forma iconoclasta que asumen. Esto es el caso, entre otros, de *Capilla Sixtina* y especialmente de *Crónica sentimental de España* que se convierte de esta manera en una radiografía de la simbología popular y, por extensión del aparato ideológico que la sostiene y perpetúa; al mismo tiempo esboza lo que más tarde será un radical cuestionamiento de las formas en que el análisis social y literario se articula.

Esta conjunción de un afán por la formas de la cultura de masas, el estudio de su manipulación y una estructura de argumentación que cuestiona las formas clásicas de llevar a cabo este tipo de análisis deja ver el tipo de andamiaje que sustentará la producción literaria de Vázquez Montalbán.

Dejando en entredicho por razones de espacio su producción poética,[12] su obra narrativa *Recordando a Dardé* (Barcelona: Seix Barral, 1969) representa el primer paso a posiciones que se desarrollarán en *Manifiesto subnormal* (Barcelona: Kairós, 1970). Será esta la obra que servirá como el enmarcamiento de la etapa más experimentalista de Vázquez Montalbán y que le situará en la vanguardia de la innovación literaria española.[13]

Manifiesto subnormal es un ensayo que cuestiona sus propias formas en una peculiar mezcla de teoría y práctica, de crítica dura al capitalismo y su uso subyugador de los medios de comunicación de masas que dejan en un estado de subnormalización al hombre pensante, y juego literario con apelación a la cultura

---

12. Entre sus libros de poesía figuran *Una educación sentimental* (Barcelona: El Bardo, 1969), *Movimientos sin éxito* (Barcelona: El Bardo, 1969), *Coplas a la muerte de mi tía Daniela* (Barcelona: El Bardo, 1973), *A la sombra de las muchachas sin flor* (Barcelona: El Bardo, 1973) y *Praga* (Barcelona: Lumen, 1982). La "Poética", que pone a la selección de su poesía en la famosa antología de José María Castellet, *Nueve Novísimos* (Barcelona: Barral Editores, 1970), pp. 57-60, demuestra los puntos de contacto entre su concepto de la poesía y el de los otros géneros que cultiva.

13. Como dice Vázquez Montalbán en una importante entrevista con Federico Campbell, "Manuel Vázquez Montalbán o la mitología popular", en el libro de Campbell *Infame turba* (Barcelona: Lumen, 1971), pp. 157-166, *Recordando a Dardé* era un primer intento de sintetizar en la narrativa, arte y política de una forma que se rompiera con sus convenciones. "La escribí en un momento en que estaba haciendo crisis el realismo social, y más que nada era un juego experimental para ver qué daba de sí la literatura política. Quería abandonar la línea realista e introducir elementos imaginativos y la ruptura del discurso típicamente narrativo, intercambiar poemas, párrafos de crónicas, para ver hasta qué punto forzaba la convención del relato", pp. 163-164.

popular. Es un anti-ensayo, o si se quiere, un metaensayo.[14] Para recordar la famosa frase del "gurú" del período postgutenbergia-no —Marshall McLuhan— "The medium is the message".

Es esta mezcla de literatura hecha sobre literatura y sobre los hitos fundamentales de la cultura popular, y de despiadada críti-ca social articulada desde la perspectiva de la izquierda radical pero en formas distintas de las usuales para este tipo de crítica, lo que hace del manifiesto y de las obras "subnormales"que lo siguen, *Yo maté a Kennedy* (Barcelona: Editorial Planeta, 1972), *Guillermotta en el país de las Guillerminas* (Barcelona: Anagra-ma, 1973) *Happy end* (Barcelona: La Gaya Ciencia, 1974) y *Cues-tiones marxistas*(Barcelona: Anagrama 1974) quizá el primer in-tento español de articular conscientemente una metaliteratura. Esto se ve especialmente claro si se acepta como caracterización de la metaficción la que da Inger Christensen en *The Meaning of Me-tafiction.* "In this study metafiction is regarded as fiction whose primary concern is to express the novelist's vision of experience by exploring the process of its own making. This definition indi-cates that only those works are considered as metafictional where the novelist has a message to convey and is not merely displaying his technical brillance."[15]

Si se coteja esta definición con lo que dice Vázquez Montal-bán en la entrevista con Federico Campbell, el parecido entre lo que es la literatura subnormal y la metanovela se ve fácilmente. "Lo que traté de hacer fue un replanteamiento del lenguaje y de las capas convencionales del ensayo, pero con un propósito de co-municación."[16] Es decir, resultan ser ambos radicales cuestiona-mientos de la forma pero con el propósito de ayudar a la comuni-cación.

De ahí la paradoja de que en el momento en que otros nove-listas españoles comienzan a experimentar con la metanovela, y antes de que los críticos la descubran, Vázquez Montalbán la aban-dona. A partir de la publicación de *Tatuaje* (Barcelona: Batlló, 1974) y pasando por *La soledad del manager* (1977), *Los mares del sur* (1979), *Asesinato en el comité central* (1981), *Los pájaros*

---

14. "Tampoco me podía quedar al nivel del ensayo. La crítica constante, la negación continua que se hacen en la obra de sus propias tesis, me llevó a hacer un antiensayo, es decir, un ensayo que adopta la forma sacralizada del ensayo, pero que se rompe bruscamente y adopta una fórmula convulsiva.

15. (Bergen, Norway: Universitetsforlaget, 1981), p. 11

16. *Infame turba* pp. 164-165.

de Bankok (1983) y *La rosa de alejandría* (1984)[17] Vázquez Montalbán dedica casi todas sus energías narrativas al desarrollo del mundo del protagonista de esta serie de novela. Pepe Carvalho es gallego, ex agente de la CIA, gourmet, y cínico practicante que ejerce de detective privado desde una oficina en las Ramblas barcelonesas. Este protagonista —que sin duda comparte varios aspectos vivenciales con su creador— es heredero de los protagonistas de Dashiell Hammett: el operativo continental y Sam Spade, y es con toda probabilidad la figura más importante del actual boom que experimenta la novela policíaca española.[18]

Sus novelas policíacas le han proporcionado a su autor el reconocimiento público, y un nivel de enriquecimiento que no percibía por sus obras vanguardistas.[19] Pero han provocado hasta cierto punto, una crítica desfavorable que ve en estas obras el abandono de proyectos literarios "serios", a favor de lo que un crítico ha llamado una literatura de cachondeo.[20]

Sin embargo, un examen de este cambio "capitalista" y "anti-intelectual", explica cómo el viraje narrativo de este autor no es ninguna de las dos cosas. En primer lugar, las novelas negras de Vázquez Montalbán están en la mejor tradición de su modelo: las obras de Dashiell Hammett. Como explica Steven Marcus en su

---

17. Todas las novelas policíacas de Vázquez Montalbán después de *Tatuaje* las ha publicado Editorial Planeta de Barcelona.

18. En "The attack of the Gumshoes: Some Reflections on the Recent 'Boom' in Spanish Detective Fiction", conferencia presentada en la Southeast Conference on Foreign Languages and Literatures en 1985, el autor de estas líneas estudia este fenómeno. Una versión de esta conferencia se prepara para la publicación.

19. Todas las novelas de Pepe Carvalho han sido best-sellers. *Los mares del Sur* ganó el Premio Planeta de novela en 1979 y, más tarde el Prix International de Littérature Policier, París, 1981. *Tatuaje* y *Asesinato en el Comité Central* han sido llevados al cine y dentro de poco habrá una serie en la T.V.E. basada en las aventuras de Carvalho.

20. Esta opinión la expresa Juan Antonio Masoliver en "The Spanish Novel from 1972 to 1982: A Mirage of Freedom," en *Spain. Conditional Democracy,* Ed. Christopher Abel and Nissa Torrents (London: Croom Helm, 1984), pp. 115-124. Comparte esta visión negativa de la obra de Vázquez Montalbán Santos Alonso en su reciente libro *La novela en la transición* (Madrid: Puerta del Sol, 1983) y, hasta cierto punto Ignacio Soldevilla Durante en *La novela desde 1936* (Madrid: Alhambra, 1980). Dos estudios sobre la novela policíaca española que tienen amplia información sobre Vázquez Montalban son "Policías y ladrones o el juego que quería ser real" de Rafael Conte, *El País,* suplemento de libros, 5 de agosto de 1984, pp. 1, 3, y el muy comprensivo estudio de Salvador Vázquez de Parga "La novela policíaca española," *Los Cuadernos del Norte,* Número 19 (mayo-junio de 1983), pp. 24-37.

importante ensayo sobre el autor norteamericano,[21] durante su período de mejor creatividad, Hammett fue capaz de producir obras en las cuales se fundía un alto nivel literario con un compromiso político inaudito en la novela negra. Esto se ve claramente en que podía moldear las convenciones de una forma literaria altamente formulista como se supone que es la novela negra, y elevarla al nivel de LITERATURA, a la vez que no dejaba que su crítica social perdiera peso político. Esta combinación de elementos a que se refiere Marcus, es precisamente lo que subyace en la reelaboración de la novela negra que lleva a cabo Vázquez Montalbán.

En su libro *La novela en la transición,* Santos Alonso explica que *La verdad sobre el caso Savolta* de Eduardo Mendoza (Barcelona: Seix Barral, 1975) representa un cambio de rumbo en las formas narrativas vanguardistas o experimentalistas anteriores. La nueva ficción hará uso de algunas de las técnicas de la literatura experimentalista pero adecuándolas "con mayor moderación y clarificación a la recuperación de aspectos tradicionales como el realismo, la narración argumental, la parodia e incluso la linealidad" (p. 95). Pero la evaluación de Alonso es peligrosamente esquemática. Se convierte a la vanguardia en una entidad estable, cuando de hecho su verdadera esencia es la contraria: esquivar constantemente una configuración estable, desplazarse siempre para evitar que se codifique como la forma literaria de la verdad metafísica.

Si se concibe así, de una manera elástica y cambiante, a la praxis vanguardista, se explica el porqué un escritor del bagaje experimentalista de un Vázquez Montalbán abandona la posición metanovelística de su literatura subnormal y se apodera de la novela negra. ¿No hay que ver en esto un deseo de no perderse en la peligrosa circularidad en que la novela vanguardista española había caído? No se puede interpretar, pues, este cambio de la manera reductivista en que lo han caracterizado algunos críticos, porque lo que ha hecho Vázquez Montalbán es encontrar un medio nuevo para sus mensajes política y estéticamente vanguardistas. Mediante la manipulación de los límites del género de la novela negra, el juego con las percepciones preestablecidas de los lectores y el reconocimiento —como señala Marcus— de que la obra de Hammett es en sí altamente autorreflexiva, Vázquez Montalbán es capaz de usar la novela policíaca como vehículo para redefinir el concepto y los límites de la narrativa vanguardista. Es de-

---

21. "Dashiel Hammett," en *The Poetics of Murder. Detective Fiction and Literary Theory,* Ed. Glenn W. Most and Willian W. Stowe (New York: Harcourt Brace Jovanovich, 1983), pp. 197-209.

cir que una forma literaria que se percibe como "tradicional", cuando de verdad no lo es, sirve para reemplazar a la vanguardia anterior precisamente porque problematiza la dicotomía entre novela y metanovela; entre vanguardia y realismo tradicional. Por eso cuando Rafael Conte en su reciente artículo sobre la nueva novela policíaca española, dice que Eduardo Mendoza y Vázquez Montalbán no creen en la novela negra porque la cambian, se le está olvidando precisamente el valor de transformación a que se somete la novela negra en manos de estos autores. Se le olvida que "The medium is the message". En el caso de Vázquez Montalbán, es simplemente la necesidad de redefinir la vanguardia para no dejar de ser parte de ella.[22]

Hay en este proyecto de redefinición algo paradigmático para una posible solución de la crisis de la forma vanguardista en la novela española contemporánea. Esta crisis es fácilmente perceptible en la incapacidad de algunos de los escritores que formaban parte de la vanguardia de la novela española de los últimos años de la década de los sesenta y los primeros años de la siguiente, de romper con la circularidad en que su producción había caído.

Si se considera, por ejemplo, que la reciente novela de Luis Goytisolo, *Estela de fuego que se aleja* (Barcelona: Anagrama, 1984) es, de verdad, la quinta parte de la tetralogía de Antagonía; que su hermano Juan ya ha escrito cinco volúmenes de la trilogía Mendiola; que *La ronda de Guinardó* (Barcelona: Seix Barral, 1984), la última novela de Juan Marsé, sólo demuestra que no puede dejar de escribir *Si te dicen que caí;* que el primer volumen de *Herrumbrosas lanzas* (Madrid: Alfaguara, 1983) de Juan Benet a cierto nivel hay que considerarla como *Volverás a Región* simplificada, y que en la apoteótica codificación de la vanguardia *Larva* (Barcelona: Ediciones de Mall, 1984) de Julián Ríos —no hay nada que no hiciera mejor Joyce hace mucho tiempo; se entiende porqué varios de estos autores buscan una manera de romper con esta circularidad. Y no es un azar, el que algunos de ellos hayan buscado en la forma policíaca una manera de rearticular —tal como lo ha hecho Vázquez Montalbán— las tendencias vanguardistas que caracterizan sus mejores novelas.

---

22. La concretización de los pormenores de la crítica social que hay en el contenido de las novelas de Pepe Calvalho queda fuera del alcance de este ensayo. Pero no es al azar que Vázquez Montalbán sitúe la evolución de este personaje en novelas que abarcan la historia más reciente de España (de la transición a la democracia en adelante) que le da un punto de mira apropiado para comentar esta evolución.

Al final de la última novela policíaca de Vázquez Montalbán hasta la fecha, *La rosa de alejandría,* Pepe Carvalho se prepara para unos de los ritos que le concede su creador para indicar el alto nivel de cinismo de este personaje: encender la chimenea de su casa con la ayuda de los libros de sus nutridos estantes. Esta vez, sin embargo, el libro escogido para el sacrificio es devuelto a su sitio. El libro es *Poeta en Nueva York.* En un nivel actancial, este acto de perdón se emplea para demostrar la evolución que va sufriendo Pepe. Pero a otro nivel, ¿qué acto mejor para textualizar la dirección que sigue Vázquez Montalbán, que hacer que el protagonista de una serie de novelas negras iconoclastas que idea su creador para reinventar la vanguardia, en su único acto de perdón salve de la hoguera la obra preclara de la primera vanguardia española, obra que también combina un mensaje social con el acto de problematizar los límites de la creación literaria?

ESTACIÓN. IDA Y VUELTA DE ROSA CHACEL: UN NUEVO TIEMPO PARA LA NOVELA

Roberta Johnson

Scripps college

En 1925 con toda la ingenuidad y entusiasmo de la juventud, Rosa Chacel se lanza en su primera novela *Estación. Ida y vuelta* a la formidable tarea de crear una novela puramente orteguiana en forma y tema. Siguiendo las aserciones de Ortega que *"La idea es una acción* que el hombre realiza en vista de una determinada circunstancia y con una precisa finalidad" y que "el pensamiento es una función vital, como la digestión o la circulación de la sangre," busca la forma narrativa de desarrollar la razón vital.[1] El resultado es una novela que revela para el lector el pensamiento de un joven protagonista durante una serie de acciones sumamente banales, eliminando todas las funciones tradicionales de la narrativa (tanto en primera como en tercera persona) de presentar acciones y pensamientos retrospectivamente con una interpretación explícita o implícita. Así llega a ser una especie de novela invertebrada, una serie de actos de atención sin el armazón cronológico que hasta las novelas de puro fluir de la conciencia tienen en su acronología repetitiva. De hecho, Chacel no sólo estaba leyendo a Ortega en 1925 cuando comenzó esta nove-

---

1   Rosa Chacel cita o parafrasea a Ortega en "Respuesta a Ortega", *Sur*, núm. 241 (1956), p. 163. (El subrayado es de ella.)

la sino a Proust *(A la recherche du temps perdu)* y a Joyce *(A Portrait of the Artist as a Young Man)*. De cuando en cuando haremos una comparación con esta novelas para destacar la radical novedad de la técnica narrativa de Chacel en *Estación. Ida y vuelta.*[2] A diferencia de Marcel y de Stephen Dedalus, el protagonista/narrador de la novela de Chacel no cuenta sus memorias para reconstruir e interpretar su pasado, sino para captar el momento vivido y pensado. No tenemos nunca la sutil sugerencia de una voz interpretativa en un diálogo atribuido a otra persona ni por la imagen poética que les sirve tan eficazmente a Joyce, a Faulkner y a Woolf. Hasta se rehuye llamar la atención del lector a la memoria como memoria, haciendo en la última parte de la obra que el protagonista empiece a pensar en escribir una novela o guión de cine que no tenga nada que ver con su propia vida.

Pero, veamos de cerca algunos de los pasajes creados por Chacel para entender mejor la narrativa de la joven escritora. El argumento de *Estación. Ida y vuelta,* si tal puede llamarse, no ofrece nada de interés intrínseco, ni la vida parisina de principios de siglo que encontramos en la obra de Proust, ni la vida irlandesa que forma al joven artista joyceano. El recinto de la vida del protagonista no va más allá de sus circunstancias inmediatas que forman su perspectiva en un momento dado: el primero de éstos es la casa de pisos con patio interior donde desarrolla su relación con la novia; el segundo es Francia (Rouen y París) a donde se escapa poco después de dejar su carrera universitaria para casarse con la novia encinta. La narración (palabra que difícilmente se aplica a esta obra por implicar nexos temporales) se limita a unas percepciones en ciertos momentos vitales muy íntimos e inmediatos; percepciones que por su limitación al presente del momento observado podríamos llamar fenomenológicas. Y estos momentos fenomenológicos se forman y se deshacen según su propia lógica o sentido interior sin relación causal con lo que viene antes ni con lo que sigue. Por ejemplo, al final de la primera parte de la novela, el protagonista se encuentra con una joven madre comunista en la calle, y la acompaña. Acaba de saber él mismo que

---

2   En uno de los muy pocos artículos escritos sobre esta obra, Eunice Myers señala la influencia de Proust y de Joyce en Chacel en cuanto al género novelesco que emplea — el *Kuntslerromane* en forma de memoria (*"Estación. Ida y vuelta: Rosa Chacel's Apprenticeship Novel,"* Hispanic Journal, IV, 2 [1983], pp. 78-84). Rosa Chacel afirma haber leído el *Retrato del artista adolescente* en la traducción de Dámaso Alonso poco antes de empezar *Estación. Ida y vuelta* (*"Sendas perdidas de la Generación del 27,"* Cuadernos Hispanoamericanos, 318 (1976), p. 13).

será padre, pero al acompañar a la joven, ve que los otros que pueblan la calle les califican a los tres como una unidad familiar. La realidad es la conciencia de uno en su relación con el mundo circundante: "Crear estos momentos que repercuten en las vidas de los demás, divergentes de la nuestra. Partículas de nuestra personalidad, que se irán desenvolviendo con ese poco de esencia nuestra, según las mil modalidades de los que las perciben. Ésta es la verdadera vida."[3] Lo que ha pasado, lo que pasa y lo que pasará se junta y se mezcla en una tela única en cada momento vital que es la realidad.

La primera de las circunstancias del protagonista —la casa de pisos donde conoce a la novia y donde lleva a cabo su relación con ella— aparece al principio como el telón de fondo que es el escenario tradicional de la novela realista: "Nuestro patio, tan desnudo y tan carcelario, lleno de los llantos de los chicos y de todas las voces del interior, ¿cómo iba a ser tan prisionador del sol y tan risueño en ciertas horas si no fuera por el oasis? Esos pobres bambúes, plantados en su barril, con sus aspidistras abajo y su pelusilla verde alrededor del sumidero, hacen del patio periscopio de las primeras y últimas alegrías del día, le obligan a sorberlas por encima de la casa y de todo el barrio para guardarlas, presas entre sus paredes blancas" (p. 29). Pero muy pronto la casa va a entrar en las actividades y estados de conciencia del protagonista de una manera muy particular. Cada parte de la casa —la escalera, el descansillo, el balcón, la azotea— provee una experiencia con la que siempre será asociada en la conciencia del protagonista, formando parte de su bagaje mental que le dirige en el campo vital.

Igualmente, el tranvía entra en la vida de un modo activo creando un contrapunto a la conversación del protagonista con su novia: "El tranvía no adapta nunca la puntuación de su marcha a la de nuestra conversación. Acompasamos nuestro párrafo con el metrónomo de su ruido, de sus vaivenes, del balanceo de sus correas, y de repente, el timbrazo y el ¡crass!... de la manivela nos hacen callar intempestivamente" (pp. 33-34). Y cuando el protagonista sabe que su novia está encinta, se entrega a una percepción mutua con el papel pintado de su cuarto. El papel tiene hojas de parra con agujerillos como ojos, que al protagonista le

3   Rosa Chacel, *Estación. Ida y vuelta* (Barcelona: Bruguera, 1980), pp. 74-75. [Todas las citas de esta novela son de la misma edición; de aquí en adelante las páginas se anotarán en el texto]).

gustaría encerrar con sus brazos. Las sensaciones que tenía de niño delante de aquel papel pintado, sus presentes sentimientos por su situación y la contemplación actual del decorado de la habitación todos se unen para informar el momento vivido. Así el decorado, lo que era fondo en la novela tradicional, llega a ocupar el primer término con la conciencia observadora en la novela de Chacel. El acto de percibir el papel pintado da lugar a una especulación sobre la naturaleza de la fisionomía de la novia, y el hecho de que el protagonista no puede describir su cara. Darle cualidades en forma de adjetivos, sería clasificarla, alejarla de la experiencia vital que él tiene de ella. Dice que el único poema que se podría escribir a sus ojos sería lo que se encuentra al pie de los grabados fisiológicos: a) Párpado, b) Pupila, c) Lagrimal, d) Pestañas.

Las ideas, lo racional de la razón vital que quiere captar la narrativa de Chacel, siempre informan una acción o contemplación del momento vivido, y no de modo retrospectivo. Rehuye la escritora toda reflexión posterior que podría indicar una reelaboración estilizada de lo vital. Eso sería crear una obra de arte, y no el acto de vivir en sí: "enfrentando la reflexión de nuestros actos los inmovilizamos, los atravesamos con esa mirada fría que devuelve el espejo, por estar tan bien centrada con nuestros ojos" (p. 84). La reflexión no puede ser una parte del momento vivido puesto que "todos ignoramos las posibilidades expresivas de nuestra mirada, porque su línea para nosotros es punto; en cambio, desde fuera es desde donde se la ve ondular, desde donde se puede apreciar su trazo como carácter inconfundible" (p. 85). Así prescinde Chacel de cualquier técnica narrativa que insinúe el recuerdo, el elemento primordial del arte de Proust y Joyce. La memoria, tanto en su función mental como en su función narrativa supone la reconstrucción: "porque en la memoria no queda más que una sombra de esas cosas que escapan al foco de la conciencia, y al intentar buscarlas se pierde uno en el vértigo del perro que busca el rabo" (p. 86).

Narrar desde el punto de vista reflexivo supone que hay cierta finalidad en la vida que la contemplación puede adivinar: Proust descubre la naturaleza efímera de toda pasión y Joyce revela la formación de un artista ya hecho. El protagonista de *Estación. Ida y vuelta* rechaza toda noción de fines, comenzando con su desprecio por la amenaza de sus parientes de que ha nacido para oficinista: "Fue siempre tan dudoso, que estaba ya acostumbrado a que suscitasen mi amor propio diciéndome que había nacido para oficinista. Y, a lo mejor, he nacido para eso. Tendré que reconocerlo; lo que me pasaba era que no podía estudiar, porque había nacido para oficinista. ¡Esto es estúpido! Yo no sé por qué no estudiaba. Pero la verdad es que nunca me hicieron mella esas amenazas del Destino. Nunca me he explicado cómo se puede amedrentar a un hombre diciéndole: 'Terminarás en oficinista.' Para mí esto era lo mismo que decirme: 'Terminarás en doctor en cualquier cosa.' Lo que no admito, con lo que no he podido transigir, es con lo de *terminarás*. No sé por qué han de suponer que yo he terminado. Se puede decir de uno que terminó en un hospital o en un manicomio. Y hasta en ellos ha habido muchos interminables" (pp. 68-69). El juicio que forman otros de la vida de uno no puede nunca desentrañar las secretas satisfacciones que tiene la persona al vivirla. Otros juzgan la vida de uno desde fuera como si fuera un espectáculo, una cosa hecha y terminada sin conocer el proceso de ella dentro de sus propias circunstancias. Recalca el protagonista que no puede verse más que penetrado de sus circunstancias; cuando se busca a sí mismo entre ellas no se encuentra (pp. 69-70).

El protagonista entiende que su destino y sus circunstancias son uno, y que ellos son parte de su propio ser. Las circunstancias no son algo separado de su conciencia, como el escenario de la novela tradicional o el mundo exterior de los pragmatistas ingleses. Por eso, el protagonista prefiere la palabra camino en vez de Destino para referirse a la vida: "por él iré con todas mis circunstancias y con todas nuestras consecuencias... Yo no veré mi Destino; mientras yo lo vea será camino" (p. 71). El Destino tiene que ser algo de fuera y por encima del vivir de uno, mientras que camino es entrañable con el fluir mismo de ese vivir. (La afinidad de esta idea con el concepto existencialista de la vida es evidente pero tenemos que suprimir la tentación de desarrollar tal idea aquí.) El protagonista quiere prescindir de todo fin, menos los que automáticamente se hacen principios. Y así acepta el fin que da a su vida el niño que le va a nacer, pues es un fin que lleva en sí mismo el comienzo de una vida nueva y diferente.

El problema de fines, que se relaciona entrañablemente con la conclusión de una novela, es resuelto por Chacel de un modo muy afín a la autorreflexividad inherente a gran parte del arte vanguardista, es decir, sugiriendo el acto mismo de creación. Pero como la autora quiere huir de toda sugerencia de reflexividad, en vez de referirse a la obra misma, inventa un acto de creación artístico que establece una discontinuidad con la obra que se está desarrollando. El protagonista va a escribir una novela o un guión cinematográfico para dar forma a su propia vida, pero esta novela no va a tener ningún elemento que refleje su vida: en vez de una casa con patio, habrá una casa que da a la calle, etc. En eso, el personaje sigue fielmente la afirmación de Ortega en el ensayo "La deshumanización del arte": que la vida y el arte son y deben ser dos cosas enteramente separadas. El arte es después de todo reflexión, y por medio del arte uno puede definirse a sí mismo: "Mi protagonista," dice el narrador, "sentirá sus barbas sobre su pecho, representadas por su corbata. Corbata negra, grande achainada. Será de esos hombres que pueden tener una permanente manifestación de 'su yo'. Fluctuará 'mi yo' movedizo alrededor del suyo firme. Pero llegaré a precisar, respecto a él, mi debida situación y distancia. Encerraré su yo y el mío en respectivas copas cristalinas, desde donde se vean sin mezclarse" (p. 127). Así termina la novela, o mejor dicho comienza otra novela con el protagonista contemplando en tiempo futuro su creación futura y la relación que tendrá con su propia vida, sosteniendo el sentido orteguiano del arte como modo de entender e interpretar la vida que no es la vida misma. Chacel al terminar la novela con el protagonista preguntándose cómo debe acabar su novela, trata de no llamar la atención sobre el hecho de que su propia *Estación. Ida y vuelta* se está terminando, fenómeno que hace resaltar su naturaleza artística y no vital: "¿Por qué me empeño en rematar esta historia? ¿Por qué inscribir su tiempo en el mío? Es innecesario. Basta realizar un trozo de Naturaleza, ¿viva?..." (p. 151).

La estructura misma de *Estación. Ida y vuelta* reconoce la relación entre vida y arte. La estación es el estado estático del protagonista en la casa de pisos donde vive con la novia; en la ida a Francia gana la distancia necesaria que requiere el arte; y a la vuelta vive la experiencia artística que es la reflexión sobre la organización de lo vivido. Empieza a darse cuenta de este proceso en Rouen al contemplar la catedral de esa ciudad que fue inmortalizada según la visión muy particular del gran impresionista Monet: "El impresionismo tuvo también su momento de evocar las catedrales góticas, de acariciarlas, de remozarlas con su recuerdo, llenándolas de juventud, vistiéndolas de hijas de María, con los velos azules que el impresionismo puso en todo" (p. 99). Reconoce el protagonista en la segunda parte de la novela durante su estancia en Francia que todo lo que le llena como experiencia primaria en aquel momento quedará en su recuerdo "atado por asociaciones de rara cronología" porque siempre que se acuerde del momento presente en Francia se le vendrá el recuerdo de cuando estuvo en París a los doce años.

El arte, como tiene la necesidad de recurrir al recuerdo, distorsiona la experiencia prístina. Por ejemplo, la visión de París que tiene el protagonista es siempre la de unas fotos de la ciudad en 1900, aunque las vio bastante después de haber estado en la capital francesa por primera vez. Nunca podrá recapturar el momento perceptivo; será siempre "contaminado" por las versiones artísticas que ahora forman parte de su bagaje mental. El arte interpreta, "llena de juventud" lo que no es joven, "viste las cosas de velos azules" cuando no los tiene. Ahora la misma escritora de *Estación. Ida y vuelta*, está tratando de capturar la vida, la percepción no revestida por la reflexión en *una obra de arte, en una novela*. Y claro, busca una solución al mismo dilema que está preocupando a su protagonista, es decir, evita presentar las acciones como las presenta una película: "como las verá el ojo de la Providencia —... (una) absurda estilización ese ojo desaparejado!" (p. 80). Hemos estudiado una de las técnicas narrativas de que se sirve Chacel para sobreponerse a esta dificultad— el rechazo de cualquier indicación reflexiva. También, como su protagonista al describir (o no describir) la novia, Chacel prescinde casi totalmente de vocablos descriptivos, tanto adjetivos como adverbios. Trata de hacer desaparecer en lo posible la distinción artística con que se le puede infundir la prosa, hacerla lo menos artística posible. Y dándose cuenta de la finalidad y reflexión implícitas en el tiempo pasado narrativo, hace que el protagonista juegue con la idea de narrar una obra suya alguna vez en el pasado condicional. Pero nuestra escritora no llega a tal extremo y se conforma con el hecho de que el pretérito y el imperfecto lleven implícitamente un reconocimiento de tiempo pasado entre el acto o la idea y su representación en la narración.

Así queda la obra de Chacel en un término medio entre una obra modernista (en el sentido europeo de un Proust o un Joyce) —un pasado artísticamente reelaborado— y el *nouveau roman* francés que logra eliminar la reflexión por medio del tiempo presente. Como hemos señalado, en la última parte de la novela, el protagonista contempla en tiempo futuro la obra que va a escribir, y esta técnica disminuye en algo la fuerza del pasado narrativo del resto de la obra. Y da credibilidad a la aserción final del protagonista-artista cuya conciencia hemos estado observando: "Algo ha terminado; ahora puedo decir: ¡principio!" (p. 151). La obra queda suspendida entre el pasado recordado como un presente no interpretado y una futura obra de interpretación de ese pasado. Es realmente un tiempo nuevo para la novela que va a desarrollar Chacel con más éxito en su novela maestra *La sinrazón* (de unas 600 páginas), posiblemente porque este tiempo no convencional necesita la mayor extensión de la novela posterior.

LA PROSA POÉTICA DE BUÑUEL: DEL DADAÍSMO ULTRAÍSTA AL SURREALISMO

Víctor Fuentes

University of California-Santa Barbara

En nuestra crítica literaria el vanguardismo se suele asociar con el estudio de Ortega sobre "La deshumanización del arte" y los poetas del grupo del 27, que representan la vuelta al orden tras la subversión dadaísta-ultraísta del período de postguerra. El capítulo de nuestras letras vinculado a tal rebelión (que incluye a precursores como Ramón y Cansinos Assens, la venida a España de Huidobro y Borges), el movimiento ultraísta, está todavía por estudiar en toda su importancia y posteriores ramificaciones. De aquí que, poco a poco, vayan saliendo del olvido figuras postergadas de aquella época, Hinojosa, Larrea, Garfias y, recientemente, el Buñuel, literato y poeta.[1]

Frente al "apoliticismo" que Dámaso Alonso distingue como rasgo de su generación y Ortega extiende a todo el arte de van-

---

1. Quien primero llamó la atención sobre el Buñuel literato fue F. Aranda en su *Luis Buñuel. Biografía crítica,* Barcelona, Lumen, 1970. En la actualidad, Agustín Sánchez Vidal lo ha reivindicado en su estudio "Sobre un angel exterminador (La obra literaria de Luis Buñuel)", en el libro *El surrealismo* (Edición de Victor G. de la Concha), Madrid, Taurus, 1982. Y con la publicación del libro, *Luis Buñuel obra literaria,* Zaragoza, Heraldo de Aragón, 1982. En la misma línea, véase mi artículo, "Buñuel y las vanguardias", *Revista de Bellas Artes,* México, enero 1983.

guardia, Buñuel, en sus declaraciones, reivindica el nexo de unión del ultraísmo con el anarquismo. Sin pertenecer "oficialmente" al grupo ultraísta, anduvo con ellos y de ellos recibió, como nos dice, sus ideas políticas anarquistas. En sus *Conversaciones con Max Aub*,[2] cuenta cómo con los ultraístas intervino en una colecta para remediar en lo posible "el hambre de los niños rusos" y en la organización de un gran festival para el mismo fin. También debió participar en las escandalosas veladas madrileñas del grupo y su primer escrito lo publicó en la revista *Ultra*, en 1922. Con su exiguo bagaje literario (lo cual tiene mucho de positivo en una época en que se enfatiza el anti-arte y la poesía no se considera como producto escrito, sino como una forma de vida), Buñuel viene a recorrer en nuestro panorama literario el camino que va del dadaísmo al surrealismo. También personificó, quizá mejor que ningún otro, el prototipo humano de dadaístas y surrealistas: joven deportista, y boxeador, aficionado a los automóviles y la música de jazz y dado a las prácticas del hipnotismo y el "terrorismo cultural'". Su afición a boxear le relaciona con Arthur Cravan y su inclinación a las armas de fuego con Alfred Jarry, dos de los precursores de Dadá.

En estas páginas sobre la prosa poética buñueliana, analizo su evolución del dadaísmo-ultraísta al surrealismo y cómo Buñuel, ya en estos primerizos escritos, embrión de su gran obra cinematográfica, al igual que otros grandes creadores de nuestro siglo, lleva la obra artística al límite de lo abyecto y lo siniestro. Pues Buñuel, como estos artistas, en una época en que el ser se siente amenazado desde fuera y desde dentro (hace crisis el orden socioeconómico establecido y se resquebrajan las fronteras entre lo de fuera y lo de dentro, el sujeto y el objeto, el yo y el otro) rasga con su navaja barbera el "velo de Maya" de la obra estética.

En su primer texto, "Una traición incalificable"[3] aparecen tres de las grandes constantes del dadaísmo: el anti-arte, el humor y el espíritu destructor. (Antes de hablar de este texto habría que recordar que Buñuel, sin hacer cine dadaísta propiamente hablando, lleva a la pantalla, como nadie lo ha hecho y desde su primera a su última película, el espíritu demoledor de Dadá). En este primer escrito, el narrador-autor ve desconsolado como el viento de un manotazo se lleva su gran obra literaria, deshaciendo en la Nada

---

2. Madrid, Aguilar, 1985. En las páginas 106 a 111 se extiende Buñuel sobre su relación con los ultraístas.

3. Los textos de que me ocupo aparecen recopilados en el libro de Agustín Sánchez, *Luis Buñuel. Obra Literaria.*

la autonomía del arte y del sujeto creador, tan denostadas por el dadaísmo. Mientras que el viento, los objetos reencontrados y el azar son quienes escriben la nueva obra anti-artística. "A tres curas que se deslizaban por la calle (el viento) los transformó en otros tantos paraguas invertidos"... y en las mesas de los cafés brotaron a su conjuro trapos, papeles, pajas y otros objetos de la Gran Bisutería del Basurero". Como sabemos los dadaístas y los surrealistas pusieron en pie de igualdad al hombre con los objetos y —en sus creaciones-destrucciones— los "objetos encontrados" al azar pasan a un primer plano. Estética de lo objetual que, en nuestra tradición entronca con la "estética del Rastro" de Gómez de la Serna, a quien Buñuel —asiduo a las tertulias de Pombo— estuvo muy unido, pero que en nuestro autor toma un marcado giro dadaísta y surrealista. En 'Suburbios", de 1923, nos habla de la "estética absurda" del suburbio, simbolizada por el objeto —encontrado— que aparece a nuestro paso: "la lata vacía, el can hambriento, el ratón despanzurrado .." Y en "Tragedias inadvertidas como temas de un teatro novísimo", también de 1923, propone un "nuevo teatro" que "si no impresionara a un público humano, haría en cambio llorar, reír o estremecerse al otro público de sillas, utensilios de cocina. etc, etc". Y nos cuenta una historia o drama protagonizado por un pañito de gamuza; primera de sus realizaciones creadoras del pensamiento de Epstein aplicado al cine de que "los objetos tiene aptitudes", que Buñuel ha explorado en la pantalla como nadie (pensemos en la comba de saltar en *Viridiana*) y que, en su prosa poética culmina con "Variaciones sobre el bigote de Menjou", genial bigote que al actor se le ocurrió dejarse un día ("todas las grandes invenciones son debidas al azar" interpola Buñuel dentro de la concepción dadaísta-surrealista) y del cual irradia toda su fuerza: bigote, y el texto sobre él, precursores de los bigotes de Dalí.

Textos que, en la evolución personal de Buñuel, nos llevan del dadaísmo al surrealismo son: "Por que no uso reloj", de 1923, "Teorema" y "Lucille y sus tres peces", ambos de 1925 y pertenecientes a sus inéditos y escritos cuando ya Buñuel vive en Francia. En "Por que no uso reloj" hay una humorística dramatización del adecuar la noción del tiempo a las teorías de Einstein ("Veo que tiene usted ahí el retrato de ese majadero de Einstein", le dice el personaje-reloj al narrador-protagonista), empresa de todo el arte de vanguardia. Como ya destacara Agustín Sánchez este reloj del relato (y tantos relojes más en el cine de Buñuel, habría que añadir) tiene su paralelo en los relojes flácidos de Dalí.

En "Teorema", y contrario al título, la imaginación buñueliana rompe las coordenadas lógico-racionales y se dispara hacia la imaginación en libertad de los surrealistas, empezando a dejar atrás la impronta de las "Greguerías" ramonianas, presentes en algunas de las imágenes de sus primeros escritos, tal como "instrumentación". "Si por un punto fuera de una recta trazamos una paralela a ella obtendremos una soleada tarde de otoño"... Y concluye la serie de imágenes disparatadas de su "teorema" añadiendo: "Que es lo que no nos habíamos propuesto demostrar".

El rostro de Lucille con los tres peces japoneses, que se cruzan y se descruzan en él, también nos recuerda a la pintura de Dalí en su fase de acercamiento al surrealismo. Estos tres peces, "Tejedor de ensueños", "Punzón de onda" y "Ovillador silencioso de deseos", vienen a ser los heraldos del surrealismo en la obra de Buñuel. A partir de este texto y de Diluvio", también de 1925, la pluma de Buñuel empieza a punzar los "oscuros dominios", para usar el título de Larrea, cuyos poemas en prosa , junto a los de *La flor de California* de Hinojosa, y estos escritos de Buñuel significan la entrada del surrealismo en nuestras letras. En 1928, un año después de haberse unido los poetas del 27 en torno al Homenaje a Góngora, Buñuel, defendiendo los fueros del surrealismo, se lanza a una batalla literaria contra sus compañeros de generación, de la cual tenemos atisbos por unas cartas publicadas por Aranda. "Federico quiere hacer cosas surrealistas, pero falsas, hechas con inteligencia, que es incapaz de hallar lo que halla el instinto", escribe en una de ellas, en la cual nos da una definición del surrealismo ("El surrealismo no hace más que animar la realidad corriente con toda clase de símbolos ocultos, de vida extraña, yacentes en el fondo de nuestra subconsciencia, y que la inteligencia, el buen gusto, la mierda poética tradicional, habían llegado a suprimir por completo") y destaca como ejemplo al poeta Benjamín Péret —Péret es algo muy gordo dentro del surrealismo"—[4] por quien, a lo largo de su vida, ha declarado admiración.

Sus ataques y la defensa del surrealismo van acompañados de una intensa labor creadora entre 1927 y 1928: varios poemas

---

4. *Luis Buñuel. Biografía crítica,* p. 59. Aquella batalla tuvo también su fondo político como destaco en "Buñuel y las vanguardias". Mientras los poetas del 27 en la España de la dictadura se acogían al llamado de Ortega: "De espaldas a toda política", los surrealistas se adherían al movimiento revolucionario mundial, aunando el imperativo de Marx, "transformar al mundo" con el de Rimbaud, "cambiar la vida". Buñuel, en 1928, estaba totalmente identificado con esta posición.

en prosa —"Caballería rusticana", "La agradable consigna de Santa Huesca", "Carta a Pepín Bello en el día de San Valero"— su pieza teatral *Hamlet,* modelo único de nuestro teatro dadaísta-surrealista, el poemario inédito *Un perro andaluz* y, junto con Dalí, el guión de su película *Un perro andaluz.* Actividad literaria que culmina con "Una jirafa", publicado en francés en *Le surréalismo au Service de la Revolution* (15-5-1933) y el guión, escrito con Larrea en los años 40, "Ilegible, hijo de flauta".

En estos escritos se vale Buñuel de la visión y los procedimientos surrealistas: uso del automatismo síquico, del collage, del extrañamiento y de las relaciones incongruentes. A través de los cuales, los surrealistas (trastocando las relaciones causa/efecto, la ordenación tempo-espacial lógica cartesiana, el principio de identidad y la relación significante/significado) nos llevan al mundo de las profundidades del ser y de la surrealidad o de la sobrerrealidad. Maravillosos mundos en que las cosas se manifiestan en profusión de imágenes libres y la identidad deja de ser una soledad para convertirse en una relación en animación perpetua: una identidad convulsiva, para usar la expresion de Max Ernst. No me detengo aquí en un análisis de como esto se manifiesta en los escritos poéticos de Buñuel,[5] dándole un lugar casi único —tan sólo compartido, y a medias, con Hinojosa y Larrea— en nuestras letras. Daré algunos ejemplos.

"La poesía verdaderamente surrealista es informe como el agua que corre", nos dice Jules Monnerot.[6] Y hay mucho de informe corriente de agua impura en el lenguaje de Buñuel, arrasando formas convencionales y aboliendo el lenguaje mismo —por lo menos sus acepciones corrientes— en su abandono a él:

La puta irá a un ciprés, el ciprés en un día de viento atraerá a las doncellas que le ofrecerán su culo. El culo de las doncellas será hollado entonces por el trozo de carne que cantará mientras holla y el cántico del trozo de carne será como el glu-glu de agua que devolverá la vista a los ciegos.

5. En parte, Agustín Sánchez en su "Introducción" al libro que vengo citando ya ha hecho este análisis.
6. Cita recogida, como las de Marx Ernst y de Aragón que cito más adelante, del penetrante libro de Jean-Christophe Bailly, *Au-dela du langages. Une etude sur Benjamin Peret,* , París, Le Terrain Vague, 1971. Salvando las distancias, y teniendo presente que Buñuel como creador se realiza plenamente en el cine, muchas de las características de la poesía de Peret se pueden aplicar a la obra literaria de Buñuel.

Los surrealistas siguen la sintaxis y la gramática (como vemos en este ejemplo); su subversión es en el plano lexical, en el de la cadena paradigmática, vertical, con toda una serie infinita dispuesta a insertarse en la cadena horizontal ("El valle llevaba una valla... ¿Decía valla o tal vez vela? Acaso ni valla ni vela sino que era una fotografía de "La última cena" en la que los comensales hubieran sido sustituidos por copones... y el último copón, el que hace de Judas lleva un carromato en la mano) y en el de los significados, que carecen de los sentidos comunes, pero que nos llevan a otros sentidos emancipados relacionados, en muchos casos, con el sentido del lenguaje de los sueños y del inconsciente. Está muy presente en la prosa poética de Buñuel esa "identidad convulsiva" surrealista, que rompe la discontinuidad del universo y entra en relaciones con lo desconocido. En "La agradable consigna de Santa Huesca", vemos un trozo de carne avanzar por la carretera, donde brotan un millón de millones de sastres que no llegan al milímetro y una gota de orina solloza, desmelenada y va surgiendo una profusión de imágenes libres hasta llegar a la choza, el ciprés y la puta, etc, etc. "La poesía es por esencia tormentosa y cada imagen debe producir un cataclismo", escribe Aragón y el viento, como presencia y no enunciado, irrumpe en estos escritos de Buñuel[7] poniendo en movimiento la identidad convulsiva de las cosas "más allá del lenguaje".

Los juegos, incongruencias y disparates surrealistas, tan cercanos a los de la poesía popular, los juegos infantiles y el lenguaje incoherente de los "locos", tienen, en su sentido latente, mucho de ruleta rusa y de sentimiento de angustia ("Pájaro de angustia" es el título de uno de los poemas de Buñuel) frente al caos y vacío civilizatorio. Y también del estremecimiento al asomarnos a los abismos del ser y de la nada. En sus escritos surrealistas ya lleva Buñuel la condición y el efecto de la obra artística a su límite (el límite de lo siniestro y lo abyecto) y punto de ruptura. De aquí su batalla con los "esteticistas" poetas del 27, su "Mierda" para Juan Ramón y su Platero. Tratando de ver cómo en el arte, el "velo de Maya" sirve para ocultar lo siniestro y lo abyecto. Trías en su *Lo bello y lo siniestro*[8] se pregunta, "¿Qué

---

7. Veamos tan sólo un ejemplo en "Carta a Pepín Bello en el día de San Valero" (Ventolero), una gran ventolera agita el polvo. " Entre el polvo, giraba velozmente saliendo de él para después de brillar un instante volverse a perder en la nada, infinidad de máquinas de coser, bastones, tinas pequeñas en forma de embudo y pequeñas islas de Formosa rodeadas de bancos de atunes."
8. Barcelona, Seix Barral, 1982,, p. 42.

es lo que se da a la visión cuando se descorre el velo, qué hay tras la cortina rasgada?" y se contesta diciendo que tras la cortina está el vacío, la nada primordial, el abismo e imágenes que no se pueden soportar, en las cuales se articulan ante el ojo alucinado del vidente: "visiones de castración, canibalismo, despedazamiento y muerte, presencias donde lo repugnante, el asco, ese límite de lo estético trazado por la Crítica kantiana, irrumpen en toda su espléndida promiscuidad de oralidad y de excremento".

Buñuel, antes de dar su corte con la navaja barbera al "velo de Maya" de la obra artística en *Un perro andaluz,* en sus poemas en prosa, dentro del anti-Arte del dadaísmo y el surrealismo, ya se había asomado tras la cortina rasgada. Y veamos algunos ejemplos de lo que ofrece al "ojo alucinado" del vidente-lector. El olor macabro y el exterminio —adelantándose más de 30 años a su presencia en *El ángel exterminador*— aparecen en "Tragedias inadvertidas como temas de un teatro novísimo". En "Diluvio" "Todo tenía o presentía un palpitar de pulpo. Todo era repugnante a la vista y al tacto" y los ojos, "con ferocidad de escualo", del narrador contemplan cómo sus diez dedos no tenían huesos y el cuerpo flotante de su novia ahogada. La repugnancia y el asco nos asaltan en las páginas de estos escritos en las imágenes del ratón despanzurrado, el trozo de carne vomitando, la gota de orina, la sangre menstrual, la carroña del cadaver, etc. Y también saltan a nuestra vista imágenes de mutilaciones, tan vinculadas como analiza Freud al sentimiento de lo siniestro: se agitan ante nosotros, "manos hambrientas", "dedos sin huesos" y "lenguas hambrientas", y unas uñas afiladas sacan los ojos al poeta-narrador, que son arrojados a la calle. "Solo en un charco croaban los ojos de Luis Buñuel. Los soldados de Napoleón los remataron a bayonetazos", leemos en *Palacio de hielo.* Imagen de la mutilación del ojo, identificada por Freud con el miedo a la castración y lo siniestro; también encontramos imágenes de incesto, necrofilia, muerte y descomposición. Vividas por el propio Yo poético, a quien, en "Olor de santidad", vemos precipitarse por un vertiginoso tobogán al fondo del abismo. Y en "Palacio de hielo", lo encontramos muerto, columpiándose sobre este abismo: "Cerca de la puerta pende un ahorcado que se balancea sobre el abismo cercado de eternidad, aullando de espacio. Soy yo. Es mi esqueleto del que ya no queda sino ojos". Y esto se escribe en 1927, por las mismas fechas que Jorge Guillén, desde su beato sillón burgués, exclamaba: "El mundo está bien hecho".

Esta visión a cortina desgarrada alcanza su más intensa alucinación en "Una jirafa"[9], texto escrito por Buñuel en 1933, en una hora y bajo el automatismo síquico, para su espectáculo de una jirafa, en el interior de cuyas manchas deberían construirse las visiones de los textos. Impresionante "Happening" de Buñuel, 30 años antes de la popularización de éstos: calidoscopio, en donde el horror al vacío y el caos se descomponen en un vértigo de imágenes de lo siniestro y lo abyecto, mutilando al propio ojo del espectador. "En la decimoséptima:

Un chorro de vapor muy potente surgirá de la mancha en el momento en que ésta se abra y cegará horriblemente al espectador".

Claro que ya en las manchas anteriores el ojo del vidente ha quedado cegado por esas visiones que no se pueden soportar y que, dentro de la concepción de autonomía del arte, quedaban escondidas tras el velo de Maya. Veamos algunos ejemplos; en la primera mancha, "Un ligero olor a cadáver se desprende del conjunto", en la segunda: aparece un ojo de vaca en su órbita, ¿el ojo de vaca cortado en *Un perro andaluz*? En la tercera: "Las blasfemias flotaban en los pantanos, las turbas temblaban bajo el látigo de los obispos de mármol mutilado, se empleaban los sexos femeninos para vaciar sapos.." En la séptima: "Una sencilla arpillera de saco viejo, manchada de yeso". En la treceava: "Una bellísima rosa (¿la rosa de la estética?), cuyo androceo, de carne sanguinolenta, se pondrá negra y se pudrirá, comida por una legión de gusanos". En la catorceava: "Un agujero negro"...

Y aquí me detengo, al borde de este agujero negro, por el cual, en su obra cinematográfica e intensificada la sensación de vértigo, nos seguiremos asomando al abismo insondable del ser y la existencia. Para terminar habría que añadir que en este texto (cuyas palabras finales, que son también la despedida buñueliana de la literatura, nos dicen: "Al último pequeño busto le han arranca-

9.   Según evoca Rafael Méndez Dorich hubo una polémica entre Huidobro y César Moro, cuando éste denunció que el poema "La Jirafa" del vate chileno era un plagio de un poema de Buñuel, "El árbol". No he podido localizar el poema de Huidobro ni conozco este título de Buñuel; quizá se refiera a "Una Jirafa", y el plagio ya estaría en el título. Con todo hubiera o no plagio, comparar a Buñuel con Huidobro en un plano poético, atestigua la importancia de su breve obra poética.

La cita de Rafael Méndez se encuentra en el libro de Stefan Baciu, *Surrealismo latinoamericano. Preguntas y respuestas,* Valparaíso, Ediciones Universitarias de Valparaíso, 1928, p. 42.

do todos los dientes"), Buñuel tensa hasta la ruptura ese límite que lo siniestro pone a la obra artística.

El genial aragonés, dinamitero de los de Asturias del 34, con su "Jirafa" ponía una carga detonadora en la que iba a volar, junto a la autonomía de la obra artística, del autor y del receptor, todo un orden civilizatorio. No es de extrañar que el modelo de la jirafa, construido a escala reducida por Giacometti, desapareciera sin dejar rastro del jardín de los Vizcondes de Noailles donde se iba a exhibir con los textos escritos.

LA HUMANIZACIÓN DE LA NOVELA DE VANGUARDIA: EL BLOCAO DE JOSÉ DÍAZ FERNÁNDEZ

Laurent Boetsch

Washington and Lee University

La actitud fundamentalmente escapista del vanguardismo español supone ciertos criterios para la novela que cambian radicalmente los cánones tradicionales del género. La despreocupación con el tema y con el desarrollo de personajes, la fragmentación estructural, y la síntesis de estilo son algunas de las características que señalan el rechazo de la forma y del contenido de la gran novela decimonónica. Animados por las ideas sobre el nuevo arte que Ortega y Gasset expone en *La deshumanización del arte* e *Ideas sobre la novela,* autores como Benjamín Jarnés, Rosa Chacel, Juan José Domenchina y otros intentan escribir una novela que se sujete a la nueva estética. Sin embargo, hacia finales de la década de los años 20 entre algunos jóvenes escritores se manifiesta una inquietud por el carácter cada vez más elitista del nuevo arte y por su inadecuación, sobre todo en la novela, para penetrar la realidad de un mundo en profunda crisis. Conscientes de las positivas aportaciones del vanguardismo en algunos aspectos, estos escritores buscan incorporar la estética dinámica y moderna de la vanguardia a una novela de tema social que responda mejor a las exigencias del momento actual. José Díaz Fernández, periodista, crítico y autor de dos novelas, *El blocao* (1928) y *La Venus mecánica* (1929) y de un libro de ensayos, *El nuevo romanticismo* (1930) es uno de los principales exponentes de esta tendencia que tam-

219

bién incluye entre otros a César Arconada, a Ramón Sender y a Joaquín Arderíus. En los artículos de crítica reunidos bajo el título *El nuevo romanticismo*[1], Díaz Fernández nos da su visión del estado de crisis en que se encuentra el arte de aquel momento y se declara a favor de una literatura que corresponda mejor a las exigencias sociales que preocupan a un gran sector de los jóvenes intelectuales de su generación. El nuevo romanticismo no corresponde tanto a una ruptura con la literatura de la deshumanización sino más bien a un intento de crear una literatura que integre los avances estilísticos de la vanguardia en una novela que exalta lo humano como el contenido esencial del arte. Díaz Fernández aplaude las innovaciones estéticas vanguardistas que hacen que el arte se haya desprendido de las viejas y caducas formas tradicionales pero rechaza las limitaciones temáticas que no permiten que la narrativa sea una manifestación de las inquietudes apremiantes del momento ni que alcance a un público más extenso. En España la vanguardia sólo ha servido para romper con las literaturas formales del pasado pero no constituye una base amplia para la creación de una nueva literatura a la altura de las exigencias de los tiempos. Una vez rotos los enlaces con la tradición, todo ha quedado en juegos literarios sin trascendencia. Según Díaz Fernández, la literatura se petrifica aunque los instrumentos para la creación de algo verdaderamente nuevo son accesibles. Opina que para los escritores "señoritos" encerrados en sus torres estéticas, 'vanguardia' equivale a "usar léxico deportivo o poner en prosa moderna lo típico de siempre... hacer una literatura de imágenes visuales, de fulgores externos, donde existe una especie de lenguaje convenido que es todo su secreto."[2] No es suficiente adelantarse en cuestiones de estética si no va acompañado de un pensamiento progresivo: "La verdadera vanguardia será aquella que ajuste sus formas nuevas de expresión a las nuevas inquietudes del pensamiento", que "hará un arte para la vida, no una vida para el arte."[3]

La primera novela de Díaz Fernández, *El blocao*[4], se sitúa entre los mejores ejemplos de esta difícil tarea de socializar la te-

1. José Díaz Fernández, *El nuevo romanticismo*, (Madrid: Editorial Zeus, 1930).

2. Díaz Fernández, *El nuevo romanticismo*, p. 72.

3. *El nuevo romanticismo*, p. 50.

4. La primera edición de *El blocao* es la de "Historia nueva" del grupo Ediciones Oriente, publicada en Madrid en 1928. Una segunda edición salió tres meses después de la primera y en 1976, Ediciones Turner hizo una reedición de esta segunda edición para su colección "La novela Social Española". Las citas que utilizamos aquí son de la edición de Turner.

mática de la novela sin abandonar la nueva estética vanguardista. Encontramos en esta historia sobre la empresa colonial española en Marruecos una actitud fundamentalmente social y crítica con respecto a sus temas a la vez que su estilo y su estructura revelan claramente la formación vanguardista de su autor. Aparte de su valor puramente literario *El blocao* sirve como eslabón entre la narrativa vanguardista deshumanizada de los años 20 y la novela plenamente social y comprometida que surge en los años inmediatamente anteriores a la Guerra Civil. Dos temas principales de *El blocao* nos recuerdan la novela anti-bélica europea que surge después de la Gran Guerra; la pérdida de la inocencia de jóvenes sujetos a la circunstancia de la guerra y la consecuente brutalización de estos hombres que se reducen a un estado casi inhumano. En otro plano, la novela ataca el colonialismo español en Marruecos como una vergonzosa empresa militar dirigida y mantenida por una burguesía corrupta y dispuesta a sacrificar miles de soldados de "espíritu civil" como los describe Díaz Fernández, para proteger sus intereses económicos en la región. Así, con respecto a sus temas, vemos que Díaz Fernández, al sacar a relucir cuestiones actuales que reflejan las tensiones sociales desde un punto de vista crítico, se va acercando a la novela social realista. Los siete capítulos de la novela son siete dosis fuertes del poder destructor de una guerra cuyas víctimas no son los muertos sino los sobrevivientes.

No obstante su temática, varios aspectos formales de la novela descubren la formación vanguardista de su autor. En primer lugar, como consecuencia del aspecto sintético de su prosa, notamos que es un novela de brevísima extensión, siete capítulos o episodios divididos entre menos de cien páginas. En general, la prosa carece de las fórmulas de la novela tradicional. No encontramos penetrantes y detalladas descripciones de personajes o lugares, sino concentradas imágenes que sirven más bien para sugerir un ambiente que para destacar personas o espacios. Díaz Fernández alude a ese aspecto de su prosa en la "Nota" que acompaña a la segunda edición de la novela:

> ...estimo que las formas vitales cambian y a ese cambio hay que sujetar la expresión literaria. Vivimos una vida sintética y veloz, maquinista y democrática. Rechazo por eso la novela tradicional... e intento un cuerpo diferente para el contenido eterno... Yo quise hacer una novela sin otra unidad que la atmósfera que sostiene a los episodios.(27)

Sostener la unidad novelesca no mediante el personaje ni el argumento sino a través de la atmósfera le permite al novelista concentrarse en episodios aparentemente aislados, cuyo conjunto nos revela el sentimiento profundo de la novela. Subrayamos que el cine, la velocidad, la máquina, etc., le dan al vanguardismo un nuevo sentido del tiempo y del espacio. Se ven fragmentados, desordenados y por tanto los esquemas tradicionales de la novela no sirven para expresarlos según la nueva sensibilidad. En buscar una novela de atmósfera, Díaz Fernández mantiene esta misma actitud pero junto a la fragmentación del tiempo, del espacio y de personaje, desarrolla una temática profundamente humana sostenida por una penetrante ambientación. Cada episodio sintetiza un aspecto de la actitud negativa y crítica del autor ante la guerra pero el hilo unificador es un ambiente cada vez más opresivo. Esta fragmentación estructural es perfectamente adecuada a la expresión del caos que produce la guerra. El aparente desorden formal corresponde al desorden que la guerra impone a las vidas de los personajes.

El escritor vanguardista inicia el juego literario con una materia principalmente estética. El lenguaje, las figuras, los constantes juegos de las metáforas y el dinamismo son sus instrumentos predilectos. Con *El blocao,* Díaz Fernández, sin rechazar estas características, asegura que no se desprendan de la expresión específica de un tema humano. Aquí los temas dejan de ser un mero pretexto para la pura elaboración estética. Al contrario, los aspectos formales, aunque producto de una actitud de lo más moderno, se sujetan a la temática humana de la novela. De esa manera Díaz Fernández realiza lo que él llamaría una novela de "verdadera vanguardia" en la que las formas expresivas sean las más adecuadas para la expresión de las inquietudes de pensamiento más actuales.

Característico de un escritor de vanguardia, la metáfora es la figura predilecta en la prosa de Díaz Fernández, pero se utiliza de una manera más consonante con sus intenciones temáticas. Si para el vanguardista la metáfora se convierte en "la res poética"[5] como describe Ortega, utilizada no para precisar el plano real sino para eliminarlo, en *El blocao* Díaz Fernández le busca otra función. Aquí la metáfora, también sintética, original y actual, se ajusta a las preocupaciones temáticas de la novela, es decir que subraya precisamente el aspecto humano de la realidad, no lo suprime.

5. José Ortega y Gasset, *La deshumanización del arte: Obras completas,* (Madrid: Revista de Occidente, 1957), III, p. 375.

Al sujetarse de esta manera a los temas críticos de la guerra y la deshumanización, los mismos motivos que producen las metáforas estetizantes y formales de la vanguardia aquí se transforman radicalmente. Señalamos en el siguiente ejemplo la metáfora de tipo maquinista que produce no un elogio al progreso y a la técnica sino una escalofriante imagen de hombres desprendidos de su humanidad por el tedio y por la inutilidad de la vida guerrera.

> Sin darnos cuenta, cada día nos parecíamos más a aquellos peludos a quienes habíamos sustituido. Eramos como una reproducción de ellos mismos y nuestra semejanza era una semejanza de cadáveres verticales movidos por un oscuro mecanismo. (32)

Las condiciones de la guerra transforman a los jóvenes soldados en unos hombres-robot, incapaces de pensar, de actuar por sí mismos, desprendidos de toda su individualidad.

En otro sitio el tic tac de un reloj de bolsillo reproduce el palpitar de un corazón pero otra vez la cosa mecánica sugiere una realidad humana negativa:

> Dijérase que el sonido del reloj era un idioma entrañable ...Otro corazón oscuro, perdido en la campaña, ininteligible como el corazón de Villabona.(44)

El blocao no sólo logra demostrar cómo una prosa moderna puede ajustarse a una novela de tema social sino que también utiliza algunos de los mismos motivos temáticos que servían como punto de partida para la despreocupada prosa vanguardista, transformando profundamente su sentido. En parte *El blocao* es un libro sobre la juventud pero no esa juventud algo frívola y escapista que puebla las páginas de las novelas de vanguardia sino otra deshecha, desmoralizada y hasta corrompida por la circunstancia de la guerra. Los jóvenes soldados presuntuosos "de rostros limpios y sonrientes" que ocupan el blocao al principio están ansiosos de acción bélica y oportunidades para el heroismo. Después de poco acaban desgastados y brutalizados por su experiencia hasta parecerse más a animales que a hombres. Se convierten en "bestezuelas resignadas", "chacales hambrientos", "simios acurrucados". Rápidamente pierden su ilusión y con ella su juventud como el joven Gafitas que a los 24 años se siente "viejo de veras ...porque la vejez no es más que una suma de renunciaciones, de limitaciones, hasta que el espíritu queda transformado en una sombra, en un espectro de lo que fue."(81)

Relacionado con el tema de la juventud está el del amor o más bien en este caso el erotismo porque es precisamente el amor lo que está ausente en este ambiente. La progresiva intensificación del tema erótico corresponde al proceso deshumanizador al que están sujetos los personajes de la novela. Mediante esa desintegración los dos planos de la temática, el proceso de la brutalización de los jóvenes soldados y la fuerte crítica del colonialismo se acercan cada vez más hasta llegar a coincidir en el último episodio. Al principio el erotismo se limita a las fantasías y a los recuerdos de los soldados:

> Una mujer. Mis veintidós años vociferaban en coro la preciosa ausencia... Mi memoria era una puerta entreabierta por donde yo, con sigilosa complacencia, observaba una cita, una espera, un idilio ilegal.(33)

Pero con el tiempo y con la necesidad de satisfacer su deseo en la circunstancia bélica el soldado español encuentra que la mujer africana elude siempre su intento de dominio. Ella es el símbolo de todo un continente violado por los colonizadores europeos y la única manera de conquistarla, es decir, por la fuerza, no ofrece ninguna esperanza duradera. Esto se ve claramente en el capítulo "Africa a sus pies" en que el oficial español Riaño mantiene como amante a la hermosa Aixa a quien él llama Africa: "...está viva y silenciosa como un secreto en la casa de amor de Riaño... por detrás de los tabiques había siempre un perfume, un rumor, una presencia misteriosa... Era Africa." Riaño se cansa de ella "porque es más triste que un fiambre. No sabe mas que tenderse a mis pies como un perro". Sin embargo la sumisión de Africa es engañosa y a Riaño lo encuentran con el corazón atravesado, asesinado por su amante que se viste de nuevo de mora y se desvanece entre las sombras de Teruán. Ni Africa mujer ni Africa continente se someten al dueño ajeno. Como estas extrañas mujeres Marruecos tiene para España un fuerte y misterioso atractivo pero es traidor, incomprensible e imposible de poseer.

La novela acaba con un episodio terriblemente profético en que se concentran toda la frustración, humillación y brutalidad de la empresa colonial. Al llegar desde la Península la incitante esposa de un oficial, los soldados que la acompañan son ya incapaces de responder a la disciplina. Se entregan a un instinto bestial como perros enloquecidos. Mientras descansan debajo de una enclenque higuera la atacan y la matan. Así es que el sugestivo juego erótico que caracteriza a tantas obras del vanguardismo de esa época se convierte en un obsceno símbolo de la pérdida de la inocencia y de una política colonial injusta y corrupta. En este extraño ambiente africano desaparece todo parecido con la normalidad y comprendemos que el impacto de esta guerra se extiende mucho más allá del campo de batalla. Esta "novela de Marruecos" como dice el rótulo del libro termina con españoles matando a españoles y señala la manera en que esta experiencia había logrado minar la estructura de toda una sociedad. El libro capta un momento de profunda crisis y marca el fin de la despreocupación alegre que caracteriza gran parte de la novelística de los años 20. Sin comprometerse a ninguna ideología específica, *El blocao* sí orienta la novela española hacia una obra plenamente social sin sacrificar los logros estéticos de esa rica fuente vanguardista.

ORTEGA, TORRENTE Y LA ESTÉTICA DE LA NOVELA VANGUARDISTA: EL CASO DE MI REINO POR UN CABALLO

Stephen Miller

Texas A&M University

Existen al menos dos vanguardias: la histórica del primer tercio del siglo XX, y otra relativa, la que se define constantemente
de nuevo con respecto a una estética que se separa de la vigente
y que se formula en contra de la misma. Gonzalo Torrente Ballester conoce y acepta las dos vanguardias.[1] Su novela corta *Mi reino por un caballo (falsa novela inglesa)* pertenece a las dos.[2] Por
una parte es obra escrita y publicada en 1979, y por otra es una
creación que se escribió con dos textos teóricos fundamentales de
la vanguardia histórica española a la vista. En todo momento el
lector de *Mi reino* oye los ecos de los planteamientos de *La des-*

---

1. Torrente se refiere a la primera vanguardia en sus libros *Panorama de la
literatura española contemporánea,* 3.ª ed. (Madrid: Guadarrama, 1965), pp. 357-62,
y *Teatro español contemporáneo,* 2.ª ed. (Madrid: Guadarrama, 1968), pp. 68-69.
Se refiere a la segunda en "Reflexiones", *Cotufas en el golfo,* en "El sábado cultural," p. III, de *ABC* del 13 de octubre de 1984. Se citará a continuación de estas
obras en el texto mismo del presente estudio, y se seguirá el mismo procedimiento
cuando se documente de otras fuentes previamente identificadas en las notas.

2. *Mi reino* fue publicado por Torrente en *Las sombras recobradas* (Madrid: Planeta, 1979), pp. 161-276. Se terminó de escribir el 27 de febrero de 1979.

humanización del arte y de *Ideas sobre la novela,* publicados por José Ortega y Gasset en 1925. Al mismo tiempo parece que Torrente se separa del Ortega de las últimas secciones de *Ideas sobre la novela.* Acepta plenamente, pues, lo que *La deshumanización* e *Ideas* tienen de análisis histórico y de programa estético, pero modifica lo dicho por Ortega con respecto a lo que el filósofo entendía que iba a ser la materia de la novela del futuro. Y no es que Torrente se jacte de esta diferencia, que reconoce, con su maestro,[3] sino que escribe después de agotarse la vanguardia histórica y el predominio de las ideas de Ortega. Puede concebir, por lo tanto, ciertas posibilidades no vistas por Ortega.

I

Desde nuestra perspectiva se puede caracterizar *La deshumanización del arte* como el análisis de un movimiento literario antimimético en sus raíces y en la práctica. "Deshumanizar" equivale para Ortega, y Torrente, a "desrealizar", a hacer que la experiencia literaria sea *sui géneris* y no una mera reproducción de la manera diaria de experimentar las personas, cosas y relaciones del mundo. Las siete tendencias de este tipo de arte que Ortega identifica y explica en su libro son aspectos particulares de cómo se crea una experiencia artística que evita la mimesis. *Ideas sobre la novela* es una especie de continuación de *La deshumanización;* si *La deshumanización* intenta caracterizar el movimiento artístico de 1905-1925 en general, *Ideas* procura sacar las consecuencias del movimiento general para la novela en particular. Torrente, en sus obras creadoras y críticas, y a lo largo de toda su carrera literaria, ha hecho una labor análoga: intentar escribir obras de creación consecuentes con el análisis artístico-novelesco orteguiano de 1925. Pero, como se advirtió antes, con la ventaja sobre Ortega de poder ver y juzgar todo lo que llegó a producir la vanguardia histórica.

Para Torrente la novela de la vanguardia histórica es un fracaso artístico porque sus creaciones "no añaden nada a la novela como arte... no son más —a nuestros ojos de hoy— que arqueología reciente, testimonio de un pasado próximo que en ellas manifiesta su incapacidad" (*Panorama,* p. 410). Reconoce en la obra de

---

3. Sobre la relación Torrente-Ortega, véase la introducción autobiográfica a Gonzalo Torrente Ballester, "Prólogo a *La obra completa,*" *Obra completa,* I (Barcelona: Destino, 1977), pp. 25-26.

Benjamín Jarnés, Antonio Espina y los otros el intento de escribir novelas conforme al análisis y programa orteguianos, pero que no logran encontrar la fórmula novelística adecuada al propósito (*Panorama,* pp. 411-19). Esto es por ser "novelistas alguna vez... gente que han tentado varios géneros sin decidirse por ninguno, figuras de escritores no especializados" (*Panorama,* p. 411). Son más lectores de *La deshumanización del arte* que novelistas de oficio intentando dialogar y contestar a los problemas expuestos en *Ideas sobre la novela.* Torrente, en cambio, es tan lector de *La deshumanización* como Jarnés, Espina, Andrés Alvarez, Chacel, Bacarisse, Botín Polanco, Verdaguer, etc., y llega a ser reconocido como perito en Ortega además de profesional de la novela.[4] Profesional que tiene mucho más en cuenta —que los escritores ya mencionados— los problemas expuestos por Ortega en *Ideas.*

II

En su discurso de entrada a la Real Academia del 27 de marzo de 1977, Torrente evidencia claramente el origen en *Ideas* de su manera de concebir la novela que hay que escribir después de los tiempos de la vanguardia histórica,[5] o mejor dicho, que hay que intentar escribir. Como en *Ideas,* Torrente en su discurso titulado *Acerca del novelista y de su arte* procede por vía comparativa, contrasta la novela que hay que cultivar con la decimonónica. Ésta es una "obra narrativa en que se cuenta que algo ha pasado a alguien en alguna parte" (*Acerca del novelista,* p. 13). Pero después de la llamada "deshumanización" del género, efectuada especialmente por Joyce desde la perspectiva de Torrente, "se niega la necesidad de un 'alguien', personaje, y de un 'algo', historia, sin lo cual, el 'alguna parte' desaparece también" (*Acerca,* p. 33). Lo que resta, pues, es "solamente el 'relato' como forma vacía que intentamos se baste a sí misma" (*Acerca p. 33).* En *Ideas* el concepto equivalente se encuentra como resultado de las comparaciones del teatro clásico francés y español; Ortega declara que la "obra de arte vive más de su forma que de su material y debe la

---

4.   Por ejemplo, Emiliano Díez-Echarri y José María Roca Franquesa, en su *Historia de la literatura española e hispanoamericana* 2.ª ed. (Madrid: Aguilar, 1966), p. 1279, citan largamente al Torrente de *Panorama* para explicar las ideas estéticas de Ortega.

5.   Torrente, *Acerca de la novelista y de su arte* (Madrid: Real Academia Española, 1977).

gracia esencial que de ella emana a su estructura, a su organismo."[6]
En Ortega es necesario inventar una trama novelesca que despierte
y mantenga un interés en la descripción de un mundo que existe
sólo en la imaginación del autor, mundo cuya esencia "no está
en lo que pasa, sino precisamente en lo que no es 'pasar algo,
en el puro vivir, en el ser y el estar de los personajes, sobre todo
en su conjunto o ambiente" (*OC,* III, pp. 407-08). El descontento
que expresan Ortega y Torrente con la novela vanguardista histórica se deriva de no encontrar en la misma el relato o trama suficiente como para dar vida propia a las realidades no miméticas
que contiene.

La divergencia entre Ortega y Torrente ya aludida puede ser
más aparente que real. Depende de cómo se entienda a Ortega
cuando habla de la materia de la novela deshumanizada. Ortega
cree que la manera de crear una realidad no mimética que intere-
se como novela es inventar "almas interesantes", las cuales sólo
necesitan ser "posibles" y no como las que se conocen en la vida
real. Si el autor tiene éxito, logra crear un desarrollo interesante
para "la psicología de los espíritus posibles" que son los personajes de su novela (*OC,* III, pp. 418). Pero no se sabe hasta qué
punto sus "almas interesantes" tienen que ser —de alguna
manera— personas. Cuando Ortega habla, por ejemplo, "de construir fauna espiritual" como "acaso, el resorte mayor que puede
manejar la novela futura" (p. 418), no se puede deducir si cualquier ser vivo —fauna— es materia idónea para la "psicología
imaginaria" que propone (p. 418). Torrente, como creador de *Mi
reino por un caballo,* no deja dudas al respecto.

III

En *Mi reino* el personaje principal es *Lord Jim,* un caballo
que habla inglés tan bien como cualquier bachiller de Oxford. No
sólo llega a dominar sobre Napoleón Bonaparte, Sherlock Holmes, el Doctor Watson, ministros y representantes de los poderes
mundiales de más peso, miembros de la aristocracia, Agatha Christie, Scotland Yard, y otros, sino que mantiene contacto de ultratumba —conversando normalmente con los muertos— y decide
el destino del mundo contemporáneo . El relato de Torrente care-

---

6. Ortega, *Ideas sobre la novela,* en *Obras completas de José Ortega y Gasset,*
III (Madrid: Alianza/Revista de Occidente, 1983), p. 399.

ce, obviamente, de todo contenido real. Propone que el lector acepte un juego imaginario en el que lo que sabe del mundo real queda desrealizado, y que su experiencia de lector se base en la gracia que pueda tener la historia del caballo descrita arriba. La trama aparenta ser la de una novela policíaca, pero lo que se llama el "misterio" en inglés queda completamente desvirtuado. Sherlock Holmes no deduce nada ya, sólo habla como oráculo desde sus ensueños de drogadicto; Scotland Yard y Agatha Christie no llegan ni al umbral de lo que ha ocurrido. Parte de la "falsedad" de *Mi reino* como "novela inglesa" se deriva precisamente de hacer que el lector piense en cierto momento que se va a ocupar de personajes como los de Conan Doyle o Christie.[7] Sin embargo, se trata en realidad de una novela programada por Ortega y realizada por Torrente que dista mucho de ser policíaca.

Un día una duquesa, contemporánea nuestra, que desciende de Lady Macbeth y que vive en su castillo, y su hijo, segundón y tonto, se equivocan y pasan por un espejo que creen ser puerta. En ese momento entran en el mundo de ultratumba y sale de ese mundo Napoleón Bonaparte. Napoleón entabla amistad con *Lord Jim,* el caballo parlante, y por medio de él sabe que la duquesa y su hijo quieren volver al mundo. Pero para efectuarlo, Napoleón tiene que regresar a la zona de fantasmas.

Recordando que es hombre público y queriendo dominar otra vez el mundo, Napoleón rehusa tal pretensión. Y a medida que *Lord Jim* se va acostumbrando a la idea de ser el caballo de batalla de Napoleón, otras consecuencias de la decisión de Napoleón llegan a serle claras. El mundo, necesitado de alguien capaz de ponerlo en orden, abraza a Napoleón. Pero los seres particulares que más le importan al caballo van a sufrir al encontrar su amor eternamente frustrado por la separación producida al aparecer Napoleón. Habiendo ganado la confianza del emperador, *Lord Jim* decide anegar al emperador y sacrificarse a sí mismo. Con el confiado Napoleón a sus espaldas, *Lord Jim* salta por el espejo, librando de esa manera a la duquesa y especialmente al tonto de su hijo, amante de Mrs. Sybila Toynbee, la querida dueña de *Lord Jim.*

El arte de Torrente consiste en hacer interesante una historia tan disparatada. Un juego literaro sin trascendencia alguna, *Mi*

---

7. Ver pp. 163-66 de *Mi reino* para lo que Torrente dice al respecto. Explicar completamente lo que entiende por "una falsa novela inglesa" sería, sin embargo, el tema de otro trabajo

reino, deshumaniza radicalmente al convertir en protagonista a un caballo; caballo que entiende más del mundo ficticio que los personajes humanos y que decide su ventura. Es imposible leer *Mi reino* desde los parámetros de nuestra experiencia humana real. Entramos en la novela y la gozamos sólo a cambio de aceptar la subversión de todas las asociaciones normales que evocan ¿Scotland Yard, Lord Jim, Holmes y Watson, Agatha Christie, Napoleón, los caballos, etc. Entonces podemos emprender el trabajo estético de identificar y trazar el sistema *sui géneris* de causa y efecto que rige en *Mi reino.* Y poder hacer esto equivale a comprender la "psicología imaginaria " que Torrente inventó para su *Lord Jim,* un ejemplo sorprendente de la "fauna espiritual" de que habla Ortega en *Ideas* — sin entrever quizá la posibilidad que efectúa Torrente en este caso.

IV

En una de sus novelas más recientes, *Quizá nos lleve el viento al infinito* (1984), Torrente da la razón al Sherlock Holmes de *Mi reino* que dijo, desde su "místico sopor ...El caballo es un robot. Napoleón es el agente de una potencia extranjera" (p. 205). O, al menos, desarrolló esta posibilidad con otros personajes: agentes de aspecto humano que son robots y personas que pueden tomar la forma de un caballo o de lo que sea. En comparación con estas creaciones, las novelas anteriores de Torrente que ganaron dos premios de la crítica, *La saga/fuga de J.B.* (1972) y *Fragmentos de Apocalipsis* (1977), son más humanas. Aunque se juega con varias psicologías y almas posibles, que no guardan ninguna relación necesaria con seres reales, los personajes son figuras humanas. Con *Mi reino* y *Quizá el viento* Torrente acentúa el proceso deshumanizante al dejar de inventar protagonistas humanos. Y da una realización muy particular a la "posibilidad" a que alude Ortega en *Ideas* "de construir fauna espiritual" como "el resorte mayor que puede manejar la novela futura". La evaluación e implicaciones socio-literarias de este arte deshumanizado merece el detenimiento de un estudio distinto.

ASPECTOS DE LA DECADENCIA FRANCESA EN LA OBRA DE GABRIEL MIRÓ

Pedro Campa

University of Tennessee at Chattanooga

La posición que ocupa Gabriel Miró en la narrativa española del siglo veinte siempre ha estado abierta a un debate que ha
esclarecido muy poco, dando lugar a innumerables y erróneas con-
jeturas. Por razones superficiales se agrupa a Miró entre los modernistas o se le tilda de noventaiochista tardío, y se le pone en com-
pañia de Azorín, que además de sobrevivir a Miró (por una irónica
casualidad) y a su propia Generación del 98 por muchos años,
no se parece en nada al escritor levantino. Aunque tengamos para
la posteridad el testimonio de Miró agradeciéndole al escritor cas-
tellano una deuda de estilo, sospechamos en ello una galantería
de don Gabriel, en halago a la conocida vanidad de Azorín, más
que un juicio que tengamos que tomar muy en serio. Dice Miró:
"todos [los escritores] si son hombres veraces y honrados, confe-
sarán que el renacimiento de la palabra literaria en España se debe
principalmente a Azorín" (*Glosas de Sigüenza,* cit. Ramos, 39).
Las comparaciones entre Miró y Azorín son numerosas y tenta-
doras por llevar la firma de críticos de fama (eg. Angel Cruz Rueda, Nicholson B. Adams, Mariano Baquero Goyanes, Salvador
de Madariaga), aunque no por ello dejo de creer que fuera de la
estrecha amistad que los unía, la influencia estilística de Azorín
en Miró será siempre difícil de probar de un modo convincente.

El afán por encontrarle una filiación clara a Miró está guiado, como ya he dicho, por comparaciones superficiales sin claro basamento. Ejemplo de ésto es el parangón que se esfuerza en establecer entre Miró y Valle-Inclán.[1] Si bien es verdad que en algunas ocasiones la mezcla de lo erótico y lo religioso coinciden en ambos autores, la contextura de la imagen, los recursos estilísticos, y la intención misma son del todo diferentes (mejor pensada, pero también sin fundamento, es la posible relación entre los esperpentos de Valle-Inclán y Miró, *vid.* Zamora Vicente). También son comunes a la crítica las generalizaciones de tendencia; aquellas que evitan una clasificación concreta sin dejar de sugerir un sub-título que subraye una filiación de escuela. Baquero Goyanes, por ejemplo, apunta a Miró entre los escritores de filiación neomodernista (117), mientras que Vicente Ramos (39) y Eugenio de Nora (I, 458) acusan tendencias modernistas en Miró, sin atreverse a dar una clasificación concreta. Críticos más audaces como Paciencia Ontañón de Lope, en un artículo publicado en 1975, titula a Miró como espíritu del 98 (*Studia Hispanica in Honorem Lapesa*) III, 375-386) —si los paralelos anteriores son difíciles de establecer el de Miró con el 98 se nos antoja algo imposible o *"unconvincing",* como lo glosa piadosamente Landeira, al referirse a este artículo en su bibliografía anotada de Gabriel Miró (112).

El que Gabriel Miró continúe eludiendo la clasificación de la crítica contemporánea como eludió a la de su época se debe a dos razones tan procedentes entonces como ahora: una es que Miró escapa toda clasificación tradicional porque era una anomalía en España para su época, sobre todo dentro del caos aparente que ofrecía la narrativa del Novecentismo; la otra es que no nos hemos tomado el trabajo de analizar ni las corrientes intelectuales que afectaron a Miró a través de sus lecturas, ni las formas narrativas más efímeras de la época, como las contenidas en la promoción del *Cuento Semanal,* de las que Miró fue partícipe— para esto último hay que hacer la salvedad del estudio de Guillermo Díaz-Plaja y en parte del libro muy reciente de Litvak (*Erotismo fin de siglo*); éste último, aunque no mencione a Miró, comienza a llenar una laguna en el estudio de las tendencias decadentistas en nuestra literatura.

1. El paralelo entre Valle-Inclán y Miró se hace aún más difícil después del escrutinio de la biblioteca de Miró por Mac Donald. Miró sólo poseía dos obras de Valle-Inclán: *Romance de lobos* y *El resplandor de la hoguera,* ambos volúmenes con una comedida dedicatoria de Valle-Inclán. Esto unido a los escasos y bien resguardados juicios de Valle-Inclán sobre la obra de Miró apuntan a una indiferencia mutua que no se podría traducir en influencia.

¿Qué hay de decadente en Gabriel Miró? para contestar esta pregunta, aunque sea parcialmente, debemos señalar que el origen y la definición del decadentismo son difíciles de precisar. El decadentismo nacido en Francia, a fines del siglo XIX (aunque si creemos a los franceses, tiene dignos antecedentes en la literatura de la Edad de Plata romana), es más una tendencia literaria de la post-guerra con pretensiones políticas y veleidades filosóficas que una escuela literaria poseedora de un manifiesto doctrinal como lo fue el Naturalismo. (—Quizás el prefacio de Théophile Gautier a la edición póstuma de 1868 de *Les Fleurs du mal* (1857) de Baudelaire, sea lo que más se aproxime a una declaración de principios). En esta tendencia participan parnasianos, simbolistas, y a veces naturalistas de escuela como el mismo Zolá. Una alusión común a lo decadente siempre conjura, como es de esperar, un ámbito malsano. La pornografía, el sadismo, el masoquismo, la degeneración patológica, la neurosis, el satanismo así como el incesto y demás crímenes de contrafacto son lugares comunes en la literatura francesa de la decadencia, como también lo es un desencanto en el futuro humano esposado a un ansia y a una certeza inminente de la destrucción de la civilización occidental. De acuerdo con Mario Praz (*La carne la morte e il diavolo nella letteratura romantica* 1933) el decadentismo, que ya tenía sus gérmenes en los escritos del "divino marchese" (Sade) en el siglo XVIII, comienza a florecer a mediados del XIX al extinguirse el Romanticismo.

Además de ser tendencia literaria, la decadencia es una visión del mundo esquiva a toda clasificación por el estilo. Los parnasianos, los simbolistas y los naturalistas pueden promulgar ideas decadentes y al mismo tiempo favorecer diferentes estilos. De hecho no existe un estilo decadente; el dandismo, la sinestesia, el obscurantismo poético y otros atavismos anímicos y sintácticos que se le atribuyen al decadentismo no justifican las enormes diferencias que existen entre los autores decadentes franceses de fin de siglo.

No toda la ·literatura decadente es regocijo de perversiones eróticas; hasta en las más insufribles novelas de Pélladan, hay un sarcasmo moralista que condena la hipocresía de "una moral pública" los horrores del materialismo, y las atrocidades cometidas por una Iglesia corrupta. Estos aspectos, que ya existían en el Naturalismo de escuela, unidos al escrutinio erudito de la historia, de la religión y de las ciencias médicas, se refinan en algo que trasciende a una revolución de estilo y que el manifiesto Naturalista no pudo ni quiso concretar. La estética de la visión decadente, en su ausencia de límites exactos, como toda tendencia vanguardista, refleja en su interior un hastío hacia la vulgaridad burguesa y hacia lo explícito del Naturalismo (*he aquí lo simbolista: "il faut suggérer."*) que siempre buscó una redención social en el arte. El escritor decadente, aunque no es hostil al Naturalismo, rehusa participar en el afán reformista de la literatura, tanto por creer en la doctrina del arte por el arte (*he aquí lo parnasiano*), como por el convencimiento de que presencia la inevitable agonía de su civilización.

Pero volviendo a la pregunta —¿Que hay de decadente en Gabriel Miró?— Descontando los atavismos de estilo, la sinestesia y el *spleen* que comparte Miró con muchos modernistas, podemos señalar: el interés en la exactitud de la descripción patológica, el gusto por el examen clínico del comportamiento humano, y la convicción del derrumbe del dogma católico (y en parte de la fe) ante la comprobación científica de los hechos históricos. El decandentismo de Miró, que sus amigos entendían como luminosas innovaciones de estilo, no se le escapó por un momento a la prensa reaccionaria de la época que inmediatamente lo vio como subversivo. Nicolás González Ruiz en 1927, en una reseña de *El Debate,* le tilda de 'pornógrafo, freudiano y perfectamente repugnante' (Mac Donald 33); Luis Astrana Marín en *El Imparcial* (1927) dice que el estilo de Miró "es una enfermedad contagiosa y terrible, aunque cutánea [diría yo como la apariencia de la lepra] por cuanto su mal se nota en la superficie" (Mac Donald 31); Julio Cejador, quien ya había atacado el estilo de Miró por "sensacionalista" (en *Nuevo Mundo,* 1919), finalmente le tilda de decadente: "es de escritores a quienes por su afeminada educación a la francesa [lecturas, querría decir don Julio, Miró se educó con los jesuitas] desalentaron los acontecimientos de 1898... es Miró pesimista decadente... en los asuntos y manera de tratarlos" (*Historia de la lengua...* 1920, XII, 38-9 *cit.* en Mac Donald 20). Lo sorprendente de los juicios de entonces, como los de la crítica de hoy en día, es que al atacar a Miró se ignoró, como se continua pasando por alto, que España participa en estas tendencias decadentes en su literatura como es de notar en algunas novelas tardías en Palacio Valdés y en muchas escritas por los autores de la promoción del *Cuento Semanal.* Basta leer las novelas y los cuentos de Vicente Díez de Tejada, Eduardo Zamacois, Pedro de Répide y Vicente Hoyos y Vinent, para darnos cuenta de que España, aunque no querramos admitirlo, tuvo en ellos un Pierre Louÿs, un Octave Mirbeau, un Villiers de l'Isle Adam y un Jean Lorrain. Para más certeza, España exporta literatura decadente; la popularidad del Marqués de Vinent (Vicente Hoyos) entre los lectores franceses le atestigua el hecho de que todas sus obras se tradujeron al francés en su época, y muchas traducciones aparecieron casi simultáneamente con las ediciones castellanas.[2]

El primer tema a enfocar en la tendencia decadente de Miró es lo que siempre se cataloga de morboso, o de una propensión a escenas de extrema crueldad. Si nos fijamos atentamente en algunos de estos pasajes, no podemos justificar la descripción detallada sólo como ilustración del padecer humano para inspirar la compasión o para recalcar un tema clave de Miró: la indiferencia al sufrir ajeno ("en todo falta amor"). Para no decir deleite, las descripciones de las diferentes formas de lepra en *Del vivir* (1908) acusan la exactitud patológica de la pintura surrealista que se nos hace innecesaria si existen sólo con el propósito de explicar los estragos de la enfermedad. Allí vemos ejemplos de *lepra tubercular* en su fase leonina: "en su cara la podre del mal hacía escamas lívidas y se arracimaba y se amontonaba"(22); de *lepra eritematosa:* "su cara era brillante, blanda, tumefacta; entre postemas y carúnculos amoratados salían pelos lacios... Una fiebre continua, sutil le dejaba en la piel podrida un diminuto rocío de sudor."(45); y de *lepra lazarina* (erythema necrotisans) "los pies de Batiste están horadados por úlceras secas. Se le ve más hueso que carne. Sus piernas costrosas se descarnan como astilladas por golpes de hacha basta.."(62). Ya en una obra muy temprana, *Hilván de escenas* (1903), nos muestra Miró su gusto por lo patológico, aparentemente por el mero interés de describir. La autopsia de un ahogado, rescatado del mosquero, llevada a cabo con típica rudeza lugareña es de un conjuro grotesco inolvidable: "¿Lleváis faca o navaja? Pues con ella cortad; arrancadle la ropa; sino nunca acabaremos. Miren Uds. el corazón de ese pobre hombre dijo mostrando en sus manos ensangrentadas un trozo de carne negruzca con manchas amarillentas. ¡Y como apesta! quejose el juez —no es asombroso— replicó el médico, porque en los vivos también suele apestar esta entraña... ¡Pero vaya una hinchazón tre-

2. Dice el Marqués de Vinent en un entrevista publicada en *La Esfera* en 1916: "Hay tres cosas en la literatura que me han apasionado: el misterio, la lujuria, y el misticismo." ..."Dicen que mis libros son inmorales... ¡Pero si en mis libros el amor es una cosa horrenda y escalofriante!" *cit.* en Nora, I, 415 n. En París en 1920, La Viuda de Andrés Coq, Editores, había ya publicado doce novelas de Vinet en traducción francesa. La traducción de *El Monstruo* (1919) lleva un lisonjero estudio preliminar de Blasco Ibañez.

menda! Y al separarse dictó al secretario. Hipertrofia en ambos ventrículos" (*Hilván 112).*

Hay que admitir que Miró usa en ocasiones los padecimientos físicos como una extensa metáfora de orden espiritual, como en el caso de *El Obispo leproso,* novela donde se capta que la enfermedad del obispo es un símbolo de la podredumbre moral de Oleza. En esta situación, sin embargo, al buscar un significado más profundo, nos percatamos que aquello es una lucha entre lo inevitable de la muerte encarnada por el médico descreído, don Vicente Grifol (un alter ego de Miró), y la persistencia del engaño humano representado por la infantil noción bíblica que tiene el obispo de su mal incurable. Dice Su Ilustrísima:

> "No es de ahora mi mal. Pero ahora he principiado a estudiarme. Mi ministerio y mis aficiones me hicieron acudir a las Sagradas Escrituras. He recordado que si la piel presenta una mancha blanquecina, sin concavidades, el *lucens candor,* quedará el enfermo siete días en entredicho y observación... Y el obispo mentó los eczemas, los herpes, el impétigo, la psoriasis y más denominaciones y estudios de la nosología de la piel. Semejaba muy persuasivo en las enfermedades leves. Agotó la memoria de sus lecturas como si quisiera que el médico se descuidara de verle... (*El obispo, OC* 926)

Después de la consulta, Don Vicente, triunfal en su determinismo, le dice a don Magín: "¡Tengo delante al obispo, con llagas, con costras, con dolor de una dermatitis horrible o de lo que sea! Cuando me habló de Moisés y de enfermedades, yo pensé: "Diantre, quiere esconderse detrás de todo eso que dice!" Lo mismo que todos... No sé lo que tiene pero no se curará"(927).

Los ejemplos de descripciones de casos de patología clínica son inumerables en la obra de Miró y no obedecen al gusto caprichoso por lo macabro de los españoles como ha dicho ingenuamente Praag-Chantraine: "c'est toujours avec une complaisance particulière que les écrivains espagnols ses livrent à des descriptions macabres."(401) Lo que nos parece morboso en Miró no es más que el producto de su lectura cuidadosa en el campo de la medicina en su búsqueda de relaciones entre el padecimiento físico y el comportamiento humano combinado con la tendencia a descartar lo metafísico en favor de la influencia liberadora de la ciencia. Se pregunta Sigüenza (otro alter ego de Miró) al saber que un médico de Chicago experimenta con una hormona que ha de redimir a los locos: "¿no se habrá iniciado la posible posesión de la gracia y de la salud éticas por medios fisiológicos? ¿No puede llegar un día maravillosamente clínico en que se cultiven y se injerten las sustancias y glándulas de los cadáveres de hombres virtuosos, prudentes y heroicos?" (*Libro de Sigüenza* 643). El detallado estudio de Ian R. Mac Donald sobre la biblioteca de Miró nos confirma que además de poseer varios tratados de fisiología y epidemiología, Miró conocía varias obras de Hipólito Taine y probablemente los estudios sobre la herencia fisiológica y la medicina experimental de Claude Bernard (las bases para *Le Roman experimental* de Zolà, ya desacreditados ante los nuevos fisiólogos), a través de sus extensas lecturas de Théodule Ribot (La tesis de doctorado del Ribot en el Collége de France, *Hérédité: étude psychologique,* es en parte un empeño en refutar las ideas de Bernard).

Mucho se ha dicho acerca de la creación de personajes en la obra de Miró, y en más de una tesis doctoral se han examinado todos los ángulos posibles que caben dentro del marco de estos estudios. Para mi propósito nos queda hacernos dos preguntas ¿Dónde reside el interés de los personajes de Miró? y ¿Cuáles son sus creaciones más interesantes? A mi ver los personajes más interesantes son los más neuróticos y su interés reside en el análisis minucioso y siempre indirecto que hace Miró de su comportamiento. No existe mejor estudio de la sensualidad femenina en la obra de Miró que la creación de María Fulgencia Valcárcel. Su pasión de poseer el Angel de Salzillo, que más tarde se hace carne en Pablo Galindo; sus arrobos apócrifos de monja con los que inútilmente trata de sublimar sus instintos sexuales y finalmente la carta que dirige a Paulina, constituyen un estudio clínico del despertar sexual en la adolescencia. Elvira, la hermana de don Alvaro, es un sujeto de análisis de psicopatía sexual. Retorcida en su moral, constantemente refrenando el impulso animal y los deseos incestuosos hacia el hermano que trata de satisfacer con el sobrino, Elvira es una creación secundaria de Miró que podría ser personaje principal de una novela decadente francesa. Y así podríamos proseguir estudiando la obsesión de Miró por el análisis, en personajes como Sigüenza, don Alvaro, Cara rajada, el padre Bellod, don Magín, don Vicente Grifol, el homeópata Monera, don Jesús y otros muchos, para darnos cuenta que los personajes mironianos mejor logrados son los poseedores de aberraciones físicas o psicológicas y los descreídos.

El último enfoque, y quizás el más complejo concierne a Miró y el problema de la fe. La postura más anodina en la crítica de

Miró proclama que a pesar de su anticlericalismo, Miró es un escritor profundamente religioso. En apoyo de esta teoría tenemos la evidencia externa de *Las figuras de la pasión,* y la participación de Miró en un ambicioso plan de editar una enciclopedia católica bajo los auspicios de la Editorial Vecchi y Ramos en Barcelona. Es difícil sin embargo leer la obra de Miró y no creer que somos testigos al diario de un incrédulo. Miró en sus momentos más sutiles al describir la antigüedad de un rito religioso, la eficacia de un milagro, la autenticidad de una imagen, siempre acaba el pasaje con una nota irónica o humorística.

Edmund King, el más fino crítico del autor en nuestro tiempo, ha apuntado la similitud de las ideas de Ernest Renan (1823-1892) con los ideales religiosos de Miró. No debemos de olvidar que dentro de su quehacer de escritor, Miró mantiene a través de su vida una investigación activa en la arqueología de Tierra Santa y un marcado interés en los detalles de la historia del pueblo judío. De acuerdo con Mac Donald, Miró poseía ejemplares de *Los Apóstoles* y de *Souvenirs d'enfance et de jeunesse,* más tarde, despueś de mudarse a Madrid, compra seis obras más del francés y las manda a encuadernar lujosamente (175). Renan, quien brevemente ocupa la cátedra de hebreo y lenguas caldeas en el Collège de France en 1862, emerge en el momento clave del apogeo de las ciencias exactas. A pesar de su reputación de hereje, Miró se interesa en sus escritos una generación más tarde, cuando ya la fe ciega en las comprobaciones de la ciencia sufría múltiples embates. Sin embargo cabe el paralelo entre Renan y Miró, ya que la base de la obra de Renan es la negación de la divinidad de Cristo, para justificar la apología de su humanidad. Para Renan, como para Miró, los atavismos religiosos, son una necesidad, "la estrecha observancia es el pago a la libertad de pensamiento" "...uno hace lo que quiere, pero cree en lo que puede... ...Cuenta Renan que le dijo en una ocasión un judío ortodoxo: "yo prefiero privarme para siempre de comer puerco que estar obligado a creer en los dogmas de la Trinidad y de la Encarnación" *(L'Eglise Chrétienne. O.C.,* V, 433).

Si leemos cuidadosamente los cuatro primeros capítulos de *Nuestro padre San Daniel,* donde Miró describe la fundación de las dos parroquias más importantes de Oleza con sus titulares y milagros, hallamos claramente la presencia de Renan en su descreimiento de lo metafísico. La soca del olivo de donde se labra la imagen de San Daniel retoca milagrosamente en laurel. Aunque un día se divulga por Oleza que el laurel no es retoño del olivo sino nacido de una semilla en su entresijo, "no se menoscaba su gloria. Ni siquiera se comprueban las murmuraciones. Es preferible admitir el milagro que escarbar en sus fundamentos vegetales" (*Nuestro padre* 783). Más humorístico que el milagro del olivo es la extraña merced que concede la Virgen del Molinar, la que hace parir a la suegra en vez de a la nuera estéril, como venganza del engaño al recibir las joyas de la vieja, en vez de las de la joven esposa, por exvoto (783). Para Renan como para Miró la condición del milagro reside en la fe del testigo. Dice Renan que "sólo hay milagros cuando se cree; la fe crea lo sobrenatural. El Catolicismo, que pretende que la fuerza milagrosa no se ha extinguido aún en su seno, está sujeto a esta ley... Jamás ha ocurrido un milagro delante de los incrédulos". (*Les Apôtres, O.C.,* IV, 458). Quizás lo que vemos en Miró a través de su ironía en lo que se refiere a las formas externas de la fe religiosa es la misma negación de Renan al milagro como una intervención particular de lo divino en el destino humano. Para Miró como para Renan, "apoyar la fe buscando milagros históricos antes de que existieran testigos, es prueba que no podemos invocar ninguno para los que existan testigos fidedignos (*Les Apôtres,* O.C., IV, 460). O como decía don Vicente Grifol, cuando le proponían diagnósticos basados en el Antiguo Testamento, " —sí pero todo éso era en *illo tempore".*

Lo que se ha interpretado en Miró como trasfondo religioso, y de lo que sólo se rescatan intuiciones panteístas, no es más que un uso de los símbolos y prototipos plásticos del catolicismo que obedece a una estética que nada tiene que ver con la devoción o la profesión de fe.[3] La ideología religiosa de Miró nos sigue recordando el elegante escepticismo de Renan al resumir las presuntas revelaciones del cristianismo en una sentencia: "Nunca se ha seducido o apasionado a la multitud con la verdad pura, como jamás se ha moldeado a un gran hombre con un enuco, ni tampoco se ha escrito una novela sin amor" (*L'Eglise Chrétienne, O.C.,* V, 674). Las innovaciones estilísticas, el apego al arte por el arte, la ansiedad interrogante que rehusa seguir el derrotero estableci-

---

3. No es sorprendente que el arte de fin de siglo se incline hacia la inspiración en símbolos religiosos tradicionales como reacción a la iconografía burguesa del Naturalismo, como lo atestigua el siguiente juicio de un contemporáneo: "Mais aujourd'hui c'est la religion catholique qui offre une magnifique et poétique profusion des symboles... La pure magnificence de ses manifestation assure un trésor infini et varié d'inspirations poétiques... Des spectacles offerts au sens artistique du poète, plutôt que les drames banals de notre burgeosie" Georges Vanor, *L'art symboliste* (París: Vanier, 1889).

do por el Noventa y ocho, hacen de Gabriel Miró un escritor único que desafía cualquier idea preconcebida del Novecentismo español. Miró fuera de la generación de 98 y dentro de las corrientes innovadoras del Novecentismo sigue siendo un escritor de minorías, un glorioso iniciador de los movimientos vanguardistas del siglo XX que merece nuestra cuidadosa lectura.

OBRAS CITADAS

Baquero-Goyanes, Mariano. *Prosistas españoles contemporáneos.* Madrid: Rialp, 1956.

Díaz-Plaja, Guillermo *Estructura y sentido del Novecentismo español.* Madrid: Alianza Editorial, 1975.

Landeira, Richard. *An Annotated Bibliography of Gabriel Miró (1900-1978).* Lincoln: Soc. of Spanish and Span. Am Studies, 1978.

Litvak, Lily. *Erotismo fin de siglo.* Barcelona: Bosch, 1979.

Mac Donald, Ian R. *Gabriel Miró: His Private Library and his Literary Background* London: Támesis, 1975.

Miró, Gabriel. *Hilván de escenas.* Barcelona: Imprenta de Luis Esplá, 1903.

_____. *Obras Completas.* 4ª ed. Madrid: Biblioteca Nueva, 1961.

Nora Eugenio de. *La novela española contemporánea. Madrid: Gredos, 1961, Vol.I.*

Ontañón de Lope, Paciencia. "Gabriel Miró, espíritu del 98." En *Studia Hispanica in Honorem Lapesa.* Ed. Dámaso Alonso et al. Madrid: Gredos, 1975, Vol.III, 375-386.

Praag-Chantraine, Jacqueline van. *Gabriel Miró ou le visage du Levant terre d'Espagne.* París: Nizet, 1959.

Renan Ernest. *Les Apôtres.* En *Oeuvres Complètes,* IV. París: Calmann-Lévy, 1947-61.

_____. *L'Eglise Chrétienne.* En *Oeuvres Complètes,* V. París: Calmann-Lévy, 1947-61.

Ramos Pérez, Vicente. *El mundo de Gabriel Miró.* 2ª ed. Madrid: Gredos, 1970.

Zamora Vicente, Alonso. "Gabriel Miró hacia el esperpento." En *Lengua, literatura, intimidad.* Madrid: Taurus, 1966, 107-115.

JUAN BENET DESDE LA VANGUARDIA: BUSCANDO LA PALABRA PARA YOKNAPATAWPHA Y REGIÓN

María Elena Bravo

University of Illinois-Chicago

En los juicios que tradicionalmente se han emitido sobre la situación de la novela española en los años cuarenta, abundan las simplificaciones. Es ya hora de reexaminar en esos años lo que por un lado parece tan diáfano en cuanto a la sencillez de sus premisas políticas, sociales y culturales enunciadas oficialmente, desde su nivel más superficial, y lo que por otro lado realmente bullía en ciertos segmentos y germinaba de manera secreta, acaso inconsciente, pero que ha rendido frutos constatables. A la impresión falsa de unanimidad de un "recomenzar" o "una hecatombe", se ha contribuido desde diversos planos, todos ellos coherentes con una percepción de la realidad, todos ellos políticamente condicionados, todos ellos formulados desde los sentimientos más que desde la observación objetiva.

Los años cuarenta fueron años de ruptura, nos dice la crítica de entonces; años de aislamiento nos dicen los propios intelectuales que medían la penuria de sus medios y la falta de oxígeno en el ambiente; años de silencio, nos dicen los críticos de afuera y los poetas que se marcharon con su canción y su palabra. Años de impotencia y esterilidad, parecen decirnos las nuevas actitudes que reconocen con optimismo y euforia la libertad abrazada con la democracia.

Todo lo anteriormente expuesto es cierto pero no se puede dejar de observar que el enfado, la lucidez, el afán por la verdad, el impulso creador, y la memoria real también permanecieron , y lo que es más, prevalecieron aun cuando las apariencias los hicieran sumergirse o camuflarse. Los jóvenes de los años cuarenta no podían desgajarse tan fácilmente de su experiencias previas a la guerra, y a la hora de tomar la pluma o de coger un libro, todo aquello volvía por mucho que el ambiente no lo conjurara. Pensemos ahora en el campo específico de la novela, ¿dónde estaban los hilos que la unían con los logros de los años treinta, con los esfuerzos renovadores de los modernistas —Unamuno, Azorín, Valle— de los vanguardistas —Miró,Pérez de Ayala, Jarnés, Gómez de la Serna — con los experimentadores de lo estético y de lo social más jóvenes —Ayala, Sender, Carranque, Arderius, Díaz Fernández? ¿Dónde estaban los autores extranjeros que, leídos en los años treinta habían hecho sentirse a nuestros escritores parte de una comunidad más amplia e igualmente ambiciosa? ¿Dónde estaban Proust y Joyce, Kafka y Mann, Wolf y Lawrence, dónde Malraux y Steinbeck, Hemingway, Faulkner, Gide?

A unos se les había desvirtuado, los noventaiochistas; a otros se les había perdido, los exiliados; a algunos otros no se les editaba. Las obras de los demás no llegaban pero, se seguía escribiendo y los que escribían en los años cuarenta y habían aprendido a leer cuando estalló la guerra, habían aprendido algunas cosas más. Gonzalo Sobejano se refería, hablando del surrealismo en España, al caso de Cela[1] como ejemplo de la supervivencia en la narración de la actitud contestaria y exploradora que por haberse expresado con vehemencia internacionalmente durante los años veinte, suele asimilarse con el surrealismo, pero que es (tratando de verlo en una perspectiva más amplia y no sólo desde el lado más dogmático y polémico de André Breton) un impulso vanguardista que experimenta y busca nuevos límites para la palabra creadora, llámese surrealismo, imagismo, o ultraísmo. Y es cierto, Cela ya era adulto en 1936, y en él habían prendido silenciosamente todas aquellas polémicas actitudes[2]. Su impulso llenó en cierto

1. Cf. Gonzalo Sobejano, "El surrealismo en la España de Postguerra: Camilo José Cela", *Surrealismo/Surrealismos. Latinoamérica y España,* Actas del XVII Congreso de Instituto Internacional de Literatura Iberoamericana, 24 al 29 de agosto de 1975 (Philadelphia: University of Pennsylvania, 1975), págs. 131-142.

2. Cf. M.E. Bravo, "Los parientes faulknerianos de Pascual Duarte," *Nueva Estafeta,* n° 5 (enero 1983), págs. 39-49.

modo aquellos años y fue reconocido de manera unánime *(Pascual Duarte, la Colmena)* o con reservas *(Mrs. Caldwell)*. Pero Cela, si bien el lector más visible, no fue el único ni acaso el mejor informado. Volvamos los ojos a Pedro de Lorenzo, un novelista curiosa y persistentemente marginado que declara ahora, como declaró entonces, ser continuador de la novela vanguardista de Jarnés. El también había iniciado su carrera antes de empezar la guerra y conocía muy bien el ámbito de la novela occidental durante aquellos años en los que él mismo censurado, actuó también como censor[3].

Un tercer ejemplo es José Suárez Carreño que, activista intelectual casi adolescente antes de la guerra, se convierte en uno de los focos de resistencia al ambiente gris de la postguerra. Refiriéndose este escritor a sus intereses literarios de entonces, por lo que respecta a la narración, menciona a Faulkner como primer impulsor, ya que según él "Faulkner completa en la novela lo que ya había en la poesía, el surrealismo"[4]. Es, en efecto esta característica de Faulkner la que descubierta también por Juan Benet en aquellos años, suscitará en él un interés que servirá de sostenida línea de inspiración a su inusitada obra.

Benet era un niño al comienzo de la guerra, pero supo aprovechar los hilos que invisiblemente lo ponían en relación con el ambiente literario de pre-guerra. En gran medida su relación con el grupo de amigos de Suárez Carreño, especialmente con el pintor Juan Manuel Caneja, ayudará al joven Juan Benet a indagar más allá de lo que las circunstancias parecían ofrecer. Examinando sus lecturas se ve que conocía muy bien las traducciones del inglés que se habían hecho durante la República, en particular las que se referían a la literatura norteamericana. Varias de las obras claves de la vanguardia anglosajona se habían traducido al español en los años treinta; así *The Waste Land (Tierra baldía)* apareció en 1932, *Winesburgo, Ohio* de Sherwood Anderson apareció en 1933, en la editorial Zeus. La editorial Zénit tradujo obras de carácter social como las de John Dos Passos, *Manhattan Transfer* y *Rocinante vuelve al camino;* otros autores incluidos en los catálogos son Upton Sinclair, Theodore Dreiser, Sinclair Lewis.

3.   Respecto al primer extremo véase Pedro de Lorenzo, *Los cuadernos de un joven creador,* (Madrid: Gredos, 1971), pág. 74; con respecto al segundo, Ricardo Gullón, "Pequeña Historia del Poeta, los inquisidores y el crítico", *Sin nombre,* vol. IX, N.º 3 (octubre-diciembre 1978), págs. 68-74.

4.   Entrevista concedida a la autora de este artículo por José Suárez Carreño en mayo de 1972.

Por otra parte, como es sabido, en 1934 se publicó *Santuario* de William Faulkner, y en la *Revista de Occidente* y *el Sol,* así como en algunas revistas canarias, aparecieron estudios de Gertrude Stein, Hemingway, Faulkner, Hart Crane, Sherwood Anderson, John Steinbeck. De la novela vanguardista europea había aparecido en 1926 *Dédalo: retrato del artista adolescente,* traducción de la novela de Joyce hecha por Dámaso Alonso. También apareció una introducción a la obra de Proust en las traducciones de José María Quiroga Pla *(El mundo de Guermantes y Sodoma y Gomorra).* Joyce reaparece después de la guerra, en 1942, con *Gente de Dublín,* y Concha Zardoya tradujo en 1943 *Leaves of Grass (Hojas de hierba)* de Whitman, por estos años se publicaron también *Flush y To the Light-house, (Al faro),* de Virginia Woolf. Juan Benet estaba al corriente de estas oportunidades y, en su contexto, durante el decenio de los años cuarenta, leyó por primera vez a Faulkner, alcanzando a ver en este escritor los impulsos renovadores que justamente lo integran en la vanguardia.

A primer golpe de vista no puede menos de percibirse, sin embargo, lo que separa tanto a uno como a otro escritor de lo que fue característica principal de la vanguardia; este rasgo, no obstante los aproxima entre sí. Conocido es el aislamiento en el que vivió Faulkner por lo que se refiere al mundo intelectual, en comparación con su coetáneos, a los que, en muchos casos, no llegó a conocer. Hugh Kenner comentando su relación con las celebridades de su tiempo, dice: "La lista de hombres a quienes admiraba pero a los que nunca llegó a conocer, asombraría por su longitud. en París, en 1925, parece que vio de lejos una vez a Joyce, en un café. No se lo presentaron. Tampoco conoció a Pound, ni a Hemingway, ni a Gertrude Stein, ni siquiera a Sylvia Beach"[5]. A causa de esta separación y del aparente provincialismo que refleja su obra, la crítica estadounidense tardó mucho tiempo en reconocer el peso específico del gran novelista. Cuando Benet ha hablado del tema de la creación literaria su percepción se aproxima a la de Faulkner. Ambos escritores se encierran en un apasionado proyecto personal algunas de cuyas premisas examinaremos enseguida. Benet niega persistentemente ese concepto de empresa común que puede connotar la palabra *vanguardia.* El novelista madrileño pregunta: "En cuanto a 'la novelística', ¿qué es eso?

    5. Hugh Kenner, "Faulkner and the Avant-Garde", *Faulkner, Modernism, and Film: Faulkner and Yoknapatawpha, 1978,* Proc. of the 5th Conference on Faulkner and Yoknapatawpha, Jul 30-Aug 4, 1978 (Oxford: University of Missisippi), 182. La traducción de esta cita y las siguientes me corresponde.

Sé de ella muy poco. Este término implica un modo común de hacer, una vinculación del hombre novelista a esa manera común. El verdadero autor se sustrae a esa comunidad"[6]. Tal es la actitud de Benet quien, como Faulkner, sabe lo que quiere decir y probará a decirlo observando lo que le interesa, con criterio de fidelidad hacia sí mismo. Pero esta postura que sin duda comparten los dos novelistas, es a su vez hija de "la revolución de la palabra", como se ha llamado al modernismo; es hija de una implacable profundización en la capacidad expresiva de la palabra poética para explorar los rincones más oscuros y misteriosos de la experiencia, exponente de lo que quiso ser la vanguardia.

Benet y otros escritores de los años cuarenta y cincuenta tendieron a rechazar la literatura europea de postguerra por considerarla caduca: "Los norteamericanos", dice, "aparecían aureolados como de algo mítico, una nueva ingenuidad, el pueblo inglés era el fin de raza". Un sentimiento parecido prendía en Francia por la misma época, la novela norteamericana, con Faulkner a la cabeza fue una de las influencias más fecundas en el país vecino y también este extremo es el objeto de los comentarios de Benet: "En Francia hubo al final de la guerra el *boom* norteamericano, pero erraron el tiro en general"[7]. Dejando aparte este juicio, lo cierto es que el reconocimiento del aparentemente menos europeo de "la generación perdida" por parte de los lectores europeos, presenta alguna característica de la paradoja, pero no es en realidad tan paradójico, porque si bien Faulkner no vivió en el exilio, no salió a Europa de la misma manera que lo habían hecho sus coetáneos, Hemingway, Dos Passos, Fitzgerald, Eliot o Pound, su impacto fue mayor que el de estos artistas en un momento dado, porque Faulkner es básicamente europeo en su raíz. La europeidad de este novelista radica en su entronque con la tradición y también en su rechazo de la tradición fija que comienza con el modernismo y madura con la vanguardia. En este punto coinciden de nuevo Benet y Faulkner. Ya he comentado en otro lugar cómo la actitud de ambos escritores se expresa en las observaciones hechas por Ortega en *La deshumanización del arte,* y a esto aludiremos enseguida.[8] Al mismo tiempo conviene recordar ahora el comentario de Suárez Carreño con repecto al supuesto surrea-

---

6. Entrevista concedida a la autora de este artículo por Juan Benet en mayo de 1972.
7. Ibid.
8. Estas reflexiones aparecen de forma más extensa en mi libro *Faulkner en España. Perspectivas de la narrativa de postguerra* (Barcelona: Editorial Península, 1985), pp. 269-274.

lismo faulkneriano, de que leyendo a Heidegger, se puede comprender mejor a Faulkner. Si en efecto, siguiendo el criterio de Heidegger, la tradición escamotea el mismo objeto que presenta, se impone un reconocimiento del fenómeno estético yendo en contra del objeto acabado por la tradición, para penetrar en su ser misterioso, estimulante y provocador. Aquí también coinciden Faulkner y Benet y ambos de hecho expresan el revisionismo que supusieron los movimientos vanguardistas.

Benet vio las raíces europeas de Faulkner en particular con respecto a su uso de la metáfora: "Veo en Faulkner la herencia de Shakespeare y de la poesía isabelina; su tipo de experimento en la metáfora forma parte de las constantes de las letras inglesas que Faulkner puede también haber tomado de Joseph Conrad e incluso de algún punto de *El Quijote* que, según decía, leía todos los años".[9] Años después de esta observación de Benet, Richard P. Adams, haciendo recuento de las preferencias de Faulkner a partir de citas en las obras y de entrevistas, concluye que los escritores europeos van muy por delante de los norteamericanos y que, después de Dickens nombrado once veces, figuran Cervantes, Shakespeare y Conrad, nombrados nueve veces cada uno.[10]

Por otro lado, lo que hace a Faulkner europeo y universal es, sorprendentemente, lo que lo hace norteamericano y sureño. Ricardo Gullón, hablando sobre el modernismo, distingue entre indigenismo y popularismo en términos que explican este extremo. A Faulkner en su país se le equiparó con el Sur, se le encasilló en lo que en terminología hispánica define Gullón como *indigenismo:* "nostalgia de un estado pretérito, de un ayer abolido y por eso mismo resplandeciente, con el prestigio de los paraísos perdidos". Pero Faulkner expresa en su obra una actitud mucho más abierta, afín a lo que Gullón llama *popularismo:* "inmersión temporal o extraespacial en el regazo de lo eterno".[11] Por eso lo que Faulkner toma del Sur se lee mejor en Europa. Dice el propio escritor: "me inclino a creer que mi material, el Sur, no me es muy importante. Es lo que conozco y en una vida no tengo tiempo de conocer otra cosa y escribir al mismo tiempo. Aunque lo que co-

9. Entrevista con Juan Benet.
10. Richard P. Adams. "Faulkner: The European Roots", *Faulkner: Fifty Years After the Marble Faun,* edit. George H. Wolfe, Proc. of a symposium held at the University of Alabama, Oct. 1974 (University: University of Alabama), pp. 23-25.
11. Ricardo Gullón, *Direcciones de Modernismo* (Madrid: Gredos, 1971), págs. 66 y 67.

nozco probablemente vale lo que cualquier otro material".[12] Así que Yoknapatawpha para Faulkner, tanto como Región para Benet, tienen fuerza porque se proyectan más allá de sus propias fronteras, van a entrar a formar parte no sólo del mundo en su geografía total, sino sobre todo del tiempo y su acumulación total. Este objetivo es una pequeña síntesis de lo que de vanguardistas tienen las obras de los dos escritores.

Faulkner empezó su carrera dentro del modernismo. Recordemos brevemente sus primeras obras, cuyo origen simbolista se transparenta desde los títulos: el poema "L'Apres-Midi d'un Faune" (1919), los libritos manuscritos por él en 1920, uno de poemas *The Lilacs,* y una obrita teatral *The Marionettes,* por otra parte, la recopilación de poemas que se publicó en 1924 se titula *The Marble Faun.* Gary Lee Stonum, quien ha hecho un estudio de Faulkner desde el punto de vista de su progreso como escritor, examina dentro del paradigma escritor-autor la evolución del primero hasta dar en la entidad que constituye el segundo.[13] De particular interés para el tema que ahora nos ocupa son sus reflexiones sobre el paso dado por Faulkner de la poesía a la narración, porque en lo que separa un género del otro y también en lo que los une es donde radica la potencia de Faulkner, como también ya observó Benet al referirse a la metáfora faulkneriana. Pero la poesía que en primer término cultivó, no le vale a la hora de querer expresar la vida en su movimiento. A la hora de crear cuerpos y almas en tensión viva, como bien vio Unamuno, no hay otro género como el de la novela. Aquí, en este concepto del arte narrativo como capaz de expandir sus propios límites, es donde arraigan los impulsos creadores de Faulkner. El material con el que trabaja tiene una doble vertiente, la experiencia humana por un lado, y la palabra que es capaz de captar esa experiencia en su existencia dinámica, por otro. Esta ambición de Faulkner, comprendida y compartida por Benet, es posible en tanto que ambos escritores son iconoclastas, luchadores y pioneros.

La experiencia tiene, pues, que poseer la cualidad de lo universal, pero ha de ser expresada a través de lo individual humano que vive: "Es el hombre ...vislumbrado por un momento en un instante dramático de la furiosa moción de estar vivo, eso es lo

---

12. Malcom Cowley, *The Faulkner-Cowley File* (New York: Viking, 1966), pág. 112, citado por Richard P. Adams, pág. 27.

13. Cff. Gary Lee Stonum, *Faulkner's Career: an Internal Literary History)* (Ithaca: Cornell University Press, 1979), págs. 41-60.

que es una historia".[14] Ese momento preciso que se revela en la creación del artista, es un momento singular del cual ya había hablado Eliot refiriéndose al peso y a la transfiguración de la tradición literaria, y que Faulkner aplica también al tiempo de cada individuo: "para mí el hombre es la suma de su pasado".[15] Resulta sorprendente cómo los críticos más jóvenes en los Estados Unidos, han unido esta percepción del mundo de Faulkner al pensamiento de Ortega[16] no sólo en este aspecto del historicismo, sino en el del perspectivismo que de manera tan potente se expresa en las novelas de Faulkner. Y es que, efectivamente. a la hora de valorar el afán creador de la vanguardia, encontramos su expresión en los penetrantes juicios de Ortega y Gasset. Estos dos principios de la filosofía orteguiana coinciden con los cimientos de la percepción artística de Faulkner. Las reflexiones que el arte nuevo suscitan en nuestro pensador, valen como punto de partida para comprender el proyecto creador tanto de Faulkner como de Benet.

Faulkner intentó explicar de forma sencilla lo que trataba de realizar en su creación artística. En una carta escrita a Malcolm Cowley, repondiendo a la pregunta hecha por este crítico sobre el alcance que él trataba de dar a su obra, dice: "Tom Wolfe trataba de decirlo todo, el mundo más el yo, o filtrado en el yo, o el esfuerzo del yo para abarcar el mundo en el que nació, por el que anduvo hasta yacer otra vez, en un volumen. Yo quiero ir más allá. Aquí estriba lo que la gente llama oscuridad, el estilo prolongado e informe, la oración interminable. Quiero decirlo todo en una oración, entre mayúscula y punto. Sigo intentando ponerlo todo, si es posible, en la cabeza de un alfiler. No sé cómo hacerlo. Lo único que sé es continuar intentándolo de otra forma".[17] Faulkner expresa el intrincado lazo entre el yo y la circunstancia por medio de un palabra que desarticula la experiencia para que haya de ser reconstruida en el proceso creador de la recepción del arte. Es ésta la frase faulkneriana que reconocería Benet como fecundadora en su estudio *La inspiración y el estilo*. Con el fino conocimiento y el seguro instinto que le caracteriza en sus juicios sobre el escritor norteamericano, y también con una cultura y una exigencia extraordinarias, identifica Benet la esencia de Faulkner

14. Gwyn, Frederick L. Joseph Blotner, editores, *Faulkner in the University: Class Conferences at the University of Virginia* (Charlottesville: University of Virginia Press, 1959), pág. 239.

15. Ibid.

16. Cf. Arthur F. Kenney, *Faulkner's Narrative Poetics, Style as Vision* (Amherst: University of Massachussets Press, 1978), págs. 102-103.

17. *Citado por Adams, págs. 26-27.*

en una sola frase: "esa sentencia de naturaleza superior a cualquier otra ante la que la razón no puede hacer otra cosa que suspender el juicio y batirse en retirada:

> Memory believes
> before Knowing remembers"[18]

frase sin fondo, en efecto, que muchos años más tarde de haber sido así reconocida por el novelista español, ha sido considerada esencial para entender el alcance de William Faulkner.

El conocimiento, las creencias y la memoria en tanto que son expresados por una lengua que trata de ir más allá de los propios límites lingüísticos, para manifestar unas experiencias que si bien han sido ya asimiladas, no han pasado aún por un filtro racionalizador, como los presupuestos de Faulkner y de Benet. Sólo este novelista, entre los muchos que han sentido el aliento de Faulkner en sus propias obras, ha comprendido íntimamente la capacidad de la lengua literaria para desentrañar las raíces de la experiencia. A su obras, verdaderamente, podríamos aplicar las palabras de Ortega: "En vez de ser la idea instrumento con que pensamos un objeto, la hacemos a ella objeto y término de nuestro pensamiento";[19] para nuestros novelistas, en vez de ser la lengua el instrumento con el que expresan una vivencia, hacen a la propia lengua y a su capacidad para expresar la experiencia, el objeto y término de sus obras.

18. Juan Benet, *La inspiración y el estilo* (Madrid: Revista de Occidente, 1966), pág. 147. La frase "La memoria cree/antes que el entendimiento recuerde" aparece en inglés.

19. José Ortega y Gasset, *La deshumanización del Arte, Obras Completas,* 3 (Madrid: Revista de Occidente, 1966), pág. 363.

LOS ELEMENTOS EPIFÓRICOS Y DIAFÓRICOS DE MAKBARA

Sixto Plaza
Seattle University

Al escribir este trabajo asumo el concepto de *vanguardia,* no como el movimiento que tuvo lugar en los años 20, 30 y 40, sino como el movimiento de avanzada opuesto a la literatura ya formalizada e integrada a la historia general de las letras. La experimentación con el lenguaje es una de las características fundamentales de la llamada *vanguardia histórica* y también lo es de la literatura avanzada actual, por ello es que me aproximo a una de las obras de Juan Goytisolo para estudiar el uso que de la metáfora hace en ella.

Terence Hawkes, en su libro *Metaphor,*[1] concluye que hay dos ideas fundamentales de metáfora: la idea clásica, que ve la metáfora como "separable" de la lengua; como un recurso que puede ser introducido en la lengua para lograr efectos específicos. La otra idea es la romántica, que ve la metáfora como inseparable de la lengua que es vitalmente metafórica y una "realidad" que es, en última instancia, el producto final de una interacción esencialmente "metafórica", es decir, artificial, entre las palabras y el cúmulo de material que encuentran los autores diariamente. Según ésto, "la metáfora invoca e intensifica deliberadamente la actividad característica del lenguaje y desarrolla, casi literalmente, la creación de una 'nueva' realidad."[2]

---

1. Hawkes, Terence. *Metaphor* (Londres: Methuen and Co. Ltd., 1972).
2. Hawkes, T. Op. Cit. Pág. 90.

Lo antedicho concordaría con la posición de algunos críticos que se aproximan a una obra para estudiarla como una realidad en sí sin relacionarla con el contexto y el momento de la creación. El texto de *Makbara*,[3] escrito por Juan Goytisolo, sería así una nueva realidad, independiente de su creador y del momento en que fue concebido y creado.

La idea moderna de metáfora, es una extensión de la visión romántica que Hawkes califica de "neo-romántica-antropológica."[4] Esta idea reconoce el hecho de que la metáfora "crea" la realidad para nosotros, pero señala que no es una nueva realidad, sino más bien el armazón y replanteamiento de una más vieja que nuestra total manera de vivir presupone. O sea, no podemos entender "el jinete se acercaba / tocando el tambor del llano", sin saber qué es tambor y qué es llano, porque entonces la relación B de A, donde B = A, no tendría para nosotros ningún significado, e incluso, si no sabemos qué es un jinete, no podríamos ni siquiera imaginarnos la imagen que resulta de la relación A —llano— y B —tambor—.

El texto de *Makbara,* es una gran metáfora, a través de la cual su autor pretende despertarnos de otra metáfora que es la realidad que vivimos. *Makbara,* a lo que en la contratapa se clasifica de libro y no de novela, es una epífora, palabra tomada de Aristóteles, que en su *Poética* señala como metáfora "la transferencia (epífora) de un nombre de la que usualmente se denota otro objeto."[5] En el caso de la obra de Goytisolo, la palabra 'makbara', de origen árabe, significa, 'cementerio'. Este sustantivo viene a transferir su significado a todo el texto que encabeza, de la misma manera que en los ejemplos siguientes sucede con el primer sustantivo de cada frase: "La vida es sueño", "Dios el Padre", o "su ladrido es peor que su mordedura".[6] Makbara = cementerio, es el texto.

La idea de texto como algo muerto, no es nueva en Goytisolo; uno de los epígrafes usados al comienzo de *Señas de identidad,* pertenece a Mariano José de Larra y dice:

> Vamos claros, dije yo para mí; ¿dónde está el cementerio? ¿Fuera o dentro?... El cementerio está dentro de Madrid. Madrid es el cementerio.

3. Goytisolo, Juan. *Makbara* (Barcelona 4.ª ed.: Seix Barral, 1983). Las referencias subsiguientes en esta novela se indicarán en el texto de este trabajo.

4. Hawkes, T. Op. Cit. Pág. 91.

5. *Poética* (Madrid: Gredos, 1974), pp. 204-214.

6. Wheelright, Philip. *Metaphor and Reality* (Indiana University Press, 1962), p. 17.

El centro del imperio y del gobierno franquista era Madrid, que según Larra, y Goytisolo al usar sus palabras, es un cementerio. En *Juan sin tierra,* el narrador-autor, termina la obra renunciando al idioma español que resume en sí toda la cultura occidental de Alvaro, el protagonista de la *Trilogía Mendiola.* En *Makbara,* la mezcla de español, francés, inglés y árabe, hace la lectura imposible si no se conocen esos códigos lingüísticos, o al menos dos de ellos. En otra obra anterior, *Reivindicación del conde don Julián,* la historia es sumamente complicada debido a la combinación de varios temas; aquí, no son sólo los varios temas, sino los varios narradores de diferentes historias haciendo uso de diferentes códigos. Tal vez esa sea la idea final del autor del texto: no hay posibilidad de entender la realidad, a menos que partamos de cero, de la noción de que todo está muerto y que una nueva forma vital pudiera nutrirse de estos cadáveres.

En la situación que presenta la obra de Goytisolo, es muy difícil, por no decir imposible, dilucidar la ecuación B de A, donde B = A, porque debemos conocer diferentes códigos para efectivizar la relación de A y B. Esta idea de imposibilidad comunicativa y creativa, de cosa muerta con mínima posibilidad vital, es la que cierra el texto de *Makbara,* cuando su autor escribe:

> lectura en palimpsesto; caligrafía que diariamente se borra y retrasa en el decurso de los años: precaria combinación de signos de mensaje incierto: infinitas posibilidades de juego a partir del espacio vacío: negrura, oquedad, silencio nocturno de la página todavía en blanco (p. 222)

Es el último párrafo y termina sin signo de puntuación. Puede pensarse que es aquí donde empieza el texto, donde el lector debe empezar a crear la nueva realidad o que no hay más que el espacio abierto hacia la negrura, la oquedad, el silencio. Lo seguro, de acuerdo a la definición de epífora, es que *Makbara* es el texto, y una vez dilucidado el significado de la palabra —cementerio—, el texto *es* el cementerio. Los cadáveres enterrados allí son los de las culturas que, primordialmente, fueron y son la base del mundo occidental contemporáneo y de sus problemas.

El otro tipo de metáfora es el que Wheelwright llama diáfora. Esta figura consiste en el "movimiento (phora) a través (día) de ciertos detalles de la experiencia (actual o imaginada) de una manera nueva, produciendo nuevo significado por yuxtaposición."[7] Lo que crea Goytisolo diafóricamente en *Makbara* es un nuevo

---

7. Wheelwright, Ph. Op. Cit. Pág. 78.

significado de la realidad a través de la yuxtaposicón y síntesis de cuatro lenguajes y tres realidades: la europea, la africana-árabe, y la norteamericana. No se puede hablar del mundo europeo sin relacionarlo con el árabe y no se puede hablar del nuevo mundo o civilización de este lado del Atlántico, sin relacionarlo con los otros dos.

Puede concluirse que todo el texto es una epífora, sin incluir el párrafo final citado anteriormente. Al incluir este párrafo, Goytisolo se está moviendo a través de otra idea, la de la imposibilidad de un texto=cementerio, pero irónicamente, ya ha sido escrito y leído. Combina así las dos formas de metáforas. Posiblemente el movimiento o la combinación no estén claros, pero es eso lo que Wheelwright señala cuando dice: "probablemente en los mejores casos de metáfora no hay una clara división entre los elementos epifóricos y diafóricos".[8] Por la combinación de estas dos formas, Goytisolo logra crear un objeto, el libro, novela, narración, metáfora, que no es solamente contemplado por su valor en sí, sino que tiene poder: significa e intenta algo más allá de sí mismo. Puede decirse que en este caso transforma a través de una gran metáfora nuestra realidad, que como él dice, en una ponencia que leyó en la Tercera Asamblea de intelectuales de Marruecos y España, consiste en una visión de Oriente que ha sido siempre considerado como "representación teatral, espectáculo... mundo cerrado en el que actores y comparsas encarnan una serie de símbolos y estereotipos familiares al público y al autor".[9]

La figura que une diafóricamente los elementos epifóricos es una especie de fantasma africano-árabe, moro- transformado en un paria que vende su fuerza productiva en el mundo industrial. Este fantasma, de quién está enamorado una especie de ángel desterrado del paraíso burocrático, es, según declaraciones del propio Goytisolo "ambiguo y complejo", ya que podría ser un emigrado argelino o marroquí de los que viven en París a quien se nos presenta en la primera página del libro como sigue:

> al principio fue el grito: alarma, angustia, espanto, dolor quimicamente puro?: prolongado, sostenido, punzante, hasta los límites de lo tolerable: fantasma, espectro, monstruo del más acá venido?: intrusión perturbadora en todo caso; interrupción del ritmo urbano, del concierto armonioso de sonidos y voces de comparsas y actores pulcramente vestidos: (p. 13)

---

8. Wheelright, Ph. Op. Cit. pp. 90-91.
9. Goytisolo, Juan. 'Crónicas Sarracinas' en *Quimera,* Nov. de 1980, Pág. 17

Todo este espanto, dolor, angustia, queda justificado haciendo un examen físico del individuo que tales sentimientos provoca. Nos enteramos que carece de orejas —se las comieron los ratones—, posee un miembro de tamaño descomunal que impide u obstaculiza su vida sexual. Este falo es su maldición pero las delicias del ángel, en realidad un travesti ya que anda por el mundo con figura de mujer. Este árabe no es un emigrado cualquiera, sino la metáfora que occidente tiene del Islam y los árabes: extraño, opaco, sordo a la lógica y racionalidad de los europeos y que habla una lengua, el árabe, incomprensible en general para éstos.

Despreciado y segregado, sólo el ángel, invirtiendo la escala de valores al uso, será capaz de amarlo y correrá detrás de este puro sexo sin voz y sin orejas, desde un cuartel de la Legión Extranjera a las alcantarillas de una metrópolis futurista y deshumanizada, cuya lengua es el inglés.

Este amor es imposible no por decisión de un narrador único que asume el relato casi al final, sino por una lógica que surge del mismo material: la interrelación y aceptación de las tres culturas: la africana, la europea y la del nuevo mundo, es metafórica. La otra metáfora que es el texto, formada por la combinación de elementos epifóricos y diafóricos, destruye nuestra aceptada noción de la relación inclusiva de B a A, abriéndose a nuevas equivalencias y a imbricaciones más integradoras. Tenemos otra realidad, metafórica también, pero más cercana a la verdad por ser más comprensiva y detallada. Está en el lector re-crear la metáfora, es decir el texto.

COLABORADORES

LIDA ARONNE AMESTOY:

Argentina. Doctorada en la Universidad de Connecticut. Ha sido profesora e investigadora de Literatura Hispanoamericana en universidades argentinas por 12 años. Desde 1982 ha ejercido la docencia en universidades norteamericanas. Actualmente es profesora en Providence College. Ha publicado más de veinte artículos en revistas especializadas en crítica literaria hispanoamericana. Es autora de tres libros: *Cortazar: la novela mandala* (1972), *América en la encrucijada de mito y razón* (1976), y *Utopía, paraíso e historia: Inscripciones del mito en García Márquez, Rulfo y Cortázar* (1986). Su investigación más reciente se centra en la teoría y métodos aplicados a la narrativa fantástica hispanoamericana en el siglo XX.

LAURENT BOETSCH:

Estados unidos. Profesor de español e italiano en Washington and Lee University desde 1976. Realizó sus estudios doctorales en Middlebury College y ha sido profesor en la Escuela Española de Verano de Middlebury College. Ha publicado varios artículos sobre corrientes intelectuales y literarias españolas de los siglos XIX y XX. Ha colaborado también en el libro *Politics and Change in Spain* con un artículo sobre la transición política en España. Es autor del libro *José Díaz Fernández y la otra generación del 27* el cual acaba de publicarse en Madrid.

PAUL BORGESON:

Estados Unidos. Se doctoró en la Universidad de Vanderbilt. Fue profesor en la Universidad de North Carolina y actualmente es profesor de Literatura Hispanoamericana en la Universidad de Illinois en Urbana-Champaign. Ha publicado diversos artículos sobre Cardenal, García Márquez, Rulfo, Parra, Lizardi, Jaime Labastida y otros escritores latinoamericanos. Es autor del libro *Hacia el hombre nuevo: poesía y pensamiento de Ernesto Cardenal,* publicado en 1984 en Londres por Támesis. Tiene otro libro en prensa sobre el grupo poético mexicano "La Espiga Amotinada".

MARIA ELENA BRAVO:

España. Licenciada en Filosofía y Letras en la Universidad de Salamanca. Obtuvo su maestría en literatura inglesa en la University of North Carolina. Recibió su doctorado en Filología Moderna en la Universidad Complutense de Madrid. Ha publicado diversos artículos sobre literatura española del siglo XX en revistas especializadas y es autora del libro *Faulkner en España: Perspectivas de la narrativa de postguerra* (Barcelona: Península, 1985). Actualmente es profesora en la Universidad de Illinois-Chicago.

FERNANDO BURGOS:

Chile. Estudió Literatura Hispanoamericana en la Universidad de Chile en Santiago y Licenciatura en Filología Hispánica en la Universidad Austral de Chile en Valdivia. Se doctoró en la University of Florida. Fue profesor de Literatura Hispanoamericana en la Universidad de Chile-Osorno y Asistente de Investigación en el Centro de Estudios Latinoamericanos de la University of Florida. Ha sido profesor en la Escuela Española de Verano del Middlebury College y actualmente es profesor del Departamento de Idiomas de Memphis State University. Fue director de la revista literaria *Antar* publicada en la Universidad de Chile-Osorno. Ha publicado artículos sobre la narrativa hispanoamericana en *Escritura, Insula, Revista de Estudios Hispánicos, Megafón, Cuadernos Americanos, Inti: Revista de Literatura Hispánica* y en actas selectas de congresos sobre literatura hispánica. Ha colaborado con ensayos sobre la literatura mexicana en un libro editado por Merlin H. Forster y Julio Ortega (México) y sobre el cuento de García Márquez (Madrid: Pliegos). Autor del libro *La novela moderna hispanoamericana,* publicado en Madrid. Tiene en preparación otro libro, un ensayo sobre la narrativa de la vanguardia en Hispanoamérica.

PEDRO F. CAMPA:

Cuba. Se doctoró en la Universidad de Illinois, Urbana. Actualmente es profesor en la Universidad de Tenneseee en Chattanooga. Sus publicaciones incluyen diversos artículos sobre literatura española medieval y contemporánea en revistas como *Tristania, Estudios Clásicos* (Madrid), *Revista de Estudios Hispánicos* y actas selectas de congresos sobre literatura hispánica. Ácaba de completar su libro, *An Annotated Bibliography of Spanish Emblem Literature* que publicará pronto.

MALCOLM ALAN COMPITELLO:

Estados Unidos. Es profesor en la Universidad Estatal de Michigan donde también es director del programa de estudios avanzados de español. Es autor de *Ordering the Evidence: Volverás a Región and Civil War Fiction,* publicado en 1983 en Barcelona por Puvill y *Critical Approaches to the Writings of Juan Benet* publicado en 1984 en Hanover por la University Press of New England. Ha publicado numerosos artículos sobre la literatura española contemporánea. Actualmente prepara un libro sobre Luis Martín-Santos.

MERLIN H. FORSTER:

Estados Unidos. Ha sido profesor en la Universidad de Illinois y director del Centro de Estudios Latinoamericanos y del Caribe en la misma Universidad. Ha publicado innumerables artículos sobre literatura latinoamericana. Entre sus aportaciones más recientes se encuentran sus estudios sobre Carlos Fuentes, Vicente Huidobro, Fernando Pessoa y José Emilio Pacheco. Autor de varios libros: *Tradition and Renewal: Essays in Twentieth Century Latin American Literature and Culture* (1975) *Fire and Ice: The Poetry of Xavier Villaurrutia* (1976) e *Historia de la poesía hispanoamericana* (1981). Su preocupación por el tema de la vanguardia hispanoamericana abarca gran parte de su trayectoria académica, publicó muy tempranamente el libro *Los contemporáneos 1920-1932. Perfil de un experimento vanguardista mexicano* (México: Ediciones de Andrea, 1964). Recientemente está terminando un extenso estudio sobre el vanguardismo latinoamericano, libro que será publicado por la University of Texas Press. También aportará con una completa bibliografía comentada sobre el vanguardismo latinoamericano. Este libro será publicado por la Greenwood Press en 1987. Actualmente es profesor y director del Departamento de Español y Portugués de la Universidad de Texas en Austin. Acaba de editar junto con Julio Ortega el libro *De la crónica a la nueva narrativa: Coloquio sobre literatura mexicana,* publicado en México.

VICTOR FUENTES:

España. Se doctoró en la Universidad de Nueva York con una tesis sobre la novelística de Benjamín Jarnés. Ha sido profesor en las Universidades de New York, Columbia y Berkeley. Ha publicado diversos artículos en revistas como *Insula, Cuadernos Hispanoamericanos, Romanic Review, Revista de Cultura* (Caracas), *Triunfo, Papeles de Son Armadans, Camp de l'Arpa* y otras revistas especializadas. Es autor de tres libros: *La marcha al pueblo en las letras españolas 1917-1936* (Madrid: Ediciones de la Torre, 1981); *El cántico material y espiritual de César Vallejo* (Barcelona: Ambito, 1982); *Galdós demócrata y republicano. Escritos políticos 1907-1913* (Tenerife: Universidad de la Laguna, 1982). Tiene otro libro que se publicará pronto, *El cine de Buñuel: por una visión integral de la realidad.* Actualmente es profesor en el Departamento de Español y Portugués de la Universidad de California en Santa Bárbara.

ROBERTA JOHNSON:

Estados Unidos. Recibió su doctorado en la Universidad de California, Los Angeles. Ha sido profesora en Pomona College, California, en la Universidad de Valladolid, España, en la Universidad de Kansas y actualmente es profesora y directora del Departamento de Estudios Hispánicos de Scripps College en California. Ha publicado artículos sobre Miguel Delibes, Gabriel Miró, Unamuno, Ortega y Gasset y otros escritores españoles en diversas revistas especializadas. Editora de *Essays in Honor of José Rubia Barcia* (Lincoln,

Nebraska: Society for Spanish and Spanish American Studies, 1982). Es autora de dos libros: *Carmen Laforet* (New York: Twayne, 1981) y *El ser y la palabra en Gabriel Miró* (Madrid: Fundamentos, 1986).

NANCY KASON:

Estados Unidos. Recibió su doctorado de la Universidad de Illinois en Urbana. Es especialista en literatura hispanoamericana contemporánea y actualmente es profesora en el Departamento de Lenguas Románicas de la Universidad de Georgia. Ha publicado un artículo sobre la cuentística fantástica de Felisberto Hernández y tiene otros en prensa. Por publicarse su libro *La ficcion de Clemente Palma* y tiene otro libro en preparación sobre la novela argentina.

RAMONA LAGOS:

Chile. Estudió en la Universidad de Concepción donde también fue profesora de la Sección de Literatura Chilena e Hispanoamericana del Departamento de Español hasta 1975. Posteriormente obtuvo su doctorado en la Universidad de Arizona. Actualmente es profesora en Knox College, Illinois. Ha publicado numerosos artículos sobre temas de la literatura hispanoamericana. Es autora del libro, *Laberintos del espíritu, interjecciones del cuerpo: Jorge Luis Borges (1923-1980)* que será publicado en Barcelona por Ediciones del Mall.

MYRON I. LICHTBLAU:

Estados Unidos. Doctorado en Columbia University. Actualmente es Director Asociado y profesor del Departamento de Español y Portugués de Syracuse University. Ha colaborado en más de 50 revistas especializadas en la crítica literaria iberoamericana. Traductor del libro de Eduardo Mallea *Historia de una pasión Argentina* al inglés, *History of an Argentine Passion,* contiene un estudio crítico introductorio, publicado en 1983 en Pittsburgh por el Latin American Literary Review Press. Editor de Manuel Gálvez, *Las dos vidas del pobre Napoleón* en Nueva York (Scribners), 1983 y Eduardo Caballero Calderón, *Manuel Pacho* en Bogotá 1980, ambas ediciones precedidas de estudios críticos. Es autor de varios libros sobre la literatura argentina: *The Argentine Novel in the Nineteenth Century* publicado en 1959 por el New York Hispanic Institute in the United States; *El arte estilístico de Eduardo Mallea* publicado en Buenos Aires en 1967 y *Manuel Gálvez* publicado en 1972 en Nueva York (Twayne Publishers).

JUAN LOVELUCK:

Chile. Desde 1952, ha enseñado literatura española, hispanoamericana y comparada en universidades de su país, de Europa, Iberoamérica y los Estados Unidos. En revistas de su especialidad, tanto europeas como americanas e hispanoamericanas, ha publicado innumerables estudios y ensayos, de modo especial sobre novela, poesía y ensayo. Entre sus libros pueden destacarse: *El cuento chileno*

(Buenos Aires, 1965), *La novela hispanoamericana* (Santiago 4.ª edición, 1973), *Novelistas hispanoamericanos de hoy* (Madrid, 2.ª edición, 1984) y *Diez estudios sobre Rubén Darío* (Santiago, 1967). Es miembro de la Academia Chilena de la Lengua. Actualmente es profesor de literatura hispanoamericana y comparada en la Universidad de Carolina del Sur.

ALEXIS MARQUEZ RODRIGUEZ:

Venezuela. Ha publicado numerosos artículos de crítica literaria en periódicos y revistas de Venezuela y de otros países. Su investigación sobre la obra de Alejo Carpentier es conocida en dos libros importantes en la crítica literaria especializada sobre Carpentier. Su primer libro sobre el novelista cubano, *La obra narrativa de Alejo Carpentier* fue publicado en Caracas por la Universidad Central de Venezuela en 1970. En 1982 Siglo Veintiuno publica su obra más extensa al respecto, *Lo barroco y lo real-maravilloso en la obra de Alejo Carpentier.* Un vasto y completísimo estudio que recoge la labor de investigación de 30 años en torno a la obra de Carpentier. Actualmente es profesor de la Escuela de Comunicación Social de la Universidad Central de Venezuela y prepara un proyecto de investigación sobre el elemento de lo barroco en la literatura hispanoamericana. Se acaba de publicar su libro *Acción y pasión en los personajes de Miguel Otero Silva y otros ensayos* (Caracas: Academia Nacional de la Historia, 1985).

JUAN MANUEL MARCOS:

Paraguay. Doctor en Filosofía en la Universidad de Madrid. Sus estudios doctorales en Literatura Hispanoamericana los realizó en la Universidad de Pittsburgh. Director de la revista *Discurso Literario.* Ha publicado artículos y reseñas en *Hispania, Cuadernos Americanos, Inti: Revista de Literatura Hispánica, Revista Iberoamericana, Chasqui, Latin American Indian Literatures, Cuadernos Hispanoamericanos, Studies in the Humanities, Plural, Hispanófila, Anales de Literatura Hispanoamericana, Hispanic Journal, Prismal/Cabral* y otras revistas dedicadas a los estudios hispánicos. Es autor del libro *Roa Bastos, precursor del post-boom* publicado en México en 1983. Este ensayo obtuvo el premio internacional Plural 1982 en México. Actualmente es profesor de Literatura Hispanoamericana en Oklahoma State University. En el curso de su trayectoria académica ha obtenido distinciones de instituciones de estudios hispánicos en Estados Unidos, México, Paraguay, España y Suiza. Entre sus proyectos más recientes destaca la organización de un simposio internacional sobre la obra de Julio Cortázar que se llevó a cabo en abril de 1986 en la Universidad Estatal de Oklahoma.

GRACIELA MATURO:

Argentina. Profesora Asociada en la Facultad de Filosofía y Letras de la Universidad de Buenos Aires. Creadora y ensayista. Dirige el

Centro de Estudios Latinoamericanos, la revista-libro *Megafón* y la colección editorial Estudios Latinoamericanos. Su trayectoria académica en Argentina es extensa, participando activamente en la formación de promociones de crítica y de creación literarias. Ha dictado cursos y conferencias en Universidades e Institutos de Uruguay, Paraguay, Perú, Colombia, Venezuela y ha colaborado en diarios y revistas especializadas de la Argentina y de otros países. Entre sus obras figuran cinco libros de poemas y una serie de ensayos y estudios críticos entre los cuales destacan: *Adán Buenosayres de Leopoldo Marechal* (1960); *Proyecciones del surrealismo en la literatura argentina* (1967); *Julio Cortázar y el hombre nuevo (1968); Claves simbólicas de García Márquez* (1972); *Hacia una crítica literaria latinoamericana* (1975) y *América Latina: Integración por la cultura* (1977), ambos en colaboración; *El tema del mal en el Don Juan de Marechal* (1982); *El túnel de Ernesto Sábato como acceso a la vida nueva* (1983); *La Argentina y la opción por América* (1983); *La literatura hispanoamericana: de la utopía al paraíso* (1983) y *El recurso del método: la novela como lectura de la historia* (1984).

STEPHEN MILLER:

Estados Unidos. Doctorado en la Universidad de Chicago en Literatura Comparada. Profesor de Literatura Española en la Universidad de Texas A&M desde 1978. Especialista en teoría literaria y la novela, ha publicado artículos en varias revistas españolas y norteamericanas. Es autor del libro *El mundo de Galdós: teoría, tradición y evolución creativa del pensamiento socio-literario galdosiano.* (Santander: Sociedad Menéndez Pelayo, 1983). Actualmente prepara ensayos sobre los diálogos literarios Galdós-Clarín y la obra de Torrente Ballester.

KLAUS MÜLLER-BERGH:

Alemania. Estudió en España y luego se doctoró en los Estados Unidos en la Universidad de Yale. También realizó estudios en la Universidad Católica de Río de Janeiro y en la Universidad de Río Grande do Sul, Porto Alegre. Ha recibido becas de la Fulbright Commission, el Concilium on International Studies de Yale y el American Council of Learned Societies. Ha colaborado en revistas tales como *Insula, Cuadernos Americanos, Revista de Occidente, Revista Iberoamericana, Cuadernos Hispanoamericanos, Revista Hispánica Moderna, Revista Canadiense de Estudios Hispánicos, Latin American Literary Review* y otras revistas en los Estados Unidos, Brasil e Hispanoamérica. Autor de *Alejo Carpentier: Estudio biográfico-crítico* publicado en 1972 en Madrid; *Poesía de vanguardia y contemporánea,* publicado en 1983 en Madrid; *Alejo Carpentier: guía bibliográfica 1904-1980* en colaboración con Roberto González Echevarría publicado en Westport, Conn: Greenwood Press, 1983. Editor de *Asedios a Carpentier: once ensayos críticos sobre el novelis-*

ta cubano, publicado en 1972 en Santiago de Chile por Editorial Universitaria. Prepara un extenso libro, *Vanguardia europea y vanguardia latinoamericana* con el crítico y poeta brasileño Gilberto Mendonça Teles. Actualmente ejerce el cargo de profesor de Literatura Hispanoamericana en la Universidad de Illinois-Chicago donde también ha servido como Director del Departamento de Español. Acaba de ser nombrado miembro correspondiente del Consejo Internacional de Estudios sobre Vanguardismo y Surrealismo en la Península Ibérica y Latinoamérica, en el Centro de Investigaciones Científicas, Universite de París X, Nanterre.

GUSTAVO PEREZ FIRMAT:

Cuba. Doctorado en la Universidad de Michigan en Literatura Comparada. Actualmente es profesor asociado en el Departamento de Lenguas Románicas en Duke University. Ha recibido becas de la Mellon Post-Doctoral Fellowship de Duke University, de la National Endowment for the Humanities, y de la Fundación Guggenheim. Recibió el primer premio de poesía en el Festival de Artes Hispánicos celebrado en Miami en 1983. Ha publicado más de 25 artículos sobre literatura española e hispanoamericana en las siguientes revistas: *Comparative Literature Studies, Hispania, Dispositio, Hispanic Review, Romanic Review, Genre, Taller Literario, PMLA, Essays in Literature, MLN, Diacritics, Los ensayistas, Crítica Hispánica.* Autor de los libros *Idle Fictions: The Hispanic Vanguard Novel 1926-1934,* publicado en 1982; *Literature and Liminality: Festive Readings in the Hispanic Tradition* publicado en 1985; y en prensa *Carolina Cuban: Poemario Bilingüe.* Prepara otro libro, *La palabra invisible* , un ensayo sobre Manuel Zequeira y Arango.

SIXTO PLAZA:

Argentina. Obtuvo su licenciatura con especialidad en literatura latinoamericana en la Universidad Nacional de Buenos Aires. Se doctoró en la Universidad de Georgetown con especialización en literatura española. Fue director de teatro por tres años en la misma universidad. Actualmente es profesor en Seattle University, Washington. Entre sus publicaciones se encuentran varios artículos publicados en España, Argentina y los Estados Unidos. Su libro *El acá y el allá en la narrativa de Alejo Carpentier* se publicó en 1984 en Argentina. Tiene en preparación una publicación sobre el teatro musical español. Su novela *Quemando puentes* se publicará en España.

OSCAR RIVERA-RODAS:

Bolivia. Actualmente es profesor de literatura hispanoamericana en Louisiana State University, Baton Rouge, Louisiana. Es Miembro de Número de la Academia Boliviana de la Lengua y Miembro Correspondiente de la Real Academia Española. Recibió el Premio Nacional de Ensayo Literario del Instituto Nacional de Bellas Artes, de México, por su estudio crítico *Pellicer: de la imagen al concepto*. Ganador del Premio Centenario de la Academia Mexicana por su libro *Cinco momentos de la lírica hispanoamericana*. Se le otorgó también el Gran Premio Nacional de Poesía en Bolivia por su volumen *Testimonio de la ausencia*. Ha publicado diversos artículos sobre la literatura hispanoamericana en *Texto crítico, Cuadernos Americanos* y otras revistas especializadas. Su creación poética ha sido recogida en dos libros: *Testimonio de la ausencia* y *Dársena en el tiempo*, ambos publicados en La Paz. Es autor de cinco libros: *Cinco momentos de la lírica hispanoamericana; Oscar Cerruto. Cántico traspasado. Obra poética; El realismo mítico en Oscar Cerruto; Funciones de la metáfora lírica* y *La nueva narrativa boliviana. Aproximación a sus aspectos formales*. Publicados entre 1972 y 1978.

CARLOS ROJAS MAFFIOLETTI:

Chile. Licenciado en Arte. Pintor. Realizó sus estudios en la Facultad de Bellas Artes de la Universidad de Chile. Su intensa actividad artística ha sido dada a conocer en exposiciones individuales y colectivas en centros tales como la Sala de Exposiciones de la Universidad Austral de Chile y de la Universidad de Chile, el Instituto Chileno-Francés de Cultura y el Museo de Arte Contemporáneo en Santiago. Algunas de sus obras se encuentran en la Colección del Museo de Arte Contemporáneo de Santiago. Dentro de su actividad profesional ha destacado como Diseñador Gráfico de publicaciones chilenas en la Editorial Gabriela Mistral y en la Editorial Andrés Bello. En relación a su actividad docente ha sido Profesor Asistente en la Facultad de Bellas Artes de la Universidad de Chile y profesor de Medios de Comunicación, Gráfica y Pintura en la Universidad de Chile-Osorno. Actualmente es profesor de Expresión Gráfica del Area de Diseño de la Facultad de Arquitectura y Urbanismo de la Universidad de Chile.

ENRIQUE RUIZ-FORNELLS:

España. Recibió su doctorado en la Universidad de Madrid. Director durante 18 años de la conocida revista de crítica literaria *Revista de Estudios Hispánicos*. Ha sido profesor en Mcgill University, University of South Carolina, Washington University, Mississipi State University y actualmente es profesor de Literatura Española en la Universidad de Alabama. Ha sido presidente de la American Association of Teachers of Spanish and Portuguese y de ALDEEU. Ha publicado numerosos artículos en revista tales como *Arbor, Hispania, Cuadernos Hispanoamericanos, Revista Hispánica Moderna, Segismundo* y otras. Entre sus libros destacan: *Concordancias del Quijote de Avellaneda* publicado en 1984 en Madrid; *A Critical Edi-*

tion of La muralla de Joaquín Calvo Sotelo publicado en Salamanca en 1980; *A Concordance to the Poetry of Gustavo Adolfo Bécquer* y *A Concordance to the Poetry of Leopoldo Panero* ambos publicados por la University of Alabama Press. Conocido es también su libro escrito en colaboración con Cynthia Ruiz-Fornells, *The United States and the Spanish World* publicado en Madrid por la Sociedad Española de Librería en 1979.

IVAN A. SCHULMAN:

Estados Unidos. Doctorado en la Universidad de California, Los Angeles. Ha sido profesor en Washington University, University of Oregon, University of Michigan, State University of New york, Stony Brook, University of Florida, Universidad Federal de Río de Janeiro, Wayne State University, Director del Programa de Estudios Latinoamericanos y del Departamento de Lenguas Románicas de Washington University, Director del Departamento de Lenguas Románicas de State University of New York, Stony Brook, Director del Centro de Estudios Latinoamericanos de la Universidad de Florida, Presidente de la Fundación José Martí y del Instituto Internacional de Literatura Iberoamericana. Miembro del Consejo Editorial de 8 revistas especializadas en literatura hispanoamericana. Ha recibido becas del Social Science Research Council y de la Fundación Guggenheim. Más de 60 artículos en revistas hispánicas de varios países confirman su activa trayectoria académica y contribución a la crítica hispánica desde el año 1957 hasta hoy. Entre sus libros destacan: *Símbolo y color en la obra de José Martí* (Gredos, 1960); *Génesis del modernismo: Martí, Nájera, Silva, Casal.* (El Colegio de México y Washington University Press, 1966); *El modernismo hispanoamericano* (Buenos Aires, 1969); *Martí Casal y el modernismo* Universidad de la Habana, 1969); *Esquema ideológico de José Martí* (México, 1961) y *Martí, Darío y el modernismo* (Gredos, 1969), ambos en colaboración con Manuel Pedro González; *Las entrañas del vacío: ensayos sobre la modernidad hispanoamericana* (México: Editorial Cuadernos Americanos, 1984) y *"Cantando por ambos mundos": Antología de la poesía modernista de Hispanoamérica y España* (Madrid, Taurus) ambos en colaboración con Evelyn Picon Garfield. Editor de 7 libros. Actualmente es profesor en la Universidad de Illinois at Urbana-Champaign.

JOSEPH TYLER:

Estados Unidos. Se doctoró en la Universidad de California, San Diego, La Jolla. Su tesis doctoral dirigida por el profesor Jaime Alazraki se centró en las técnicas cinemáticas en las novelas de Carlos Fuentes. Se especializa en la narrativa hispanoamericana contemporánea y sus publicaciones incluyen artículos sobre Borges, García Márquez, José Donoso y Carlos Fuentes. Ha colaborado en revistas tales como *Inti: Revista de Literatura Hispánica, Hispania, The*

Beacon, The Forum, Hispanic Journal, The Bilingual Review. Su creación poética se encuentra publicada en varias revistas, entre ellas: *Kwasind, Selah, Season of Somber, Helicon* y también en periódicos mexicanos. Actualmente es profesor del West Georgia College y prepara investigaciones sobre los siguientes tópicos: "Tirano Banderas and the proliferation of Dictator-type Characters in Spanish American Literature", "Fantasía: Children and Adolescents in Fiction of Julio Cortázar", "Medieval Germanic Elements in the Poetry of Jorge Luis Borges" y un libro sobre *The Semiotics of Cinema in the Works of Carlos Fuentes.*